"微时代"背景下的
高校思想政治教育
WEISHIDAI BEIJINGXIA DE GAOXIAO SIXIANG ZHENGZHI JIAOYU

许建宝 著

东北师范大学出版社

图书在版编目（CIP）数据

"微时代"背景下的高校思想政治教育 / 许建宝著.
—长春：东北师范大学出版社，2017.3（2024.8重印）
ISBN 978-7-5681-2824-7

Ⅰ.①微… Ⅱ.①许… Ⅲ.①高等学校—思想政治教育—研究—中国 Ⅳ.① G641

中国版本图书馆 CIP 数据核字（2017）第 046846 号

□策划编辑：王春彦
□责任编辑：张 琪　张辛元　　□封面设计：优盛文化
□责任校对：王中韩　王春林　　□责任印制：张允豪

东北师范大学出版社出版发行
长春市净月经济开发区金宝街 118 号（邮政编码：130117）
销售热线：0431-84568036
传真：0431-84568036
网址：http://www.nenup.com
电子函件：sdcbs@mail.jl.cn
三河市同力彩印有限公司
2017 年 7 月第 1 版　2024 年 8 月第 4 次印刷
幅面尺寸：170mm×230mm　印张：13.75　字数：242 千

定价：45.00 元

前言 Preface

进入21世纪，科技发展越来越迅速，信息传播手段增多，对学校的教学方法也提出了新要求。高校大学生的思想政治教育，是一门非常重要的课程；加强大学生思想政治教育，是学校育人工作的中心环节。在社会转型的新形势下，各种社会问题几乎同时呈现出来，带来了前所未有的文明冲突和文化碰撞，历史与现实，传统与现代，本土文化与西方文明，多重因素交织在一起，这就可能给大学生在政治信仰、理想信念、价值取向等方面带来迷茫和模糊等现象。由此，微时代背景下，加强大学生的思想政治教育，切实解决学生的实际问题，正确对待学生的合理诉求，培养出德智体全面发展的建设者和接班人，从而为社会主义建设事业服务就显得尤为重要。

本书通过介绍"微时代"的基本定义，"微时代"背景下高校思想政治教育的基本原则以及"微时代"背景下高校思想政治教育的主要内容等问题，列举国外高校思想政治教育的事例与成果，对"微时代"背景下我国高校思想政治教育路径创新与教育机制构建提出了合理化建议。希望能够为进行高校思想政治教育研究的相关人员提供一些借鉴。

本书仍有很多不足之处，敬请批评指正。

目 录 Contents

第一章 "微时代"理论概述 / 001

第一节 对"微时代"的基本认识 / 002

第二节 思想政治教育的学科体系 / 003

第三节 "微时代"背景下思想政治教育的研究范围 / 005

第四节 "微时代"背景下思想政治教育的基本特征 / 011

一、主体的平等性和自由性 / 011

二、内容的丰富性与便捷性 / 012

三、形式的多样性与交互性 / 012

四、语境的虚拟性和开放性 / 013

五、服务的个性化与分享性 / 014

六、信息来源的隐蔽性和相对封闭的社群化 / 014

第二章 "微时代"背景下的高校思想政治教育基本原则 / 016

第一节 坚定基本政治信念 / 017

第二节 加强社会责任感的培养 / 018

第三节 坚持以人为本、教育优先的理念 / 021

第四节 文化知识与思想教育同等重要 / 028

一、科学文化知识教育与思想政治教育是统一的整体 / 028

二、思想政治教育功能的内引性作用 / 028

三、正确处理科学文化知识教育与思想政治教育的关系，促进人的全面发展 / 029

| 目 录 |

第三章 "微时代"背景下的思想政治教育的理论基础 032

第一节 马克思主义的科学体系是思想政治教育学的理论依据 / 033

一、用完整准确的马克思主义指导学科建设 / 033

二、坚持以中国特色的社会主义理论体系指导科学建设 / 035

第二节 "微时代"背景下高校政治教育的理论基础 / 037

一、社会历史发展总趋势和无产阶级历史使命理论 / 037

二、社会存在与社会意识的辩证关系原理 / 039

三、政治与经济辩证关系原理 / 040

四、马克思主义人学理论 / 040

五、社会主义意识灌输理论 / 043

六、正确处理人民内部矛盾的学说 / 044

七、执政党建设理论 / 045

第二节 思想政治教育学的直接理论依据 / 045

第三节 加强思想政治教育的路径分析与选择 / 049

一、加强班主任队伍建设 / 049

二、重视思政理论课与"潜课程" / 050

三、身教重于言传 / 051

四、重要依靠力量——学生干部 / 052

第四节 "微时代"背景下加强思想政治教育的重要意义 / 059

一、大学思想政治的定位 / 059

二、大学生思想政治课的作用 / 059

第四章 "微时代"背景下的思想政治教育的主要内容 068

第一节 唯物主义世界观 / 072

一、辩证唯物主义 / 073

二、历史唯物主义 / 074

第二节 人生价值观教育 / 075

第三节 爱国政治观教育 / 078

一、基本国情教育 / 079

二、党的基本理论、基本路线、基本纲领、基本经验教育 / 080

三、民族精神教育 / 082
　　四、时代精神教育 / 083
　第四节　民主法制观教育 / 084
　第五节　和谐社会观教育 / 088

第五章　国外高校思想政治教育的吸收与借鉴　092

　第一节　国外"微时代"背景下高校思想政治教育的现状 / 093
　　一、内容丰富，地位重要，占据制高点 / 093
　　二、真正全方位覆盖，方法灵活 / 094
　第二节　国内外"微时代"背景下思想政治教育成果对比分析 / 096
　　一、我国大学里思想政治教育课存在的现状分析 / 096
　　二、国外高校思想政治教学研究成果 / 098
　第三节　国外"微时代"背景下思想政治教育的吸收与借鉴 / 102
　　一、典型的国外思想政治教育模式分析 / 102
　　二、国外思想政治教育对我国的启示和借鉴意义 / 106

第六章　我国"微时代"背景下的高校思想政治教育路径的创新　109

　第一节　传统教育路径的弊端 / 110
　　一、当前思想政治教育存在的问题 / 110
　　二、加强思想政治教育实效性的对策 / 113
　　三、提高中学德育有效性的对策 / 120
　　四、美化校园物质环境，陶冶大学生思想情操 / 124
　　五、网络对高校思想道德教育的挑战 / 128
　　六、新形势下加强大学生思想道德教育的对策 / 128
　第二节　有效依托即时通信软件 / 130
　　一、即时通讯概述 / 130
　　二、即时通信技术在大学思想政治教育中的优势 / 131
　　三、即时通信技术给高校思想政治教育带来的机遇 / 132
　　四、利用QQ搭建高校思想政治教育平等对话的交流平台 / 133
　　五、QQ平台的作用 / 134
　　六、利用手机媒体拓展高校思想政治教育新渠道 / 137

第三节　多方位多角度的教育路径 / 139
一、结合教育活动，高等院校对大学生培养社会主义核心价值观的举措 / 141
二、提高课堂教学效果，就是要尝试把新的教学方法不断引入到教学中来 / 143
三、提高教育工作者的素质 / 144

第七章　"微时代"背景下的高校思想政治教育方法的机制构建 / 167

第一节　促进与社会主义核心价值观的融合 / 168
一、优化思想政治教育的经济环境 / 168
二、优化思想政治教育的政治环境 / 169
三、优化思想政治教育的文化环境 / 169
四、优化思想政治教育的大众传播环境 / 170
五、优化思想政治教育的家庭环境 / 171
六、优化思想政治教育的学校环境 / 171
七、优化思想政治教育的社区环境 / 172
八、优化思想政治教育的同辈群体环境 / 173

第二节　实现理论与实践的创新机制研究 / 174
第三节　提高思想政治教育工作者的理论水准 / 177
第四节　积极构建和谐的教育氛围 / 181

第八章　"微时代"背景下的高校思想政治教育的影响 / 184

第一节　对高校思想政治教育的影响与启示 / 185
一、新媒体时代大学生思想政治教育的影响 / 185
二、新媒体时代大学生思想政治教育的启示 / 188

第二节　高校思想政治教育是当代高校学生素养提高的必然选择 / 191
一、创新高校思想政治教育的理论依据 / 191
二、更新思想观念，强调学生的主体地位 / 193
三、高校思想政治教育的任务与特点 / 195

第三节　全面提升思想政治教育文化涵养 / 199
第四节　促进社会主义和谐社会的构建 / 203

参考文献 / 209

第一章 "微时代"理论概述

第一节 对"微时代"的基本认识

所谓"时代",是一个与人紧密联系的时空概念,是能影响人的意识的所有客观环境。"微时代"即以微博作为传播媒介代表,以短小精练作为文化传播特征的时代,"微时代"信息的传播速度更快、传播的内容更具冲击力和震撼力。微博、微信、微电影、微传播、微支付、微纪录片等的突然爆发,使得信息传播具有了流动性、瞬时性以及扁平化等特点,传播内容的迷你化使得信息更加具有冲击力,信息的发布者有了更加便利的信息传播渠道,受者接受信息也更加及时。

微时代使得每个人在信息传播活动中实现了决策参与,进而成为传播活动的主体,使得传播的明星效应和长尾效应愈加显著地呈现。微时代的到来使受众的个性、身份,鲜明的特点逐一呈现,信息传播活动中的传者和受者差别化更加模糊。这种细化是对个体自身的充分认可和重视,社会成员的需求变得更加多样化,随之信息产品也呈现出多样性的特点,其对信息产品的形态以及增值服务方式的改进有着极大的促进作用。

"微时代"的到来,增强了信息传播的速度和强度。"若想知道中国正在发生什么,请上微博。"从微博、微信到微电影,"微"字在近两年大行其道,人们一切可以被利用的零碎时间都被充分利用,人们的生活方式以及信息的传播方式悄然间发生着巨大的变化。它满足了人们在日益加快的生活、工作节奏中获取更多信息的需求。不仅如此,现在"微"字几乎具有"全民参与"的广泛性,很多人的生活已离不开"微"字,评微博、聊微信、看微电影和微小说等等"微"生活方式已成为很多人的日常习惯。但"微事物"在带来便利和别样体验的同时,也使人变得浮躁和难以深入思考,生活节奏更加快速,浮躁的社会氛围更加浓厚。这是"微"时代的你我应该极力关注和探讨的课题。

微时代的到来,为公共监督提供了平台和助力。微博从2010年开始进入快速发展阶段。很多社会热点,如解救乞讨儿童、温州动车事故、小悦悦惨案……每一事件中,都闪现着微博灵动的身影。整个事件的过程、关键事实的验证、不同角度的质疑、各种观点的争辩,都通过"微"平台淋漓尽致地展现出来,由此引发了政府和整个社会对事件的影响和背后根源的思考。通过这样的广泛参与,进一步扩展了公共监督的范围和力度,促进政府更好地体现"责任""公开""服务"的内涵,倒逼着政府改革提速。

"微时代"的到来，给传统新闻媒体带来巨大的冲击。微时代，使人们从过去被动地接受信息转变更加为主动地参与信息传播，从"收音机"的时代向"麦克风"的时代转变。微博中关注度高的事件很多成为社会的热点，引起传统媒体的关注和跟踪报道。微博不但引爆事件，更多地在于评论事件，而之前这一度是传统媒体的专利。同时，"微时代"通过报道和评论，使得电视、报纸等媒体改变了传统的信息来源方式，每个微博者都成了新闻素材的"特约记者"，借助全体人民的观察力和分析力，传统媒体更敏锐地感知社会运行的问题和缺陷，更细致地了解问题和缺陷的形态及影响，更深入地观察问题和缺陷形成的复杂原因，更科学地寻找制约社会运行的缺陷和弊端的途径。传统媒体正是在这一变化中提升自己，改革自己。如前一段的微博中，有一条《邯郸日报》改版的消息。改版后的日报将导向正确、内容丰富、关注前沿、观点鲜明、贴近读者、文风清新等作为新的办报要求，不得不说是对"微时代"的适应与调整。

时代在潜移默化地改变你我，我们能做的就是转变思路，调整自我，以更加完美的姿态适应"微时代"，改善"微时代"和利用"微时代"。

第二节 思想政治教育的学科体系

1. 阶级性

在阶级社会里，各阶级的思想政治教育理论都反映了本阶级的根本利益和要求，都是为本阶级的利益和要求服务的，具有明显的阶级性特征。不过，剥削阶级一般不愿或不敢承认这一点。无产阶级思想政治教育学则公开声明它是为工人阶级和广大劳动人民服务的。它旗帜鲜明地坚持马克思主义基本理论，并将其贯穿到思想政治教育理论研究的方方面面，努力为培养一代社会主义新人服务。与一般的社会科学相比，思想政治教育学具有明显的无产阶级党性。

强调思想政治教育学的阶级性特征，并不意味着否定其真理性特征。思想政治教育学致力于人的思想品德形成发展规律和思想政治教育规律的研究，这一研究以马克思主义理论为指导，建立在对社会发展规律深刻认识的基础上，反映了社会发展的要求；而无产阶级与最先进的生产方式相联系，代表了历史发展的方向；思想政治教育学为无产阶级事业服务，就能推动社会循着自身的发展规律不断进步。同时，无产阶级没有自己的狭隘私利和特权要维护；科学越彻底，越具有客观真理性，就越符合无产阶级的根本利益。只有坚持真理性原则，思想政治教育学才能更好地为无产阶级利益服务，更好地为建设富强民主文明和谐的社会主义现代化强国服务。可见，思想政治教育学的阶级性和真理性是完全一致、高度统一的。

2. 实践性

思想政治教育学是一门应用科学，具有鲜明的实践性特征。第一，思想政治教育学建立在长期的思想政治教育实践经验基础之上，其形成和发展都有赖于思想政治教育学实践。长期的思想政治教育实践形成了丰富的经验和教训，思想政治教育学就是对这些经验和教训的概括、总结和升华，是关于思想政治教育实践活动的知识体系。从理论形态上看，它不是思辨的产物，也不是推理的结果，而是对思想政治教育丰富实践经验材料进行分析和抽象的结果。思想政治教育学研究的资料直接来源于思想政治教育实践，要从资料的分析中引出结论，提出新见解，或验证已有的理论。第二，思想政治教育学对思想政治教育实践具有很强的指导意义。思想政治教育学从思想政治教育实践出发，在总结经验的基础上，科学地阐述思想政治教育实践中的一系列重大问题，如思想政治教育的地位和功能、目的和任务、内容和原则、途径和方法等，从而反作用于思想政治教育实践，促进其顺利发展并取得更好的效果。总之，思想政治教育学理论在思想政治教育实践中逐步完善，指导着思想政治教育实践并受到实践的检验，随着实践的发展而发展完善。

3. 综合性

思想政治教育学的综合性特征突出表现在以下两个方面：首先，它在探讨人的思想品德形成和发展过程及其规律时，在研究思想政治教育领域的现象和问题时，总是对与其相关的各种社会因素、心理因素乃至一些自然环境因素做多变量的综合考察。在现实生活中，每个人的思想和行为都受到多层次社会关系的制约，每一种思想政治教育现象和问题也都受到多种因素的影响。因此，思想政治教育学强调从多角度多侧面对人的思想和行为，对各种思想政治教育现象和问题进行"立体"的综合分析，反对将复杂的人、复杂的现象简单化。唯有如此，才能对人的思想和行为以及各种思想政治现象做出实事求是的分析，为在实际工作中更好地引导人的思想和行为提供科学的理论指导。其次，思想政治教育学是运用多学科知识研究本领域问题所形成的一门应用性学科，因而需综合借鉴和运用相关学科的理论知识进行研究。思想政治教育学不仅要运用马克思主义基本理论和中国特色社会主义理论体系，特别是思想政治教育理论进行研究，同时还要借鉴融合政治学、教育学、伦理学、社会学、心理学等相关学科的知识于研究工作之中。凡有助于阐释人的思想和行为、阐释思想政治教育现象的理论知识，思想教育学都应予以借鉴。当然，借鉴不是简单生硬地照搬，而是应根据思想政治教育学研究的实际将其"熔为一炉"，形成具有本学科特色的理论知识体系。

第三节 "微时代"背景下思想政治教育的研究范围

每一学科都有自己特有的研究对象。确定研究对象是一门学科成立的根据和发展的逻辑起点。关于学科研究对象的确定，毛泽东曾有精辟论述："科学研究的区分，就是根据科学对象所具有的特殊的矛盾性。因此，对于某一现象的领域所特有的某一种矛盾的研究，就构成某一门科学的对象。"据此，我们认为，要确定思想政治教育学的研究对象，就必须考察思想政治教育学是否具有特殊的研究领域，该领域的特殊矛盾是什么。

思想政治教育学是否具有特殊的研究领域？我们的回答是肯定的。思想政治教育作用的对象是人，开展思想政治教育，就是要引导人们形成符合社会发展要求的思想道德本质，激发人们参与社会活动的主体能动性，进而推动人和社会全面发展。从根本来说，思想政治教育学是研究如何做人的工作，提升人的精神品质的理论。要做好人的工作，不断提高人的精神品质，当然要研究人，但不能因此说思想政治教育学的研究对象是人。因为人是复杂的多面体，有多面性，既具有自然属性，即受生物规律支配的基本的生命属性，这主要是生物学、生理学、人类学、医学等学科研究的内容；又具有社会属性，如人能制造和使用工具，进行生产劳动，人的活动是有计划有组织的结群活动，人的生活有规范化的模式等，这是众多社会科学研究的内容。但每一学科都只是从特定的角度研究人的社会属性的某一方面，思想政治教育学也不例外，它并不研究人的社会属性的所有方面，只研究其中的一个重要方面，即人的思想观念、政治观点、道德品质的形成、变化和发展。这就是思想政治教育学特殊的研究领域，是思想政治教育学区别于其他学科的重要根据。对这方面研究的目的，就是要认识和把握人的思想品德形成发展的规律，从而有针对性地开展思想政治教育，使人们的思想向社会发展所要求的方向变化，进而促进人的全面发展。

思想政治教育学这一研究领域的特殊矛盾是什么呢？关于这一问题，学术界有许多不同的看法,主要意见有:(1)主体和客体、思想和行为的矛盾;(2)主体意识形态和客体思想行为的矛盾;(3)主体的正确思想政治意识与客体的错误思想政治意识的矛盾;(4)无产阶级思想政治意识与非无产阶级思想政治意识的矛盾;(5)主体传播的无产阶级意识形态与客体思想行为的矛盾等。

在上述意见中,第一种表述比较模糊,容易引起歧义;第二种表述过于抽象,不够明确;第三种表述过于狭窄,人的思想政治表现总是与一定的社会要求存在一定矛盾的,并不只是在客体存在错误的思想政治意识的情况下才会出现这种矛盾;第四种表述的矛盾并非思想政治教育领域特有的矛盾,且并非无产阶级思想政治意识中也存在某些中性成分,与无产阶级思想政治意识具有某种相容性,并不必然构成矛盾;第五种实际上是从狭义的思想政治教育角度做出的表述,概括力受到限制。这些意见都值得进一步商榷。我们认为,思想政治教育学研究领域的特殊矛盾可表述为:一定社会发展的要求同人们实际的思想品德水准之间的矛盾。

之所以做这样的表述,是因为:第一,这一矛盾是思想政治教育存在的内在根据。一般来讲,在实际生活中,人们的思想政治表现与一定社会发展的要求总是存有距离,很难完全一致,这就是矛盾。思想政治教育就是要帮助人们逐步缩小这一距离,解决两者之间的矛盾,使两者趋于协调。没有这一矛盾,就不需要进行思想政治教育了。第二,这一矛盾贯穿于思想政治教育始终,推动着其不断发展。这一矛盾是思想政治教育的起点和动力。开展思想政治教育,首先要研究这一矛盾,衡量思想政治教育要求是否恰当,分析教育对象的思想品德哪些方面不符合社会要求以及不符合的程度,在此基础上确定合适的教育内容,采取适当措施引导教育对象的思想品德与社会要求由不协调到基本协调。这可以看作是一次教育过程的完结。随着社会环境的变化,社会会提出新要求,教育对象的思想也会出现新情况,两者之间又会出现新的不平衡即新的矛盾;为解决新的矛盾,又开始一个新的教育过程。如此循环往复,推动着思想政治教育不断发展。第三,这一矛盾还制约着思想政治教育领域的其他矛盾。在思想政治教育过程中,还存在许多其他矛盾,如教育者与社会发展的客观要求之间的矛盾,教育者与受教育者之间的矛盾,社会发展的客观要求与社会环境之间的矛盾,受教育者精神世界发展的需要与满足这些需要之间的矛盾等。这些矛盾可以看作是上述特殊矛盾的具体表现,都受制于基本矛盾;解决这些具体矛盾都是为了促使受教育者将社会所要求的思想道德规范转化为自己的思想品德意识并进一步外化为相应的行为。总之,一定社会发展的要求同人们实际的思想品德水准之间的矛盾是思想政治教育存在的基本依据、发展的主要动因,并规定着其他矛盾，因而可看作是思想政治教育学研究领域的特殊矛盾。对这一特殊矛盾的研究，就构成思想政治教育学的研究对象。

研究这一特殊矛盾是为了更好地解决它。推动人们的思想向社会要求的方向发展；要解决这一矛盾，就必须深入了解和把握人们思想品德形成和发展的规律，并据此对人们进行思想政治教育。因而一般研究者就把思想政治教育学的研究对象定位在"规律"上。研究什么规律？或者说，思想政治教学的研究对象是什么？学者对此存在许多不同意见，概括起来，主要有两种意见。一是"两个规律论"，即认为思想政治教育学的研究对象是人的思想品德形成发展的规律以及思想政治教育的规律；二是"一个规律论"，即主张思想政治教育学以思想政治教育规律作为研究对象，认为人的思想品德形成和发展的规律属于另外的学科研究的内容。我们认为，"两个规律"紧密相连，对人的思想品德形成发展规律的研究和把握，是对思想政治教育规律研究和把握的前提和基础，二者内在统一地构成思想政治教育学的研究对象。为了解决人们实际思想品德水准与社会要求之间的矛盾，就要分析人们的思想品德结构，分析人的思想变化发展的规律性表现及其制约因素；研究如何确定社会要求，如何通过思想政治教育引导人们的思想向社会要求的方向发展。简言之，要遵循人的思想品德形成和发展的规律以及思想政治教育的规律开展工作。可见，要对思想政治教育领域的特殊矛盾进行深入研究，就必须把握人的思想品德形成发展的规律和思想政治教育的规律。因此，我们认为，思想政治教育学的研究对象是人的思想品德形成和发展的规律以及对人们进行思想政治教育的规律。与此相同，我们认为，思想政治教育学是一项研究人的思想品德形成发展规律和对人们进行思想政治教育的规律的实用性科学。

思想政治教育学是一门科学，这在节理上和逻辑上都是成立的。然而在思想政治教育学研究中，有人往往把思想政治教育和思想政治教育学这两个概念混为一谈，不加区别，认为"思想政治教育（工作）是一门科学"。作为一般的提法，我们可以将其理解为强调思想政治教育是一项专门的工作，其中大有学问，高校思想政治教育可以将其作为科学研究的客体，在实践中探索其固有的规律性，从而形成一门新学科。但将其作为一个科学命题，则是不妥当的。因为这一提法把思想政治教育学与它的研究客体思想政治教育混为一谈，容易在理论和实践上造成混乱。作为一门学科的思想政治教育学和作为一项社会活动的思想政治教育，既有联系又有区别。其联系表现在：思想政治教育是思想政治教育学产生的前提条件、基础和源泉，思想政治教育学是思想政治教育丰富实践经验的理论概括，是关于思想政治教育的知识体系。没有思想政治教育实践，思想政治教育学就会成为无源之水、无本之木，不能成为真正的科学，其本身也将失去意义；离开思想政治教育学的理论指导，思想政治教育实践就可能出现盲目性，难以取得理想的效果。其区别表现在：思想政治教育是一项社会实践活动，它以人为作用对象；其目的在于帮助人们形成符合社会要求的思想品德，主要帮助人们解决"做什么""怎样做"的问题，这项活动由来已久。而思想政治教育学则是一门科学，它以思想政治教育实践活动为研究客体，其目的在于科学地认识和分析思想政治教育领域的各种现象，揭示思想政治教育的规律，主要解决思想政治教育"是什么""为什么"的问题，这门科学是直到20世纪80年代才产生的学科体系。由此看来，必须把二者区分开来而不能混为一谈。

1. 个人与社会

个人与社会是揭示人的本质和思想政治教育本质的重要范畴，在一定意义上规定着思想政治教育的任务。马克思主义认为，个人是历史的具有社会性的个体，社会则是以共同的物质生产活动为基础而相互联系和运动发展的人类生活共同体。马克思指出，个人"是一个特殊的个体，并且正是他的特殊性使他成为一个个体，成为一个现实的、单个的社会存在物"。然而，"人的本质不是个人所固有的抽象物，在其现实性上，它是一切社会关系的总和"。现实的人总是生活在一定社会关系之中，每个人都不能离开社会而生存；人的生存和发展受到社会的制约。社会也总是人的社会，由无数个体所组成，离开了人，社会也就不复存在；人在受到社会制约的同时也以自己的实践活动作用于社会。个人与社会的这种紧密联系、相互依存的关系启示我们，在研究人的思想和行为时，不仅要看到个人和个人行为，而且要看到个人及其行为的积累，有一定的社会结构和社会关系；在开展思想政治教育时，不仅要注意到教育的作用，还要注意到包括社会结构和社会关系在内的多种因素所造成的社会环境的影响和制约。同样，研究社会生活和社会关系也不能忽视人和人的活动。因为社会生活和社会关系都是由人的活动所创造并改变的。要形成和谐有序的社会生活以及良好的社会关系，建设社会主义和谐社会，就必须重视个人的社会化，努力培养有理想、有道德、有文化、有纪律的新人。

2. 思想和行为

人的面貌往往表现为思想和行为两个方面。思想和行为就是揭示人的思想活动和行为表现相互关系的范畴。思想政治教育学所研究的人的思想，是指制约人的行为的各种因素的总和，包括人的理性认识（这是主要的）和部分感性认识；行为则是思想支配下所产生的言论、活动等外在表现。人的思想和行为紧密相连，相互作用。思想是行为的先导，支配和改变行为；除条件反射行为外，人的行为都受到思想不同程度的制约。行为表现思想，并通过其后果对思想产生反馈作用。人的思想和行为在很多时候是一致或基本一致的，因而可以通过人的思想影响行为，也可以通过人的行为分析其思想。然而在现实生活中，在许多人身上，思想和行为的不一致也是经常发生的，表现为知行脱节，表里不一。引导人们形成正确的思想，并帮助人们解决思想和行为相脱节的矛盾，使人们在社会实践的过程中按照社会要求实现思想和行为的统一，正是思想政治教育的重要任务。而如何引导人们形成符合社会要求的思想并将其转化为相应的行为，是思想政治教育学理论研究的重要内容。可见，科学认识、把握思想和行为范畴，有助于更好地揭示人的思想品德形成发展的规律以及思想政治教育的规律。

3. 内化与外化

内化与外化是揭示人的思想行为变化发展过程及其规律的重要范畴。内化是指在思想政治教育过程中，受教育者在教育者的帮助下将社会发展所要求的思想观念、价值观点、道德规范纳入自己的态度体系，使之成为自己的品德意识体系有机组成部分的过程。外化则是指受教育者在教育者的引导下将已经形成的品德意识转化为行为表现和行为习惯的过程。思想政治教育是否有效，最重要的是看思想政治教育所传导的思想、观念、规范能否为教育对象所真正接受，即内化为他们的思想和态度，并通过相应的行为表现出来。因此，内化与外化就成为思想政治教育至关重要的问题。在思想政治教育过程中，内化与外化既紧密联系又有所不同。内化是教育者促使受教育者变"社会要我这样做"为"我要这样做"，外化则是教育者引导受教育者变"我要这样做"为"我正在（已经）这样做"。内化是外化的基础和前提，外化是内化的外显和表现，可将其看作人的思想品德形成发展过程的不同阶段。当然，我们又不能仅仅将内化和外化看作是前后相继的两个阶段。因为内化中有外化，即在内化过程中会有相应的行为表现；外化中也有内化，即行为表现又会强化内化。两者实际上是人的思想品德形成发展过程中侧重点各有不同的联系密切的两种活动，共同推动受教育者的思想不断向社会要求的方向发展。

4. 教育主体与教育客体

教育主体是指在思想政治教育过程中依据一定的社会要求对教育对象有目的、有计划、有组织地施加教育影响的教育者，教育客体则是在思想政治教育过程中接受教育影响的受教育者。教育主体与教育客体是思想政治教育过程的因素，两者之间的关系是思想政治教育过程中最基本的关系，两者的双向互动过程在某种意义上就是思想政治教育的过程。教育主体与教育客体就是反映两者之间关系及其互动规律的基本范畴。在具体的思想政治教育过程中，教育主体处于主导地位，发挥着主导作用；受教育者则是教育所作用的对象，是客体。两者的区别是明确的，然而，两者的界限又是相对的，不存在绝对的教育者和受教育者。思想政治教育者既是主体又是客体：一方面，教育者必先受教育，只有深入领会并努力践行社会发展要求，才能充分发挥其主导作用；另一方面，现代社会信息双向交流的特点，决定了教育者在施教的同时亦要向教育对象学习，从而不断完善自己，更有效地开展思想政治教育。受教育者既是客体又是主体：受教育者在接受教育影响时，是客体；但教育影响只有通过受教育者积极主动地接受、消化，通过其自身内在的思想矛盾运动，才能起作用，受教育者在这个过程中又起着主导作用，是自我教育的主体。教育主体与教育客体相互联系相互作用的关系，规定着思想政治教育的诸多原则。要正确处理两者之间的相互关系，就必须贯彻疏导原则、身教与言教相结合的原则、教育与自我教育相结合的原则等，在发挥教育者主导作用的同时，充分发挥受教育者的主体能动性，从而达到思想政治教育的目的。

5. 教育与管理

教育与管理是反映思想政治教育与其重要的平行子系统——管理之间相互关系的重要范畴。思想政治教育是教育者对受教育者施加有组织、有计划、有目的的教育影响的实践活动，它主要靠说服教育，以理服人，以情感人，以达到提高受教育者思想道德素质的目的。管理则是组织运用经济、行政、纪律、法规等手段规范人们的行为，以维护正常的工作和生活秩序的实践活动，它主要靠规范约束，带有一定的强制性。管理和思想政治教育是两种不同的活动，二者性质不同，功能有异，但又密切联系，在实际工作中，二者相互渗透，互为基础，互相促进，相辅相成。一方面，思想政治教育离不开管理。科学规范的管理可以起到理顺关系、化解才智、促进社会活动有序进行的作用，这在客观上有助于营造良好的思想政治教育环境，有助于人们形成良好的思想品德及行为习惯。可见，有效的管理是思想政治教育顺利进行并取得实效的基础。另一方面，管理也离不开思想政治教育。只有在科学管理的同时，对人们加强思想政治教育，引导人们认同并自觉遵守法规、制度、纪律等，管理的作用才能更好地发挥。管理和思想政治教育紧密联系、相互作用的关系，要求思想政治教育学要把管理纳入自己的研究视野，认识研究管理在思想政治教育过程中的功用及其发挥功用的特征，为在实践中更好地发挥管理的教育作用提供理论指导；同时也要求思想政治教育学要认真探讨如何将思想政治教育渗透到管理之中，以使其更好地作用于教育对象。

从上述简略的讨论可见，范畴研究关系到思想政治教育学科建设的方方面面。加强思想政治教育学范畴研究，必将促进思想政治教育学科建设向高水平发展。

第四节 "微时代"背景下思想政治教育的基本特征

迄今为止，媒体的发展大致经历了精英媒体、大众媒体、个人媒体几个阶段。这几个阶段也分别代表着传播发展的农业时代、工业时代和信息时代。作为新媒体技术的一个环境因素，并且作为一种伴随着媒体的发生与发展而在不断发展、不断变化的新媒体时代，它拥有诸多特征，概括起来主要是：

一、主体的平等性和自由性

传统媒体（报刊、广播、电视等）所发布的信息一般由专业人员提供，其内容除了受到专业人士所代表的群体的价值影响之外，还需经职能部门审核，在传播者和受众之间呈现出一定的不对等性。新媒体的广泛应用，除去部分传播信息是由专业人士提供外，更多信息（如短信、微博、论坛等）都是由大众提供的，任何人都可以通过网络、微博、QQ、飞信和微信等新媒体工具，自由地发表个人意见，表达自己的主张。不同个体发布信息、发表观点、表达意见都是平等而且是具有个性的。每个人既是信息的发布者，又是信息的接收者。以此类推，这也意味着每个人既是施教者同时又是受教育者。

同时，这种自由性还表现在：由于信息的接受者不同，信息的价值也会有较大的不同。对于不同受众的主体来说，有的信息没有任何意义，有的信息反而带来负面的影响。例如，对于有不法企图的人和普通民众来说，同样的公开信息，可能产生有用和有害两种效果。运用一分为二的观点看待这样的事实，同样的信息，因接收者的不同，甚至因接收者的目的不同，都会产生不同的信息价值。有的信息，在一般人眼中毫无价值，但被居心叵测的人利用就成了有害的信息。同时，我们往往习惯凭借个人经验去判断信息的真伪，而因为信息量大、时效性差、成本高等问题，我们要通过正规途径去确认信息的真伪，也不现实。因此，同样的信息含量，仅仅因为其传播的途径、信息操纵者和接收者的个人价值观不同，就能使信息价值具有多重性，而这也是新媒体时代的一个显著特征。

二、内容的丰富性与便捷性

新媒体时代，通过新媒体技术，新媒体承载和传播的信息流特别庞大。手机短信、微博平台等网络传播的信息，在以下几个方面都充分体现出其丰富性。从表现形式上看，有相对静态的文字信息和动态的画面信息，还有立体的声音信息等内容。从信息来源上看，有政府的官方正式通知、公告，集体或个人的合法官网等类型的合法信息；也有虚假广告、色情网站、诈骗信息和非法传销等信息；同时也有中性信息，如风土人情介绍、无伤大雅的八卦消息、休闲娱乐的游戏等信息。就信息内容本身来说，有影视作品、学术研究专著、文学作品和个人言论等。由上可见，新媒体时代信息内容是极其丰富的，这也是新媒体时代的一个显著特征。不仅如此，新媒体还极大地显示了信息检索的便捷性。社会在进步，科技在发展，网络硬件软件技术都得到极大的提升，服务器的速度也极大提高，使得信息的流动和储存能力惊人地加大。同时，信息检索工具的开发与利用，使得信息传输、检索和查问变得轻松便捷。根据自己的需求，人们通过网络可以检索到大量的信息，包括文本和非文本的信息，还可以利用相关的软件对检索的信息快速地进行再利用，极大地方便了人类的学习和生活。这是新媒体时代与社会生活之间的关系特性。

三、形式的多样性与交互性

新媒体时代，信息的形式有了更丰富的发展。社会的发展依托于科技的支撑，科技的快速发展，使得各种电子设备快速地更新换代，使新媒体载体的功能得到不断开发与拓展。目前，手机打破了以往时空的限制，较之电脑更便于携带，沟通也更便捷。通过短信，人们可以发送文字信息、语音留言，微信的流行更方便了手机的沟通。现在，人们也可以通过网络，用文字、语音甚至视频进行各方面的交流。当下，人们也可以通过各种平台获取信息，发表见解，阐述观点，表达意愿，从而便捷地实现公民的舆论监督权利。总之，在新媒体时代，写信（纸质信件）、发电报等传递信息的方式已基本被取代，新媒体可以对各种信息进行多种方式的传送，而且其传播形式也越来越复杂多样，也越来越适合当代人们的主流追求，越来越适应当今时代发展的需要。

交互性是新媒体区别于以往媒体最突出的特点，它包含两层含义，一是信息发送者和接受者之间的信息交流是双向的；二是参与双方在信息交流过程中都有话语权和控制权。传统媒体（报刊、广播、电影、电视等）的信息交流具有单向性，信息反馈比较慢，交互性就比较差。数字技术使得信息采集和制作变得简单易行，个体只要利用文本输入系统（电脑、手机等）及数码相机等，就可以轻易地编辑或发送文字和图片。通过以数字化为重要特征的新媒体，每个人可以同时进行并完成信息的传播和信息的接收。在新媒体时代，信息传播的双方采用的是双向互动的信息交流方式，这便于及时理解与沟通。

四、语境的虚拟性和开放性

虚拟性是新媒体的重要特征。新媒体本身是基于数字技术而产生的，与现实的社会行为不同，新媒体的信息传播和信息交流是通过信息载体的数字化和虚拟性实现的。这里的虚拟性，有三种情况：信息本身的虚拟性、传播关系的虚拟性和空间的虚拟性。首先，信息本身的虚拟性。新媒体技术，将越来越多逼真的现实环境创造出来，形成了一种全新的时空概念。每个使用新媒体的大众都是这个虚拟世界中的一员，他们运用新媒体进行彼此间的交流和沟通。新媒体信息技术将真实世界和虚拟世界之间的界限变得越来越模糊，人们的认知方式也随之被改变。如前所述，人们可以利用各种软件，对文本、图片、音视频等进行修改和编辑，甚至虚拟人类。2001年英国报业联合会新媒体公司推出的第一位虚拟主持人——Ananova，为全球网民提供24小时的新闻播报服务，引起全球轰动。其次，传播关系的虚拟性。新媒体以数字符号的形式将信息传播出去，在整个新媒体交往过程中，个人的性别、年龄、职业、身份等基本特征都被无形地掩盖了，剩下的仅仅是利用虚拟符号进行沟通和交往。比如传统媒体环境中的传播关系，信息发送者和受众之间的角色是特定的。课程教材，我们会知道该教材的编写者是谁。但是，新媒体传播中，在信息的交流和沟通中，传播者和受众的角色呈现出一定的虚拟性。在各大论坛、聊天工具或微博中人们习惯用一个虚拟的身份，身份的不确定性添加了一些神秘色彩。再次，空间的虚拟性。虚拟空间（网上商店、虚拟社区、虚拟社团）中的每一个成员，通过新媒体可以在特殊的空间里进行学习、交友、娱乐、购物等。人沉浸在其中，并通过一定方式与之实时交互，达到超越现实的目的。虚拟现实技术的发明与应用使人类不仅生活在现实物理世界之中，而且生存在符号化、数字化的虚拟世界，拓宽了人类的生存空间。

另外，新媒体技术将整个世界连接成"地球村"，呈现信息传播和交流的"无障碍"，充分彰显其开放性。长久以来，人和人之间的交往不可避免地受到如居住地域、自身条件、政治因素和文化氛围等方面的限制，不能充分地展开沟通和交流。

而新媒体改变了这种状况。新媒体是一个开放的世界，它并不属于谁，而是任何国家、任何民族、任何组织共享的一种手段。在新媒体中，几乎不存在国家和民族的界限，人们不再受时间、空间、国度等制约，可以自由地交往，还可以自由地发表言论，随时随地阐述自己的观点，而不必再屈从于某一方面的权威。身边的手机、电脑等终端就是你进入新媒体世界的通行证，所有人都可以出入自如，获取自己所需要的东西。新媒体，尤其是新媒体中的网络媒体把世界连成一个有机整体，大大加强了它的全球性。互联网使人类"地球村"的梦想变成了现实。人们可以通过网络等新媒体获得世界各地的信息而不受时间和地域的限制，网络传媒使受众具有了"全球化"的特征，世界上任何地方的任何事，任何国家的任何用户的观点，只要上了网就可以瞬间传遍全球，只要这一信息有足够的吸引力，就可以引起全世界的关注，全世界的人可以共享网上的信息。

五、服务的个性化与分享性

人们本身有着对个性与自我的渴望，面对一种现象或一个新闻，没有人愿意完全接受别人的想法，每个人都有表达自己的意愿；或是，没有人愿意穿和别人一样的衣服留一样的发型，因为那样，"我"这个概念就会变得模糊。此外，受众也可以通过新媒体进行信息的定制和检索，如各类搜索引擎。这样，每一个新媒体用户都可以发布和接受完全个性化的信息，使大众传播转变为"小众传播"。

当前，媒体生态已经发生了变化，传统媒体传播中，受众只是在价值链的下游，处于"被说教"的地位。随着新媒体技术对信息中心化的打破、成本的降低和小众传播的展开，话语权已经不再掌握在传播者手中，受众逐渐参与到价值链的上游，在进行分享信息的同时，跟传播者进行着平等的对话。于是，"阅众分享"和"去中心化"便成为新媒体的两大关键点。

六、信息来源的隐蔽性和相对封闭的社群化

以网络为基础的网站、网络游戏、博客、微博、微信及手机短信等新媒体形式，它们本身作为信息传播的途径，与传统媒体相比略显开放，人们可以隐身，甚至匿名。信息的编辑者和传播者可以选择利用隐藏身份信息的方式进行信息传播，许多信息无从考证，甚至一些虚假信息会对大众产生不良影响。虽然我国在新媒体尤其是网络媒体的管理上加大力度，出台了一些管理办法及规范制度，但是由于经济利益等因素的驱使，许多不法分子伪造假身份证进行上网或购卡，从事非法活动，信

息的来源具有很强的隐蔽性。新媒体时代信息来源的隐蔽性特点，对新媒体时代本身造成了负面影响。此外，由于网络上的人们大多是"群居"的，各种社区、自由论坛、俱乐部都充斥在虚拟空间的各个角落。"群"是指基于新媒体技术的基础上产生的，方便兴趣相同的用户同时发布、交换和获取信息的新媒体应用。"群"产生的根本原因在于用户对特定信息和特定话题的交流与共享需求，用户既是"群"的创建者也是维护和使用者。"群"内的信息仅限于"群"内的共享，吸引着一些有共同诉求的用户，表现出封闭性、高度聚合性和跨越时间性的特征。

综上所述，新媒体时代的特征与当今时代的信息是息息相关的。因而，新媒体时代，可以说也是一个信息化的时代。信息的时代特征，代表了新媒体时代的特征。拥有及时的信息，就等于拥有了市场和核心竞争力。新媒体时代的特征，造就了当今社会的信息瞬息万变；而多样性、快捷性的信息化社会，又反过来影响了新媒体时代的时代特征与发展进程。具体到大学生思想政治教育，我们要把握好新媒体时代的特征，创造良好的教育环境，充分利用其时代特征，为当代的大学生思想政治教育创新服务，将当代的大学生思想政治教育与新媒体时代的特征结合起来，使之协调发展，共同进步。

第二章 "微时代"背景下的高校思想政治教育基本原则

第一节 坚定基本政治信念

坚定的基本政治信念，既表现为坚定对马克思主义的信仰，也表现为坚定共产主义的理想和社会主义的信念，特别是坚定对中国特色社会主义的信念。基本政治信念是一个人的世界观、人生观和价值观的集中体现，是人生的支柱和前进的灯塔。确立了崇高的理想信念，就有了正确的方向和强大的精神支柱，就会"富贵不能淫，贫贱不能移，威武不能屈"，就能抵御各种腐朽思想的侵蚀，矢志不渝地献身于伟大的事业而不畏任何艰险。

坚定基本政治信念，重要的就是坚持用马克思主义的立场、观点、方法来认识世界，认识人类社会发展的客观规律。共产党员必须努力学习和自觉运用辩证唯物主义和历史唯物主义的强大思想武器，把基本政治信念建立在科学分析的理性基础之上。面对各种复杂情况的考验，必须把坚定理想信念作为首要任务，自觉地加强科学理论的学习，加强党性修养和世界观的改造，牢固树立正确的人生观、价值观，带头坚定对马克思主义的信仰不动摇，坚定走中国特色社会主义道路的信心不动摇，听从党中央、中央军委和习主席的指挥不动摇，确保在任何时候、任何情况下都能自觉地听党的话、跟党走。

坚定基本政治信念，必须与求真务实紧密结合起来，立足于我国社会主义初级阶段的现实，为实现党在现阶段的基本纲领而努力奋斗。应该明白，实现共产主义是一个非常漫长的历史过程。在现阶段为实现共产主义理想而奋斗，就应该脚踏实地地为实现党在社会主义初级阶段的基本纲领、基本路线而奋斗，为建设中国特色的社会主义经济、政治、文化而贡献力量。

坚定基本政治信念，要从我做起，从现在做起。有的人立志不可谓不高远，但就是不愿意为实现崇高的理想而付出自己的艰苦努力，不能把个人理想融入党的最高理想和全国人民的共同理想之中，不能踏踏实实地做好本职工作。"千里之行，始于足下""九层之台，起于垒土"。如果只在口头上讲"为共产主义而奋斗"，行动中却自私自利，不愿为社会贡献自己的一点点爱心；一心要成就惊天动地的伟业，却不肯一点一滴地学习对国家和社会有用的本领；整日想着成为名扬天下的英雄，本职工作却做得一塌糊涂，那么，再远大、再崇高的理想也只能归之于想入非非的空谈妄想。

第二节 加强社会责任感的培养

　　社会责任感,是指个体社会化进程中,基于对社会、国家的高度热爱,主动承担社会义务和责任的高尚使命。社会责任感是知、情、意、行的统一,是人的内在精神价值和外部行为规范的有机结合。大学生社会责任感之所以一直以来备受关注和重视,与大学生的特殊身份相关。大学生作为社会的特殊群体,接受过高等教育,肩负着实现中华民族伟大复兴的神圣使命。而要完成好这项光荣而艰巨的使命,必须具备高度的社会责任感。社会责任感,是当代大学生应该具备的基本品质,也是构建社会主义和谐社会的关键,当代大学生社会责任感的强弱将直接影响到国家的强盛、民族的兴衰和社会主义事业的成败。

　　社会责任感是现代社会人才要求的必备品质。在知识经济时代,对人才的衡量标准,不仅要看其知识水平,更要看德育的种种表现。一个人道德品质不好,与社会格格不入,他的智商再高,也很难对社会做出贡献。二十世纪四五十年代以来,随着新科技革命的蓬勃发展,各国间以科技竞争为核心的综合国力竞争日益加剧,而综合国力的竞争归根结底是人才的竞争。大学生作为现代化人才的主体受到的重视程度空前提高。

　　大学生是青年中有较多机会接受现代科学技术教育的一部分人,是"科教兴国"战略的受益者,也应当是"科教兴国"的实践者和完成者。这就要求大学生必须认清形势,努力学习,坚定自己的理念,时刻牢记自己的历史使命,肩负起时代的重任。要完成自己的历史使命,大学生必须具有很强的自觉意识,而社会责任感正是这种自觉意识的体现,是大学生行为导向的核心因素,它指导、控制和调节其社会行为。因此,大学生社会责任感的强弱将关系到全面建设小康社会的进程,关系到他们能否或在多大程度上肩负起实现中华民族伟大复兴的使命,推动社会主义事业发展的历史重任。

　　社会责任感不仅是现代社会对公民的一种基本要求,是和谐社会中每一个社会个体必备的基本素质,也是一个人健康社会化和科学融入社会的重要内容及必备条件。社会责任感的养成,有利于青年学生从道德人格、能力发展、政治修养等方面促进自我完善与成才。

　　随着国际经济一体化进程的加剧、社会主义市场经济体制的建立及社会价值多元化的日趋明显，人们的思想观念发生了很大的变化，淡漠社会责任感之风在大学校园悄然滋长，主要表现在个人主义滋生、追求享乐以及追逐功利等几个方面。在新旧体制转轨过程中，利益主体的多元化，使人的个性独立化程度发生了变化，使得个人的独立性、自主性地位逐渐得以确立。部分大学生把个性张扬理解为以自我为中心、个人意识增强而社会意识淡漠、不讲道德、缺乏信用。这使不少大学生在个人、他人、集体取向上发生错位，在责任观念上，重自我责任轻社会责任。同时，受西方国家生活方式的影响，可以看到大学生更多地关心自己现实的利益，单纯追求优越的物质生活条件，甚至腐朽的生活方式，意志薄弱，克服困难的能力差，没有劳动的习惯，怕苦、怕累，也就不承认人应该承担对他人和社会的责任。在价值取向上，重自我价值而轻社会价值。讲究功利，在市场经济条件下，从事经济活动的人们必然从自身的利益需求出发选择自己的行为。一些大学生也认为唯有自己的利益才是最重要的、唯一"实际"的，重个人前途，轻社会理想，做任何事情都要经济回报。在理想追求上重物质实惠而轻理想目标，缺乏奉献意识及牺牲精神。

大学生社会责任感弱化的原因也是多方面的，其中包括个人因素、社会因素以及学校因素三个方面。自身因素。目前很多大学生的生活经历基本上是从学校到学校，缺乏对个人与社会、现实与未来的全面理解和认识。在面临选择时，缺乏一定的选择和判断能力。对自身与社会的关系缺乏清醒的认识，不能正确认识社会赋予他们的历史任务。同时，市场经济的发展，"金钱至上、金钱万能"的思想容易使大学生以自己的利益为自身行为的成败标准和出发点。社会上的某些消极腐败现象，权钱交易使道德判断能力较弱的青年大学生无所适从，出现了只关心自我，追求实惠，重个人需要轻社会需要，重功利轻道义，重物质需要轻精神境界的现象。一旦利益、愿望有差距或实现不了，就会简单偏激地批判这个社会，发泄不满情绪，甚至不负责任地否定这个社会。同时，由于目前的思想政治教育工作、教学工作、学生管理在很大程度上不利于培养大学生的社会责任感，灌输式教育仍占主导地位，学生被动接受得多，主动参与得少，社会主体意识也不可能在这种教育之中得到加强。在课程设置、实习教学上与社会需要之间的联系比较模糊，导致作为手段的学习和考试却成了目的。忽略个人奋斗与社会发展、社会贡献的关系，一些学生对集体和社会的责任感显著降低。

要想培养大学生的社会责任感。事实上，在各学科课程标准里面，都明确规定了要树立和增强学生的社会责任感，只是长期以来，更注重的都是知识点的教学，有意或无意地忽视了这一重要目标。培养学生的社会责任感不仅是德育目标的要求，也是实现知识目标和能力目标的要求。随着新课程的实施，课程的学习方式将发生根本性变化，以理解、体验、反思和探究创造为根本。这些给学生责任感的教育带来生机，因为只有体验了的东西，让学生进行社会参与性的体验学习，走出教室，深入社区学习，社会责任感教育才有实效性和针对性。首先要加强"三观教育"，利用高校"两课"来帮助大学生树立正确的人生观、世界观和价值观。通过形势政策教育使大学生把"自我成才、自我实现"的人生理想与"振兴中华"的历史使命感和社会责任感有机统一起来。帮助学生正确认识个人与社会的关系，认真自觉地去完成自己应当承担的任务，自觉地把社会需要、时代要求内化为个人的成才目标，逐步建立起社会责任感。大力宣传共产主义的理想信念，帮助大学生树立科学的世界观、正确的人生观和高尚的价值观，用雷锋、焦裕禄、孔繁森等时代英模去感染学生，激励学生的责任感和使命感，为日后成为合格的社会主义事业建设者和接班人打下坚实的思想基础，引导学生把实现自身价值和服务于祖国人民统一起来。其次，要加强思想道德教育，注意大学生的个性心理特征。通过理论灌输与活动开展相结合的多种思想道德教育方式，调动学生的主动参与意识，逐步解决学生的思想问题，提高学生的思想政治素质。引导大学生自我教育、自我管理、自我服务，帮助学生培养自我意识和主动意识，把"责、权、利"有机地统一起来以突出在大学生成长过程中良好行为和习惯的培养，促进大学生的责任感从他律阶段向自律阶段转变。引导学生把社会道德规范和要求转化为个人直接的道德需要，使社会准则转化为个人准则。这样才会在履行责任时，形成正确的责任动机，增强履行社会责任的坚定性，有效地促进社会责任感的形成。最后，还应广泛开展社会实践活动。一个人的责任感是认识过程、意志行为过程和情感过程的统一，这个统一的基础，就是实践。引导大学生走出校园，深入社会，到基层去，到群众中去，到改革开放和生产建设的第一线去，到条件艰苦的环境中去，在实践的大课堂中了解社会，认识国情，加深对书本知识的理解；而在思想上尊重群众，感情上贴近群众，行动上服务群众，自觉地走与人民大众相结合的道路。加深对社会现象、社会观念的了解，引导学生正确把握社会发展的主流和本质，认识社会发展的趋势和社会发展的远景，从而牢固地树立起国家主人翁的责任感，以便大学生在社会实践中受教育、长才干、做贡献、增强社会责任感。

第三节 坚持以人为本、教育优先的理念

以人为本,是科学发展观的核心;是中国共产党人坚持全心全意为人民服务的党的根本宗旨的体现。"坚持以人为本",是中国共产党十六届三中全会《决定》提出的一个新要求。"以人为本"思想是中国共产党摒弃了旧哲学人本思想中地主阶级、资产阶级的阶级局限和历史唯心主义的理论缺陷,借鉴国际经验教训,针对当前我国发展中存在的突出问题和实际工作中存在的一种片面的、不科学的发展观而提出来的。这种片面的、不科学的发展观认为,发展就是经济的快速运行,就是国内生产总值(GDP)的高速增长,它忽视甚至损害人民群众的需要和利益。这种发展观"见物不见人",其实质是一种"以物为本"的思想,它和以人为本所代表的是两种不同的发展观。

以人为本的科学内涵包括两个方面,即"人"与"本"。首先是"人"这个概念。"人"在哲学上,常常和两个东西相对,一个是神,一个是物,人是相对于神和物而言的。因此,提出以人为本,要么是相对于以神为本,要么是相对于以物为本。大致说来,西方早期的人本思想,主要是相对于神本思想,主张用人性反对神性,用人权反对神权,强调把人的价值放到首位。中国历史上的人本思想,主要是强调人贵于物,"天地万物,唯人为贵"。《论语》记载,马棚失火,孔子问伤人了吗?不问马。说明在孔子看来,人比马重要。在现代社会,无论是西方还是中国,作为一种发展观,人本思想都主要是相对于物本思想而提出来的。其次是"本"这个概念。"本"在哲学上可以有两种理解,一种是世界的"本原",一种是事物的"根本"。以人为本的本,不是"本原"的本,是"根本"的本,它与"末"相对。以人为本,是哲学价值论概念,不是哲学本体论概念。提出以人为本,不是要回答什么是世界的本原,人、神、物之间,谁产生谁,谁是第一性、谁是第二性的问题;而是要回答在我们生活的这个世界上,什么最重要、什么最根本、什么最值得我们关注。以人为本,就是说,与神、与物相比,人更重要、更根本,不能本末倒置,不能舍本求末。我们大家所熟悉的"百年大计,教育为本;教育大计,教师为本",以及"学校教育,学生为本"等,都是从"根本"这个意义上理解和使用"本"这个概念的。

以人为本,就是以实现人的全面发展为目标,从人民群众的根本利益出发谋发展、促发展,不断满足人民群众日益增长的物质文化需要,切实保障人民群众的经

济、政治和文化权益，让发展的成果惠及全体人民。"坚持以人为本，树立全面、协调、可持续的发展观，促进经济社会和人的全面发展。"这一新论断，深刻阐明了中国共产党人新发展观的本质特征，是对马克思主义人的全面发展理论的继承、丰富和发展。坚持以人为本，同我们党全心全意为人民服务的根本宗旨和代表中国最广大人民的根本利益的要求，是一脉相承的。新发展观明确地把以人为本作为发展的最高价值取向，就是要尊重人、理解人、关心人，就是要把不断满足人的全面需求、促进人的全面发展，作为发展的根本出发点。人类生活的世界是由自然、人、社会三个部分构成的，以人为本的新发展观，从根本上说就是要寻求人与自然、人与社会、人与人之间关系的总体性和谐发展。以人为本，不仅主张人是发展的根本目的，回答了为什么发展、发展"为了谁"的问题；而且主张人是发展的根本动力，回答了怎样发展、发展"依靠谁"的问题。"为了谁"和"依靠谁"是分不开的。人是发展的根本目的，也是发展的根本动力，一切为了人，一切依靠人，二者的统一构成以人为本的完整内容。只讲根本目的，不讲根本动力，或者只讲根本动力，不讲根本目的，都不符合唯物史观。

改革开放以来，中国共产党始终强调把发展生产力作为社会主义社会的根本任务。科学发展观并不否认经济发展、GDP增长，它所强调的是，经济发展、GDP增长，归根到底都是为了满足广大人民群众的物质文化需要，保证人的全面发展。人是发展的根本目的。提出以人为本的科学发展观，目的是以人的发展统领经济、社会发展，使经济、社会发展的结果与我们党的性质和宗旨相一致，使发展的结果与发展的目标相统一。以人为本思想是我们党摒弃了旧哲学人本思想中地主阶级、资产阶级的阶级局限和历史唯心主义的理论缺陷，借鉴国际经验教训，针对当前我国发展中存在的突出问题和实际工作中存在的一种片面的、不科学的发展观而提出来的。这种片面的、不科学的发展观认为，发展就是经济的快速运行，就是国内生产总值（GDP）的高速增长，它忽视甚至损害人民群众的需要和利益。这种发展观"见物不见人"，其实质是一种"以物为本"的思想，它和以人为本所代表的是两种不同的发展观。

大学与高等专业学校不同，强调综合、广博、人文教育，培养和谐发展的人才。各大学可以有不同的办学理念与目标，但其共性的内容是：促使人类、族类文明与文化的传承、积累、扬弃与发展；培植社会资本与文化资本，引导社会良性健康发展；培育具有反思性、批判性的公众知识分子与健全的国民。过于功利性、实用性、工具性的目标设计、课程设置与评价标准是十分有害的，需要从长时效的视域来反省我们的大学教育。目前大学的管理机制和评价体系有很多问题。提倡读经典，让大学生学会品鉴、欣赏中外高雅的精神产品；要改变师生之间隔绝与疏远的现状。

自1952年按苏联模式进行"院系调整"以来，中国大陆地区的高等教育基本上是分科式的专门教育，培养的理想范式是专业技术人才。即使是全国综合性大学，其内部也严重分割，缺乏科际之间的互动与整合。今天，我国综合性大学本科生的课程设置已有了不少改进，例如增设了跨学科的公共选修课，让各院系学生交叉互选，每一位学生至少要有10学分的公共选修课程。此外，不少院系把"大学语文"列为必修的公共基础课程。但总的说来，本科教育基本上仍按公共基础课（必修）、专业基础课（分必修或选修）、专业课（分必修与选修）三大块设置，这仍然是专业人才的培养模式而不是通才的培养模式。其中，师生意见最大的：一是公共基础课中，政治理论课6~7门，比例过大，且教学效果甚微；二是专业基础课与专业课设置过于狭窄。一些政治理论课的内容，脱离人类文明的精神资源与现代社会人生之实际，没有达到养育学生健全的人格、志向、情操、公民意识、处世能力的目的；而过于狭窄的、太强调实用性的专业基础课与专业课，使学生在知识面、智力与方法论上，均难以面对现代多元文化和学科的综合发展。其实，现代科技发展日新月异，越强调实用性的课程，到头来越没有实用性。有一些专业课其实是不必设的，学生们可以无师自通。大学教育要放宽胸怀，着眼于长远的未来，克服实用主义的偏向。大学教育、课程设置要有弹性，不能太死板。

现在我们注意到理、工、农、医等自然科学、技术学科的学生，文、史、哲、艺、宗教、语言等人文学科学生，经济、法律等社会科学学科的学生在知识上的互补；人文与科学的交叉，特别是人文教育或素质教育的提倡与重视，已卓有成效。从人性的养成来看，不论学什么专业，学生都需要人文的陶冶与性情的养育，都需要接受人文的教化。学习人文学，主要不是学知识，而是学智慧，是体验、丰富、提升人生的内涵与境界。

目前我们在课程设置上反映出的另一方面的问题是，四类课程（公共基础、专业基础、专业、公选）多为概论课，即二级或三级学科的某某学或某某学概论、通论、原理、通史、断代史等。在人文学与社会科学各院系的课程设置中，极少有导读古今中外的经典为内容的课程，这是中西方文科专业类、通识类课程设置上的最大的区别。国外名校文科的课程设置，多以历史上流传久远的名家、名著、经典为教学内容，通过师生反复研读，反映原创性的内涵。而国内素质教育课程（或称通识教育课程或公共选修课程），乃至文科基础课程、专业课程仍流于一般概论原理或通专史，包罗万象，面面俱到，或貌似严整实为拼凑的体系。有人认为，读经典，读几部书，知识面不是更狭窄了吗？修若干门概论，知识面不是更宽一些吗？这种认识是有问题的。马克思在《资本论》手稿里指出，精神文化的繁荣与社会的进步发展是不成比例的，希腊史诗、哲学、艺术和莎士比亚，仍然能够给我们以精神的享受，"就某方面说，还是一种规范和高不可及的范本"。文明史上的经典是高不可攀、不可替代的。例如荷马史诗与《诗经》《楚辞》等，尽管其中不免有历史的局限，但今天人们浸润其中，仍然能吸收丰富的营养。指导同学们直接读文明史上具有原创性的经典，与思想、文化、艺术、哲学大师作心灵沟通与思想对话，所获得的精神上的满足是全面深厚的而不是片面肤浅的。他们可以从中学会如何品鉴、欣赏、享受高雅的精神产品，学会读书的方法，求取新知，丰富自己，拓展兴趣爱好，进而陶冶人格与人性，使之深化而完美。读经典、诠释经典，是创造式的，对话式的，身心交融的；而读概论则是被动的，是把老师嚼过的馍再喂给学生，硬灌给学生。当然，这里并不是一概反对概论、通专史体系的教材与教学，这可以提要钩玄，方便初学的学生把握一些基本知识；但如果所有的课程都这样，那就有问题了。至少应有一部分课程是原典教学。实际上，我们可以尝试针对不同科系、不同层次的学生，用不同的中西文版本，导读不同或同一经典。台湾通识教育的推动者和研究专家黄俊杰教授分析了西方、日本对大学生进行人文教育的不同模式，特别评析了斯坦福大学、芝加哥大学以古今的经典（包括古希腊、中世纪、近现代的大师名著，也包括东方的经典，如《论语》《孟子》《老子》《庄子》等，作为课程教育的中心的经验，很有价值。"近百年来美国的经验显示，以经典作为通识核心课程，是传承文化价值的有效方法……应该成为知性与理性迈向成熟的大学生所共享。"目前，我们的通识课、公选课太泛太滥，应逐步形成以代表历史文化精华的中外经典为主要内容和教材的核心课程，其中一部分课程旨在帮助学生学会尊重、理解我们的民族、历史、文化及其精神价值。

　　课程设置从一个侧面反映了教育理念与目标。当前讨论的现代大学教育理念与目标问题，我想主要是针对太过功利性、实用性或为技术而技术的目标设计的。大学教育为国民经济建设服务的口号当然是对的，但又是不全面的，因为这种服务不是直接的，或者说不完全是直接的。它通过培养一代又一代具有良好教养的全面发展的人才，来服务于国家、民族、人类的长远利益。适当的功利要求，例如对大学提出促进公共服务与经济发展，承担一定的社会责任的要求，并不过分，但把教育当作"产业"来办，肯定是有问题的。把教育与浅近直接的政治或经济目的直接挂钩,已经使我国高等教育付出了不少代价,浪费了不少本来就不丰厚的教育资源。

为德国教育现代化做出了重大贡献的哲学家费希特指出,教育首先是培养人,不是首先着眼于实用性,不是首先去传授知识与技术,而是要去唤醒学生的力量,培养他们自我学习的主动性、归纳力、理解力,以便他们在无法预料的未来局势中做出有意义的自我选择。教育是全民族的事,要教育的是整个民族!"德国教育之父"洪堡认为:"科学首先有它的自我目的,至于它的实用性,其重要意义那也仅仅只是第二位的。当然,对真理进行的这种目标自由式的探求,恰恰能导致可能是最重要的实用性知识,并能服务于社会。"在费希特看来,实用性、服务现实,只是高等教育与科学研究的结果之一或副产品,不是出发点,也不是目的,不占第一位。

大学教育不是向学生灌输现存既定的知识。洪堡特别强调大学教育与科学研究的"反思性"问题,指出必须培养学生对真理与知识永无止境的探求、创造性与不断反思的精神。他认为:"科学是一个整体,每个专业和学科都是从不同角度对生活现实的反思,对世界的反思,对人的行为准则的反思。""科学是与高等学校联系在一起的。唯有通过对学术的研究,与科学打交道,对整体世界的反思,才能培养出最优秀的人才。大学生要学的不是材料本身,而是对材料的理解。唯有这样,他们才能形成自己独立的判断力和个性,然后他们才能达到自由、技艺、力量的境界。"洪堡还指出:"高校的生存条件是孤寂与自由。这就是'坐冷板凳'和学术自由,国家必须保护科学的自由,在科学中永无权威可言。"

据德国现代化研究专家李工真教授研究,普鲁士至德国的高等教育之所以成为世界现代高等教育的典范之一,乃至于他们自18世纪至19世纪中叶,已经逐步形成了一个传统:第一,大学的教师与学生,首先要摆脱对出身的依赖和对工商职业利益的兴趣,大学要与"社会实际政治与经济利益"保持距离,使大学、教授、学者具有相对的独立性,使之成为国家与社会上的一支校正力量,校正那些不能把社会引向健康的东西,哪怕是形成强势或话语霸权的力量。第二,大学是研究者的共同体。不断研究不为人知的东西,发现新规律,不断向真理接近,积极、永恒地参与学术探讨,以及研究的独立性、独创性,是大学教授们最高的道德义务和原则。国家、大学必须有一套竞争、淘汰机制,保证、激发青年学者献身于科学研究,向已形成的舆论和权威挑战,冒着与他人在学术上冲突的危险,扫除门户之见,克服非学术因素的干扰,取得学术上真正的突破与创新。第三,大学一定是综合性的大学，它不同于地区性的学校，不同于专业高等学校，不同于工科、实用学科专业化分工的学院，更不是职业训练所。因为大学强调综合、广博，提供最高的教育，强调人文教养、人文底蕴、人文积累与科学自由精神，不允许定位于仅仅是科学知识和技术的推广和应用。大学生有学习的主动性、自觉性、自主性和充分的学习自由。大学实行的主要是讨论课教学法。大学生可以独立进行研究，自由进入图书馆，进行同学结伴式的自由讨论。离开大学时的青年，应是一个和谐发展的人，而不只是作为一位专家，或仅仅受过专业知识训练的人。要成为一个和谐发展的人，则需要培养全面的自我辨别力，这取决于自由而全面的教育。由上可知，思想独立，学术自由，创造精神，与社会热点潮流、与商业化的大众文化保持距离和培养人才的全面性、反思性、和谐发展，是大学与大学教育的灵魂。这与把大学教育功利化、实用化、技术化、短时效化和人才培养目标上的单一性、工具性、职业化、无批判性的见解是格格不入的。用极端功利主义、实用主义和工具理性的思维考察大学与大学的科研、教学与学科建设，在收益成效上，不分青红皂白，一律都要求短、平、快，立竿见影，立等可取，这种短视的观点、短期的行为，是十分有害的。目前的大学管理部门缺乏中国智慧，不懂得有为与无为的关系，缺乏弹性。他们真是去"管"教授，而且"管"得细密琐碎，根本上是以不信任教授为前提的。对大学教育及教师的许多评价指标、量化标准或考核体系暴露出诸多问题，重量不重质，完全丧失了学术品鉴的能力。如以刊物的所谓级别判定论文的水平等，一味强调形式、噱头、花架子。庞大的教育机构出台的很多做法，特别是评价体系的导向，不讲学养，不要积累，鼓励出很多无用的垃圾或泡沫，无异于逼良为娼，杀鸡取卵，这很可能断送大学教育的前途。这还不仅仅指大学教师人怨沸腾、扰民的文牍主义、形式主义，例如卷帙浩繁、名目繁多的报表，无休无止、鼓励钻营的申报、评奖、评估、检查、答辩，及其所造成的人力、物力、财力资源严重浪费的问题；也还不仅仅是用工科思维、工程方法去评价人文学术或社会科学，在尺度上、参考系上根本无视学科特点的问题；也还不仅仅是目前官僚化的评价机构、评价指标与体系本身，即成为学术腐败的真正问题。事实上，它事关大学的理念与目标。各大学可以有不同的办学理念与目标，但其共性的内容有如下三方面：

首先，大学当然要为社会服务，但不能只定位于为现实服务。大学担负着文化传承与文化积累的责任。大学的目标首先是人类与族类文明的传承，即在同情理解前现代文明的基础上，把人类各地域、各族群，包括本土本民族的语言、文学、历史、宗教、伦理、道德、艺术、哲学、经济、社会、政治、科学、技术等文化资源，通过重新翻译、理解、诠释、交流、沟通、融合，批判地继承与创造地转化，代代相传。通过深入研究与教育，促使人类、族类文明与文化的传承、扬弃与发展，是大学的使命。全球化决不意味着本土文化资源的消解，恰恰相反，全球化恰恰要求我们发掘本土知识的普遍价值。

其次，大学担负着培植社会资本与文化资本的重任。十年树木，百年树人。大学的目标还在于培养出大批有个性，有创造精神，有判断力与道德人格，有不断学习、终身受教育与自我完善之能力的个体，他们同时是能自由发展并具有社会批评与文化批评能力的公众知识分子，他们中的一部分人应当成为社会的良知。大学培养出来的学生，不论将来从事何种职业，不论在日后的社会实践、专业实践上积累了多少经验与本领，他一定要有相当的人文素养，具有社会参与的热情与能力，有理性批评的态度，且有世界性、人类性的关怀。这也就是我国古人所说的"民胞物与"的境界。哈佛大学杜维明教授指出："知识分子必须要有专业知识，不论是学术、企业、媒体或政治，都需要专长……但除了专业本领以外，一定要有相当深厚的人文关怀，才配做知识分子……自然科学家也可以培养深厚的人文关怀。值得注意的是，在人文学领域里的语言学、文学、历史、哲学和宗教，都是人类自我反思的学问，既是个体又是群体的自我反思。""能不能为大学生的自由发展、自我实现和自我完善提供条件、创造环境，是评断大学素质的重要标准。培养批判精神，包括政治、社会和文化批判，也是大学的目标。"富有人文关怀的健全的公众知识分子，可以从广阔的视野考虑整个社会的政治、经济、法律、教育、文化、道德、伦理（例如科技伦理、生态伦理、全球伦理）及社会心理等问题，针砭时弊，提升社会理想，指导社会良性、健康地发展。

再次，作为大学教育目标之一的社会服务，是通过对人类与民族文化的积累与传承，通过对具有自由人格，有理想有教养，具有自我完善、自我批判和社会批判能力，自尊且尊重别人，敬业乐群又尊重自然的人，我们称之为"健全的国民"的培养来实现的。现在有一句时髦的话叫"效率优先"，但办教育不能要求有太快的效益与回报。对社会、对民族、对国家、对人类的服务，需要从长时效的视角来观察，不能理解得太直接、太狭隘。从直线性的"投入"与"产出"的观点来看待大学教育的"投入"与"产出"，是有问题的。大学"产出"的不是器物，不是工具，而是活生生的"人"，是具有全面发展潜能的健全的国民。

我国高校对学生进行思想政治教育时，必须加强以人为本、教育优先的理念。只有这样，才能使我国高校思想政治教育有很大程度的进步，有一个长足的发展。

第四节　文化知识与思想教育同等重要

科学文化知识教育与思想政治教育是统一的整体，二者相互联系、相互促进、不可分割。在高校思想政治教育中，要以科学的态度对待二者的关系，在教育活动中将思想政治教育寓于科学文化知识教育之中，实现二者和谐有序的发展，在二者的融合中寻求人的全面发展与社会的发展。目前，我国高等学校正积极推进素质教育，而思想品德教育是素质教育的灵魂。党的十四届六中全会决议明确指出："青少年的思想政治教育如何，直接关系到国家的命运。"学校进行思想教育有显性和隐性两条途径。显性途径有各种政治课、政治学习、有关讲座、活动等，这个途径的作用是显而易见的；隐性途径是指科学文化知识的教育过程。人们往往对显性途径的功能和作用倍加重视，而忽视了隐性途径。实际上，隐性途径无论从时间、容量上还是效果上看都是思想政治教育非常重要的途径。

一、科学文化知识教育与思想政治教育是统一的整体

科学文化知识不仅是一种求真、求知的活动，而且有思想政治教育功能。科学进步孕育了人们对真理的无私追求并为之奋斗的科学精神，这种精神是科学工作者在科学实践中升华出来的一种具有普遍意义的精神财富。包括求是进取、自由探索、勇于批判、大胆创新、为真理献身及服务和造福于人类的精神等。教师在传授科学文化知识的过程中应充溢着科学精神，使大学生在学习科学文化知识的同时领悟科学精神，并将其内化到自己的精神世界中去。科学文化知识教育中充满着哲学教育。科学的发展史也是哲学发展史的重要组成部分，科学的理论中充满着唯物辩证法和辩证唯物主义，如对立统一规律、量变质变规律、否定之否定规律等。科学知识是真、善、美的知识，科学文化知识教育为科学教育和人格培养融为一体提供了可能性和现实性。通过组织一些以了解、认识社会为目的的社会考察活动，如社会调查、参观、游览、访问等，可使学生在接触了解社会中受到教育，增长才智，从中意识到自身的作用和价值。

二、思想政治教育功能的内引性作用

首先，成就来源于思想政治教育的积极引导，任何行为都来源于一定的需要。需要的水平有高有低，因而动机的水平也不相同。一个人的动机水平不同，他在学

习中所做的努力也不一样,二者是成正比的。其次,良好的个性心理品质有赖于思想政治教育的熏陶。科学文化知识教育属于个性心理品质培养的范畴。它与人的其他个性心理品质(如信念、情感、意志、性格、气质、兴趣等)紧密联系,相辅相成。良好的个性心理品质促进科学文化知识教育的发展,不良的个性心理品质阻碍科学文化知识教育的发展。所以,一个人的科学文化知识教育发展最后能够到达何种程度,取决于这个人的个性心理品质的总和。再次,科学的世界观教育对科学文化知识教育有着重要作用。思想政治教育的主要任务之一是培养学生科学的世界观,而科学的世界观对一个人的科学文化知识教育发展有着极为重要的作用。它保证科学文化知识教育发展的正确方向。科学的发展史告诉我们,无论从事社会科学、自然科学还是心理科学的研究,都需要有科学的世界观作指导,否则,就会限制一个人的科学成就,甚至导致他走向错误的道路。

三、正确处理科学文化知识教育与思想政治教育的关系,促进人的全面发展

党的教育方针明确指出,要将受教育者培养成为"德、智、体全面发展的社会主义建设者和接班人"。人们尊称教师为"人类灵魂的工程师",我国的传统文化也要求教师应该"传道""授业""解惑"。这一切都说明,教师的责任不仅是给学生传授知识,而且也有育人的光荣任务。课堂教学是涉及教师口头表达、书写、思维能力和知识水平等综合因素的复杂劳动,教学的效果不但与教师的业务水平有关,而且和教师在课堂上的情感和思想素质直接相关,所以每一位教师应以培养有理想、有道德、有文化、有纪律的社会主义事业建设者和接班人为使命,不断学习,努力提高自身素养,使自己的思想品德、道德情操,符合"人类灵魂工程师"的要求。各科知识中,蕴含着丰富的思想政治教育素材,教师要善于挖掘,善于引导学生,使学生在学习知识、发展智力的同时,在思想品德、行为习惯和其他心理素质上都得到发展。

首先,高校教育工作者要树立全面负责的思想。高等院校中的教职员工职责不同,有的搞教学,有的搞政工,有的搞后勤,各有专责,各有重点,但分工不能分家。所有的教育工作者都应该树立全面负责的思想。其次,知识教学要加强教育性。知识教学一旦达到科学性与教育性的统一,便能同时有助于学生科学文化知识教育水平与思想政治水平的提高。知识的教育性不是额外的附加,而是一切真正科学知识的特点。加强知识教学的教育性,要根据教材的特点,选择恰当的角度。再次,思想政治教育要加强知识性。思想政治教育要加强知识性,首先是因为科学知识是

思想革命化的催化剂。思想政治教育要加强知识性，还因为科学知识是思想教育的桥梁。青年学生的伟大抱负、坚定信念和高尚情操，都是在知识积累和科学文化知识教育发展的过程中建立的。加强了知识性，思想政治教育就会有科学的依据和逻辑的论证，具有了说服力和权威性，因而也具有了发展科学文化知识教育的作用。加强知识性是为了改善和加强思想政治教育工作，因此，知识的选择必须服从于思想政治教育的需要，不能为知识性而知识性，喧宾夺主，妨碍思想政治教育的进行。最后，寓教育于丰富多彩的活动中。思想觉悟不能停留在认识上，思想政治教育不能停留在口头上。认识要在活动中巩固完善，思想品德要在实践中形成。科学文化知识教育不能在真空中进行，科学文化知识教育水平只能在实践中提高。活动是思想政治教育和科学文化知识教育的共同基础。

综上所述，"微时代"背景下的高校思想政治教育要遵循以下几个基本原则：

首先，坚持教育目标的隐蔽性与内容的渗透性相统一的原则。开展高校思想政治教育，要依托新媒体平台将其渗透到其他活动之中，坚持教育目标的隐蔽性与内容的渗透性相统一的原则。具体而言就是高校要依托新媒体，比如论坛、微博、QQ、新闻评论等形式，对学生进行有意识的暗示和熏陶，激发学生的兴趣与参与意识，使其在不知不觉中接受潜移默化的感染与教育。当然这也要求教育者对新媒体手段有充分的了解和运用能力，同时保持足够的耐心，在认真选取好、核实好媒介与教育目标之后，逐渐教育、隐性暗示、逐步渗透。

其次，坚持教育手段的非强制性与过程的长期性相统一的原则。鉴于当代大学生接受事物的特点和认知的规律，我们在教育过程中，不能采取强制手段，也不能急功近利，奢望着立竿见影的功效。而是要坚持引导、感染、熏陶等方式，慢慢地、逐步地将教育理念、目标和正确的价值观念、行为方式等传授给学生。而且，要熟练运用网络语言和网络交流习惯。比如，现在的"90后"大学生，所钟爱的网络语言是所谓的"火星文"，时髦、动感还有些无厘头，可能我们对这些并不感兴趣，甚至并不赞同，但是这只不过是一种交流的语言形式，如果我们能够很好地理解并运用这样的文字形式、思维方式与大学生展开交流，那么，势必能迅速博得他们的好感与信任，很快地消除他们的抵触心理，同时他们也会欣然接受我们的教育。有关研究表明，教育对象接受思想政治教育的时间与效率是成正比的，时间越长、影响越深、效果越好。所以，我们在进行教育的过程中，要有足够的耐心、恒心和毅力。

再次，坚持教育方式的差异化和载体选择的实用性相统一的原则。新媒体背景下，我们对学生采取思想政治方面的教育，一定要注重载体选择的实用性和适用性。

由于新媒体的种类繁多，我们在开展工作时，一定要善于根据学生的特点与新媒体手段的不同特性，精心选择适当的新媒体，细心构筑良好的教育环境，耐心创造合适的教育氛围，这不但有利于提高学生的自主性和参与性，也有利于提高思想政治教育工作的实效。

最后，坚持以学生为本的原则。以人为本具有深刻的内涵，而具体到大学生思想政治教育工作中，就是我们的工作要以学生为出发点和落脚点，以学生为最终目的，坚持教育为学生服务；就是要通过新媒体及时了解学生在课堂内外的思想动态、生活难题及思想问题并给予及时解决，全面体现高校思想政治教育"想学生所想，急学生所急，服务于学生的学习，服务于学生的生活，服务于学生的全面成才"的理念，使学生不再感到自己是被管理者，而是充分享有关怀与服务、话语权与参与权、建议权的主体，不但能较好地满足学生自主与自尊的需要，还有利于促进学生在自主的活动中将学校、社会所要求的思想观念和行为习惯内化为自觉的意识和行为。

第三章 "微时代"背景下的思想政治教育的理论基础

第一节 马克思主义的科学体系是思想政治教育学的理论依据

坚持用马克思主义来指导思想政治教育学科建设，包含着两层意思：一是要始终坚持马克思主义的整体性，以完整准确的马克思主义指导思想政治教育学研究；二是要始终坚持用发展中的马克思主义特别是中国特色的社会主义理论体系指导思想政治教育学科建设。

一、用完整准确的马克思主义指导学科建设

马克思主义是一个十分完整而严密的理论体系。思想政治教育学以马克思主义为指导，必须坚持这一理论的整体性和系统性，防止和克服教条主义、实用主义等不良倾向，坚持以完整准确的马克思主义科学体系为指导。

要理解马克思主义的整体性，必须首先回答"什么是马克思主义，怎样坚持马克思主义"，即我们应该"坚持什么样的马克思主义，如何坚持马克思主义"这个首要的、基本的理论问题。

1. 坚持以完整准确的马克思主义为指导

第一，坚持马克思主义的本质规定性。马克思主义的本质规定性直接体现了马克思主义的实质；坚持马克思主义，最根本的就是要坚持马克思主义的本质规定性。一是坚持辩证唯物主义和历史唯物主义的世界观和方法论，这是马克思主义最根本的理论特征；二是坚持为建设社会主义和实现共产主义而奋斗，这是马克思主义最崇高的社会理想；三是坚持为无产阶级和广大人民群众谋利益，这是马克思主义最鲜明的政治立场；四是坚持一切从实际出发，理论联系实际，实事求是，在实践中检验真理和发展真理，这是马克思主义最重要的理论品质。这四点是马克思主义的内在本质规定性，是区分真假马克思主义的分水岭和试金石，也是揭示马克思主义中国化不断实现理论创新的客观规律的关键所在。我们通常所说的"一脉相承"的"脉"主要就体现在这几方面，"不丢老祖宗"主要也是指不能丢掉这几条基本原理。

第二，坚持马克思主义的基本原理。马克思主义基本原理，是马克思主义科学体系中的基本内容，是马克思主义本质规定性的生动体现。它是指马克思、恩格斯及其继承者们创立和发展的、经受了社会实践反复检验所证明为真理的那些科学原

理，即关于自然、社会和思维发展一般规律的理论，包括马克思主义哲学、政治经济学、科学社会主义揭示的基本理论和基本观点。一是马克思主义哲学揭示的基本原理。如关于哲学基本问题的原理。反映论原理、唯物辩证法和唯物史观、社会结构和社会根本矛盾原理、社会形态和社会发展总趋势原理，还有马克思主义人学特别是人的本质、人的主体性、人的交往实践、人的全面发展原理；马克思主义的价值论、方法论等。二是政治经济学揭示的基本原理，如劳动价值论、剩余价值论、所有制理论等。三是科学社会主义揭示的基本原理，如关于资本主义和社会主义历史命运的理论、阶级斗争理论、无产阶级革命理论、无产阶级专政评论、共产主义发展阶段理论、无产阶级政党建设理论等。对这些基本原则，要结合不断发展的社会生活实际做出科学阐释，并不断推进实践基础上的理论创新，在发展中坚持马克思主义的基本原理。

第三，坚持马克思主义的基本特征。马克思主义的基本特征是马克思主义的本质规定性和基本原理的外在表现，是马克思主义与其他思想体系根本区别的标志。马克思主义的基本特征是分层次的。第一层次是阶级性（党性）、实践性、科学性，这是马克思主义最根本的特征。第二层次是开放性、动态性（发展性）、创新性，这是第一层次特征的必然要求和具体体现，实践在不断发展，马克思主义也要不断发展，与时俱进是马克思主义最根本的理论品格。坚持马克思主义的基本特征，既要坚持马克思主义的阶级性、实践性、科学性，又要坚持马克思主义的开放性、发展性、创新性，并把两者有机统一起来。只有这样，才能在坚持马克思主义基本原理的同时，不断创新和发展马克思主义，永葆马克思主义的生机与活力。

马克思主义的本质规定性、基本原理和基本特征是相辅相成而又内在统一的。坚持马克思主义，最根本的是要坚持马克思主义的本质规定性，坚持马克思主义的基本原理和马克思主义的基本特征。只有这样，才能完整准确地理解和把握马克思主义的科学体系，指导思想政治教育学科的健康发展。

2.如何坚持以完整准确的马克思主义为指导

第一，必须完整准确地把握马克思主义的科学体系。要完整准确地把握马克思主义的科学体系，就必须加强马克思主义理论体系研究，深入研究马克思主义发展史、马克思主义基本原理，掌握马克思主义的立场、观点和方法，用科学的态度对待马克思主义，反对任何对马克思主义的割裂、肢解、歪曲、断章取义、望文生义、以偏概全、庸俗化以及实用主义的态度。不应当把马克思主义经典作家在一定条件下讲的话，不问时间、地点、条件，到处搬用。比如，19世纪四五十年代，马克思的视野主要在欧洲，他在《资本论》中论述的资本主义起源和发展的历史阶段及其具体形式，主要是根据欧洲资本主义国家的历史概括的，马克思、恩格斯从来没有把它看作历史发展的一般规律，更没有将它看作世界各国各民族社会发展的一般道路。要正确和全面地理解为什么20世纪社会主义运动总是先在经济文化较落后的国家取得胜利，就必须同时深入研究和把握马克思的东方社会理论，弄清为什么可能而且必须跨越资本主义制度的"卡夫丁峡谷"及怎样跨越的问题，从中得到理论启迪，坚定走中国特色社会主义道路的共同信念。可见，要正确回答哪些是必须长期坚持的马克思主义基本原理，哪些是需要结合新的实际加以丰富发展的理论判断，哪些是必须破除的对马克思主义的教条式的理解，哪些是必须澄清的附加在马克思主义名下的错误观点，就必须进行深入的理论研究，完整地、准确地把握马克思主义的科学体系，领会其精神实质。只有这样，才能更好地坚持和发展马克思主义。

第二，必须坚持和巩固马克思主义在意识形态领域的指导地位。要勇敢地回应种种挑战和攻击，旗帜鲜明地捍卫马克思主义。对新形势下出现的"马克思主义过时论""社会主义破产论""社会主义失败论""意识形态终结论"等观点，应运用马克思主义基本原理进行科学的批判，做出有充分说服力的回答。对国内经济关系多样化、经济利益多样化、组织形式多样化、就业岗位多样化给人们带来的种种困扰，应联系实际加强马克思主义理论教育，以帮助人们解除困扰，坚定马克思主义信念。

第三，必须坚定不移地推进马克思主义的中国化、时代化、大众化。用马克思主义中国化的最新成果来解决重大的实际问题，把中国特色的社会主义事业不断向前推进，才能真正坚持马克思主义。"不能用本本去框实践，而只能用实践去发展本本""确立以实际问题为中心研究马克思主义的方法，是我们党一贯倡导的科学方法论"。

第四，必须不断丰富发展马克思主义。坚持和发展马克思主义是辩证统一的，应在坚持中发展，在发展中更好地坚持。坚持在实践基础上的理论创新是坚持马克思主义的内在要求和必备条件。坚持理论创新，"一是必须坚持马克思主义的立场、观点、方法，坚持马克思主义的基本原理。这一点，要坚定不移，不能含糊。二是一定要贯彻解放思想、实事求是的思想路线，坚持勇于追求真理和探索真理的革命精神，这一点，也要坚定不移，不能含糊。"

二、坚持以中国特色的社会主义理论体系指导科学建设

把马克思主义与中国实际和时代特色相结合，在坚持马克思主义中发展马克思主义，又在发展马克思主义中坚持马克思主义，这不仅是对待马克思主义的科学态

度和发挥马克思主义创造活力的关键所在,而且是中国共产党的优良传统和新世纪仍须继续坚持的根本原则。中国共产党之所以能够经受住国际形势风云剧变的严峻考验,坚持马克思主义在意识形态领域的指导地位,根本原因即在于此。

中国共产党在把马克思列宁主义同中国实际相结合的过程中,实现了两次历史性的飞跃,产生了马克思主义中国化的重大理论成果——毛泽东思想和中国特色社会主义理论体系。党不断推进马克思主义中国化取得的理论创新成果,极大地丰富了马克思主义的理论宝库,推动了马克思主义的发展,为思想政治教育学奠定了更为丰富、坚实的理论基础。我们要坚持把以一脉相承和与时俱进相统一的中国化马克思主义理论作为思想政治教育及其学科建设的指导思想和理论基础。我们学习马列主义、毛泽东思想,中心内容应学习中国特色社会主义理论体系;我们要用马列主义、毛泽东思想来指导思想政治教育学科建设,特别要用中国特色社会主义理论体系来指导学科建设。马克思主义必定随着时代、实践和科学的发展而不断发展,不可能一成不变。究竟是从本本出发还是从实际出发,用马克思主义的立场观点方法来研究和解决中国的现实问题,是一个关系着是否以科学态度对待马克思主义、能否发挥马克思主义创造活力的重大问题。中国共产党在长期革命斗争中形成了理论联系实际的优良传统和优良学风,一直把是否坚持马克思主义的基本原理同中国革命、建设和改革的实践相统一作为党是否成熟以及成熟程度的标准看待。今天,我们建设中国特色社会主义,加强有中国特色的思想政治教育学科建设,仍然必须发扬这一优良传统。一方面,要牢记马列主义、毛泽东思想的基本原理一定不能丢,丢了就会丧失根本;另一方面,又一定要以我国改革开放和现代化建设的实际问题、以我们正在做的事情为中心,着眼于马克思主义理论的运用,着眼于对实际问题的理论思考,着眼于新的实践和理论的发展。包括邓小平理论、"三个代表"重要思想、科学发展观在内的中国特色社会主义理论体系,是对马克思列宁主义、毛泽东思想的坚持和发展;在当代中国,只有中国特色社会主义理论体系而没有别的理论能够解决中国社会主义的前途命运问题。马列主义、毛泽东思想和中国特色社会主义理论体系是一脉相承和与时俱进的科学体系。因此,坚持中国特色社会主义理论体系就是真正坚持马克思主义;高举中国特色社会主义理论体系的旗帜,就是真正高举马克思主义的旗帜。与此相应,思想政治教育学科建设要特别强调坚持以中国特色社会主义理论体系为根本指导思想;坚持以党的基本理论、基本路线、基本纲领、基本经验、基本要求为指针。

第二节 "微时代"背景下高校政治教育的理论基础

一、社会历史发展总趋势和无产阶级历史使命理论

马克思的学说，从本质上看是关于人类解放的学说，马克思所创立的马克思主义理论主题是人类解放。马克思主义理论认为人的自由而全面发展是人类解放的终极目标、高境界和最终归属，围绕这个最高命题，在探讨人类解放实现的路径中，形成了马克思主义的社会形态理论。马克思并无社会形态理论的专门著作，围绕人类解放的主题，他在研究不同问题中根据实际需要对社会形态作过多方面论述。在《德意志意识形态》中，马克思、恩格斯经过对西欧资本主义起源运动的历史考察，第一次以所有制形式即生产关系的类型为标准，概述了社会历史演进的几个阶段，即部落所有制、古代公社所有制、封建主义所有制、资本主义所有制、共产主义所有制。后来，马克思在《政治经济学批判·序言》中，以生产关系为核心，以社会基本矛盾为主线，指出："大体说来，亚细亚的、古代的和现代资产阶级的生产方式可以看作是经济的社会形态演进的几个时代。"马克思在《1857—1858年经济学手稿》中，经过高度抽象，深刻剖析了社会关系演变与人的发展状况的紧密联系，将人类社会划分为三大形态，指出"人"的依赖关系（起初完全是自然发生的）是最初的社会形态，在这种形态下，人的生产能力只是在狭窄的范围内和孤立的地点上发展。以生物的依赖性为基础的人的独立性，是第二大形态，在这种形态下，才形成普遍的社会物质变化，全面的关系，多方面的要求以及全面的能力的体系。建立在个人全面发展和他们共同的社会生产能力成为他们的社会财富这一基础上的自由个性，是第三个阶段。第二个阶段为第三个阶段创造条件。可见，马克思在不同时期的著作中，对社会形态有不同表述，其中，"三形态论"与"五形态论"是两种主要的表述。学者们大多认为"三形态论"与"五形态论"可以通约，而"三形态论"较之"五形态论"更为根本，更具有普遍意义。因为"三形态论"属于一次性划分，人的依赖性社会对应"资本主义生产以前的各种形式"（学界简称"前资本主义"），生物的依赖性社会对应资本主义，人的全面发展社会对应共产主义；而"五形态论"则属于两次划分，即在划分为三形态后，又以欧洲为背景将"前资本主义"划分为原始社会、奴隶社会和封建社会三个阶段，在划分标准和层次上缺乏统一性。同时，

由于"五形态论"主要适合欧洲社会,其普遍适用性远不如"三形态论";而"三形态论"由于紧扣人的发展状况与解放程度,将"前资本主义"抽象为一个整体,更好地揭示了人类历史从低级到高级依次发展的历史过程和客观规律,因而更具有普遍性,且已得到逻辑与事实的双重证明。可见,唯有从人类解放学说中才能探寻到社会形态理论之根和意义之源。

学习马克思主义基本原理,核心是把握人类社会的历史发展规律。马克思的人类解放学说、社会形态理论揭示了人类社会发展的总趋势。马克思、恩格斯在《共产党宣言》中指出:"资产阶级的灭亡和无产阶级的胜利是同样不可避免的。"在新的历史条件下,《共产党宣言》所揭示的这一人类社会历史发展的总趋势是否已经改变了呢?只要我们牢牢把握生产关系一定要适合生产力发展的性质和水平这一唯物史观的基本原理,便会看到《共产党宣言》所揭示的资本主义社会的基本矛盾——生产社会化同生产资料资本家私人占有的矛盾并没有改变,也不可能由于经济全球化的发展、知识经济的出现、信息时代的到来而消失。当然,资本家剥削的形式改变了,已由过去以剥削绝对剩余价值为主转变为剥削相对剩余价值为主,由过去以剥削本国工人阶级、劳苦大众为主,转变为既剥削本国工人阶级更剥削广大发展中国家的工人阶级和劳苦大众。但剥削形式的改变并非剥削本质的改变。只要资本主义社会的基本矛盾仍然存在,无产阶级反对资产阶级的斗争就必然继续存在和发展。尽管斗争是长期的、曲折的,斗争形式和发展道路也是多样的,但是,社会主义革命的条件或迟或早,总会成熟,资本主义必然灭亡、社会主义必然胜利这一历史总趋势是不会改变的。正如邓小平所说:"我坚信,世界上赞成马克思主义的人会多起来,因为马克思主义是科学。它运用历史唯物主义揭示了人类社会发展的规律。封建社会代替奴隶社会,资本主义代替封建主义,社会主义经历一个长过程发展后必然代替资本主义。这是社会历史发展不可逆转的总趋势,但道路是曲折的。"《共产党宣言》通过分析无产阶级的阶级特性和历史地位,阐明了无产阶级的伟大历史使命:无产阶级不仅是资本主义社会的埋葬者,而且是社会主义社会的建设者。无产阶级要最终消灭一切私有制,因为只有解放全人类,无产阶级自己才能得到解放。

马克思主义关于社会历史发展总趋势和无产阶级历史使命的理论,从总体上规定了思想政治教育的地位、作用、目的、任务、内容及其效果的衡量标准,思想政治教育是无产阶级革命事业和社会主义建设事业的重要组成部分,是为实现无产阶级的历史使命服务的。对思想政治教育的坚持,来源于对社会主义、共产主义的坚定信念。无产阶级政党通过思想政治教育提高人们认识和改造世界的能力，培育一代又一代社会主义的建设者和接班人；思想政治教育的核心内容和主旋律就是帮助人们树立坚定的社会主义信念和崇高的共产主义理想。思想政治教育的正确与否，要以是否符合社会历史发展的必然趋势和要求为根本标准；思想政治教育效果的好坏与大小，也要以它对人们树立坚定的社会主义信念、增强人们的历史使命感、提高人们的社会主义积极性所起的作用如何来判断。

二、社会存在与社会意识的辩证关系原理

社会存在与社会意识的辩证关系原理是唯物史观最根本的原理。它科学地回答了社会历史观的基本问题，揭示了唯物史观的实质。马克思主义认为，社会存在是第一性的，社会意识是第二性的；不是社会意识决定社会存在，而是社会存在决定社会意识。人们不能自由地选择社会形态，总是在既定的现存的条件下创造历史。"历史过程中的决定性因素归根到底是现实生活的生产和再生产""经济的前提和条件归根到底是决定性的"，它是全部社会生活的基础、社会历史发展的最终决定因素，决定了社会意识的存在和发展。一切以往的社会意识，都是当时社会经济状况的产物，社会意识反映经济基础，又随着经济基础的发展变化而发展变化。"一个阶级是社会上占统治地位的物质力量，同时，也是社会上占统治地位的精神力量。支配着物质生产资料的阶级，同时也支配着精神生产资料。"

社会意识由经济基础所决定，但它又具有相对独立性。其发展存在历史的继承性，同经济发展并不总是平衡的。"经济上落后的国家在哲学上仍然能够演奏第一小提琴"。各种意识形态之间相互作用，相互制约，其中政治思想对其他意识形态影响最大，处于社会意识的核心地位，往往成为经济条件与其他意识形态相互作用的中介。社会意识对社会存在具有能动的反作用，这是社会意识相对独立性最突出的表现，它或者促进社会进步，或者阻碍社会发展。"人们的社会存在，决定人们的思想。而代表先进阶级的正确思想，一旦被群众掌握，就会变成改造社会、改造世界的物质力量。"

社会存在与社会意识辩证关系原理指明，作为社会意识的重要组成部分，思想政治教育既被社会物质生活条件所决定，又能动地反作用于社会存在。我们必须正确认识思想政治教育的本质、地位和作用，防止和克服思想政治教育"无用论"或"万能论"等错误倾向，自觉按照经济基础发展的要求开展思想政治教育，为巩固社会主义经济基础服务。

三、政治与经济辩证关系原理

马克思主义认为,经济是基础,政治则是经济的集中表现。由于政治较之道德、文艺等上层建筑更直接、更集中地反映经济,所以,它在上层建筑中处于核心地位,起着主导作用。政治既是经济基础的反映,又反作用于一定的经济基础,这种反作用的形式有武装斗争、法律斗争、思想理论斗争等。科学地把握政治与经济的辩证关系原理,必须全面理解政治的含义。在无产阶级革命时期,政治的主要任务是阶级斗争,是武装夺取政权,为建立社会主义经济关系开辟道路;在无产阶级建立和巩固政权后,政治的主要任务则是开展经济建设,大力发展社会生产力。因为生产力的发展此时已成为巩固政权、增强综合国力、改善人民生活的力量源泉,因而在社会主义时期,经济建设是最大的政治。然而,经济建设的发展不会自发地解决政治方向问题,因此,"一个阶级如果不从政治上正确地看问题,就不能维持它的统治,因而也就不能完成它的生产任务",政治同经济相比,"不能不占首位"。政治与经济辩证关系原理是"思想政治工作是经济工作和其他一切工作的生命线"论断的重要理论依据。根据这一原理,在实际工作中,要坚持政治与经济的统一,既要反对"空头政治家",又要反对"迷失方向的经济家和技术家",在坚持以经济建设为中心的同时,始终把坚定正确的政治方向放在第一位。

四、马克思主义人学理论

马克思主义人学理论是思想政治教育学的重要理论基础和直接理论依据。马克思主义人学理论包括人的存在论、人的本质论、人的发展论等基本内容。科学认识和把握这些内容,有助于我们更好地把握思想政治教育学的理论基础。

1.人的存在论是马克思主义人学理论的前提和基础

唯物史观以"现实的人"为观察、理解社会历史现象的前提和出发点。马克思关于"现实的人"的论断是对唯心史观"抽象的人"的否定,认为历史只能是人的历史。但既不能像黑格尔那样把人归结为"绝对精神",看作是抽象的精神存在物;又不能像费尔巴哈那样,把人仅仅看作具有肉体、情欲的"感性的对象"、孤立的抽象的个体。马克思所说的人是指处在现实关系和一定历史条件中具有鲜活生命、从事实践活动的人。马克思、恩格斯指出:"全部人类历史的第一个前提无疑是有生命的个人的存在"。有生命的个人的存在是形成"现实的人"的自然生物基础,但又不能把人的自然性简单归结为一般动物性。现实的个人是有激情、有欲望的人,人的欲望不同于动物式的本能欲望，除客观本能一面外，还有主观指向性一面，受精神因素影响，为需要和利益所驱使。如果脱离人的社会实践和社会生活便不可能全面、科学地理解人的自然属性，会把人性降低为兽性，归结为动物的机能。"现实的人"是在一定社会物质生活条件下从事活动的人，这种活动包括物质生产、精神生产、人自身的生产三个方面，其中物质生产是最根本的，是人类生存发展的第一个前提。正如马克思、恩格斯所说："人们为了能够'创造历史'，必须能够生活。但是为了生活，首先就需要吃喝住穿以及其他一些东西。因此第一个历史活动就是生产满足这些需要的资料，即生产物质生活本身""这种活动的基本形式当然是物质活动，一切其他的活动，如精神活动、政治活动、宗教活动等取决于它"。马克思还指出："人们自己创造自己的历史，但是他们并不是随心所欲地创造，并不是在他们自己选定的条件下创造，而是在直接碰到的、既定的、从过去承继下来的条件下创造。"现实的人"的活动不是离群索居、互不关联的纯粹个人行为，而是彼此结成一定的社会关系，既分工又协作、共同进行的社会行为。只有在具体的社会关系中从事现实活动的人，才是真实存在的人。"现实的人"不是机械受动的人而是能动表现自己的人，"历史不过是追求自己目的的人的活动而已。"总之，马克思"人的存在论"从分析事关人的生存的两种基本关系——人和自然、人和社会的矛盾入手，揭示出人是自然存在、社会存在、精神存在三位一体的现实存在。现实的人是全部历史活动的承担者，社会正是通过人的创造性活动而存在和发展的。马克思"人的存在论"启示我们：现实的个人及其活动所形成的生活世界是思想政治教育产生和发展的基础、逻辑起点，而思想政治教育则是现实的人生成、存在和发展的必要条件和重要方式。

2. 人的本质论是马克思主义人学理论的核心

马克思对人的本质有着丰富的科学的论述，主要集中在以下三个命题。

一是认为劳动、自由自觉的活动是人的本质。马克思在《1844年经济学哲学手稿》中指出："劳动这种生命活动、这种生产生活本身对人来说不过是满足他的需要，即维持肉体生存的需要的手段。而生产生活本来就是类生活，这是产生生命的生活。一个种的全部特性、种的类特性就在于生命活动的性质，而人的类特性恰恰就是自由自觉的活动。"在马克思看来，作为人的生命活动的物质生产劳动实践，同动物的生命活动最本质的区别就在于：动物只是按照它所属的那个种的尺度为求生而建造，而人却得按照任何一个种的不同尺度，为人类不断发展的需要而生产，按照美的规律去建造。人类的这一本质特性是产生和决定其他所有特性的根据。正是在这个意义上,恩格斯说劳动创造了人。

二是认为人的本质是一切社会关系的总和。马克思在《关于费尔巴哈的提纲》中指出:"人的本质不是单个人所具有的抽象物,在其现实性上,它是一切社会关系的总和。"马克思认为,人的实践活动总是在一定的社会关系中进行的,人通过社会实践塑造和表现自己,在人的历史实践过程中和基础上生成了人的一切社会关系。"一切社会关系"包括人与自然的关系和人与社会的关系,其中,生产关系是最主要、起决定性作用的社会关系,在此基础上形成经济、政治、法律和思想关系等,它们从不同侧面、不同层次反映和体现着人的本质。

三是认为人的需要即人的本质。马克思、恩格斯在《德意志意识形态》中提出了涵盖前两个命题内容的论断——人的需要即人的本性,指出:"在任何情况下,个人总是'从自己出发',但由于从'他们彼此不需要发生任何联系'这个意义上来说,他们不是唯一的,他们的需要即他们的本性,以及他们求得满足的方式,把他们联系起来(两性关系、交换、分工),所以他们必然要发生相互关系。"马克思、恩格斯在此揭示了人的需要是人的内在的本质规定性,是人的全部生命活动的动因和依据,也是人的各种社会关系的根本动因,因为人不能孤立存在,而是处在相互联系的社会之中,相互联系的原因就是追求自身需要的满足。

马克思关于人的本质的三个命题是紧密联系的有机整体,人们的一切劳动、全部自觉的实践活动总是在一定社会关系中进行的,只有结成一定的社会关系才能进行活动;人们的社会关系又是在实践活动中形成的,社会关系是人们实践活动的表现形式;离开人的实践活动,就不可能产生人的社会关系,也不可能满足人的需要,而离开人的需要,人的一切实践活动和一切社会关系都将不会产生也不复存在。总之,实践活动是内容,社会关系是形式,人的需要是动因,三者缺一不可,是有机统一的整体。思想政治教育要坚持"以人为本",就必须全面把握马克思主义关于人的本质的理论,注重从人的需要出发,注重实践,注重社会关系的优化。

3. 人的发展论是马克思主义人学理论的归宿

马克思运用科学性与价值性统一的方法,从四个方面对人的发展问题进行了研究。一是从"他所处历史时代人的发展与异化"现状的思考和批判开始,分析了无产阶级的生存环境和发展命运,提出了人的自由全面发展的目标,"代替那存在着阶级和阶级对立的资产阶级旧社会的,将是这样一个联合体,在那里,每个人的自由发展是一切人的自由发展的条件。"二是通过"剖析人的发展与异化"的根源解释人的全面发展的人本内涵。认为"分工的发展和私有制的产生是劳动者异化"的根源,人的发展的"异化"状况在资本主义大工业出现后达到顶点。针对人的片面发展的境况，马克思认为人的全面发展应包括人的劳动能力的全面发展、人的社会关系的全面发展，人的自由个性的全面发展等。三是通过分析生产力和生产关系的矛盾运动以及人的活动规律，揭示了社会发展规律，提出了实现个人全面发展与社会全面进步和谐一致理想目标的现实道路。四是通过分析人与自然、人与社会的关系，提出了人的发展和人类解放的三个历史阶段（即三大社会形态）的理论。在马克思看来，人类解放、人的全面发展的历史过程，是在人类社会发展规律作用下的必然过程，这个过程经历不同的社会形态逐渐发展，最终才能达到理想境界。马克思对人的发展三个历史阶段的划分，说明人的全面发展是一个不断推进、逐渐提高和永无止境的历史过程，前一个阶段是后一个阶段的前提和基础，为后一个阶段的发展做好准备、提供条件，后一个阶段是前一个阶段的必然趋势和发展结果。

中国共产党继承和发展了马克思人的全面发展思想，并给予这一思想以中国特色和时代特色。毛泽东提出"应该使受教育者在德育、智育、体育几方面都得到发展，成为有社会主义觉悟的有文化的劳动者"，邓小平提出要培养"有理想、有道德、有文化、有纪律"的社会主义新人。江泽民强调，建设有中国特色社会主义的各项事业和我们进行的一切工作，"既要着眼于人民现实的物质文化生活需要，同时又要着眼于促进人民素质的提高，也就是要努力促进人的全面发展。这是马克思主义关于建设社会主义新社会的本质要求"。胡锦涛提出科学的发展观，强调坚持以人为本，"要求始终把实现好、维护好、发展好最广大人民的根本利益作为党和国家一切工作的出发点和落脚点，尊重人民主体地位，发挥人民首创精神，保障人民各项权益，走共同富裕的道路，促进人的全面发展，做到发展为了人民、发展依靠人民、发展成果由人民共享"。这些论述都是对马克思人的全面发展思想的继承和发展，为思想政治教育确立正确的目的、任务、内容指明了方向。

在新的历史条件下，思想政治教育及其学科建设要自觉坚持以马克思主义人学理论为指导，树立"以人为本"的思想政治教育观，努力培养全面发展的社会主义新人。

五、社会主义意识灌输理论

"灌输理论"是指无产阶级政党坚持把科学社会主义思想灌注输送到无产阶级和人民群众中去，提高其政治意识和思想觉悟的学说。"灌输理论"是确立思想政治教育的地位、作用、方针、原则、任务、内容的直接理论依据。

列宁在《怎么办？》一书中系统论述了"灌输理论"。他指出："工人本来也不可能有社会民主主义的意识，这种意识只能从外面灌输进去。各国的历史都证明：工人阶级单靠自己本身的力量，只能形成苏联主义的意识。"社会主义意识不可能在工人运动的进程中自发产生，这是由私有制条件下历史形成的社会分工和工人阶级的生活境况所决定的。马克思、恩格斯指出，"分工也以精神劳动和物质劳动的分工形式在统治阶级中间表现出来，因此在这个阶级内部，一部分人是作为该阶级的思想家出现的"，他们根据本阶级的意志和利益，概括并表达了统治阶级的思想体系，而这一阶级的其余成员（包括积极成员）都"很少有时间来编造关于自身的幻想和思想"。在资本主义社会中，工人阶级由于经济地位、生活条件、文化条件等限制，难以从事系统的精神生产并创造思想体系。列宁指出，"社会主义学说则是从有产阶级的有教养的人即知识分子创造的哲学理论、历史理论和经济理论中发展起来""它是完全不依赖于工人运动的自发增长而产生的，它的产生是革命的社会主义知识分子的思想发展的自然和必然的结果"。因此，无产阶级政党必须保持从经济斗争范围之外给工人群众灌输政治意识，从工人同厂主斗争范围之外给工人群众灌输阶级意识，使本阶级成员接受科学社会主义思想，自觉地为实现无产阶级的伟大历史使命而奋斗。今天国际国内条件发生了巨大变化，但社会主义意识灌输理论并没有过时；应该说，灌输的条件比过去好多了，相应的，对灌输的要求也更高了。我们要坚决反对自发论，坚持灌输原则，改进灌输方法，大力弘扬主旋律。在社会主义现代化建设中充分发挥党的领导和自觉成分的作用，努力开创思想政治教育的新局面。

六、正确处理人民内部矛盾的学说

在社会主义改造基本完成以后，剥削阶级作为完整的阶级已被消灭，阶级斗争已不再是我国社会的主要矛盾，人民内部矛盾已成为我国社会生活的主题，但阶级斗争在一定范围内仍将长期存在，在一定条件下还可能激化。因此，严格区分和正确处理两类不同性质的矛盾十分重要。在此情况下，毛泽东提出关于正确处理人民内部矛盾的学说，这是对马克思主义的大发展。在社会主义时期，一切赞成、拥护和参加社会主义建设事业的阶级、阶层和社会集团，都属于人民的范围；反之，则是人民的敌人。敌我矛盾是对抗性矛盾，人民内部矛盾一般来说是非对抗性矛盾。两类矛盾性质不同，解决的方法也不同；对敌人实行专政，而在人民内部则实行民主。"凡属于思想性质的问题，凡属于人民内部的争论问题，只能用民主的方法去解决，只能用讨论的方法、批评的方法、说服教育的方法去解决"。为了维护社会秩序,有效地进行生产、工作和学习,政府和领导者发布适当的带强制性的行政命令、规章制度,这与说服教育是相辅相成的。人民中的违法分子也要受到法律制裁,但这同对敌人的专政是有原则区别的。因此,要坚持以说服教育为主、法纪处理为辅的方针,在执行法纪时也要伴以说服教育。毛泽东根据党的历史经验,把解决人民内部矛盾的民主方法概括为"团结—批评—团结"的公式,意即从团结的原则出发,经过批评或思想斗争,分清是非,使矛盾得到解决,从而在新的基础上达到新的团结。这是与"残酷斗争,无情打击"相对立,而以"惩前毖后,治病救人"为宗旨的正确方法。

正确处理人民内部矛盾的学说是确定思想政治教育方针、原则、方法的直接理论依据。思想政治教育的方针、原则和方法,必须符合正确处理人民内部矛盾的要求,必须有助于解决人民内部矛盾。在我国社会转型时期,人民内部矛盾出现了许多新特点,大致表现为各种群体性的利益矛盾。如果处理不当,就有可能使矛盾激化,给敌对势力以可乘之机。因此,要坚持人民大众共建共享原则,正确认识并努力化解各种社会利益矛盾,减少不和谐因素,增加社会和谐因素。同时,由于人民内部矛盾有时会与敌我矛盾交织在一起,一时难以分清,这就要求我们要结合新情况深入研究并发展正确处理人民内部矛盾的理论,努力提高政策和策略水平,严格区分和正确处理两类不同性质的矛盾,形成化解社会利益矛盾的长效机制,促进社会的和谐稳定。

七、执政党建设理论

马克思主义党的建设理论是思想政治教育的重要理论依据。发展中国特色社会主义,搞好经济建设、政治建设、文化建设、和谐社会建设和生态文明建设,关键都在党,搞好执政党建设是做好思想政治教育工作的根本保证。思想政治教育要自觉坚持党的领导,同时,要把坚持党的领导作为坚持四项基本原则的教育。

第二节 思想政治教育学的直接理论依据

最重要的内容认真抓好。马克思主义党的建设理论是马克思主义的重要组成部分,是无产阶级政党建设的思想武器。中国共产党不断发展、成熟和壮大的历史,就是马克思主义党的建设基本原理同党的建设实际相结合的历史。这是中国共产党自身建设最基本的经验。在此基础上，中国共产党还积累了丰富的行之有效的关于党的建设的重要经验：紧紧围绕党的政治路线和中心任务加强党的建设；把党的思想建设放在首位，强调党员不仅要在组织上入党，而且要在思想上入党；坚持和发扬理论联系实际、密切联系群众、批评和自我批评等优良作风；重视党的基层组织建设，注意在实际斗争中培养和造就接班人；按照"团结——批评——团结"的公式和"惩前毖后、治病救人"的方针正确处理党内矛盾等。把党建设成为领导中国特色社会主义事业的核心力量，是现阶段党的建设的主题和目标。围绕这一主题，党中央领导全体高度重视并采取切实措施加强党的建设，进一步丰富和发展了执政党建设理论。

坚持党的工人阶级先锋队性质是党的建设的根本问题。在新的历史条件下，阶级关系的新变化没有也不能改变党的工人阶级先锋队性质，党的阶级基础依然是工人阶级，党始终是工人阶级的先锋队，同时是中华民族和中国人民的先锋队。要根据社会阶层结构的新变化，巩固党的阶级基础，扩大党的群众基础。全心全意为人民服务是党的根本宗旨；坚持群众观点、贯彻群众路线是坚持党的根本宗旨的基本途径；坚持人民群众是历史的创造者、向人民群众学习、全心全意为人民服务、干部的权力是人民赋予的、对党负责和对人民负责相一致、要依靠群众又要教育引导群众前进等观点，贯彻执行一切为了群众、一切依靠从群众中来到群众中去的根本工作路线。党的领导是党的政治领导、思想领导和组织领导的统一。

执政党要增强执政意识，提高执政本领，增强执政能力，巩固执政基础，就必须加强和改进党的领导。要坚持共产党领导的多党合作和政治协商制度；实行党政职能分开，要加强党的基础组织建设，充分发挥党支部的战斗堡垒作用；加强对党员的教育和学习，充分发挥党员的先锋模范作用。加强和改革党的领导，最重要的是要加强和改进思想政治工作，在正确处理党内矛盾中发展壮大是党的建设的客观要求，反对党内错误倾向要坚持既反"右"又反"左"的两条战线的思想斗争，有"右"反"右"，有"左"反"左"。在反对一种倾向时，要注意防止它不能掩盖行为的另一种倾向。从思想上建党是马克思主义重要的建党原则，必须坚持社会主义意识灌输理论，把思想理论建设放在党的建设的首位，不断推进马克思主义中国化、时代化和大众化。加强马克思主义理论学习和教育是党根本的思想建设，应将其放到党的思想建设的中心地位。坚持民主集中制是维护党的工人阶级先锋队性质的根本组织保证，必须抓好基本制度的改革和建设。党风问题关系到执政党的生死存亡，必须加强党风建设，杜绝党内不正之风和腐败现象。要开展保持共产党员先进性的教育，建立保持党的先进性的长效机制。要坚持党管干部原则，加强党政干部和科技干部队伍建设；要坚定不移地贯彻执行干部队伍革命化、年轻化、知识化和专业化方针，全面提高干部素质，大力培养和造就21世纪社会主义事业的接班人，确保党和国家的各级领导权掌握在忠于马克思主义的人手里。

21世纪推进党的建设伟大工程的总目标，是要把党建设成为用中国特色社会主义理论体系武装起来、全心全意为人民服务、思想上政治上组织上完全巩固、能够经受住各种风险、始终走在时代前列、领导全国人民建设中国特色社会主义的马克思主义政党。要按照这个目标，从思想上、组织上、制度上、作风上全面加强党的建设。加强党的思想建设，根本的是坚定不移地用中国化马克思主义理论武装全党，充分发挥党的思想政治优势。加强党的组织建设，根本的是把党建设成坚强的领导核心，充分发挥党的组织优势。加强党的作风建设，根本的是坚持全心全意为人民服务的宗旨，充分发挥党密切联系群众的优势。只要这样做，就一定能够不断提高党的领导水平和执政水平，不断增强抵御风险和抗腐防变的能力，以新的面貌和更强大的战斗力，带领人民完成新的历史任务。

党的十六届四中全会通过的《中共中央关于加强党的执政能力建设的决定》（以下简称《决定》强调，执政能力建设是党执政后的一项根本建设，关系党的生死存亡和国家长治久安。在总结半个多世纪的执政经验基础上，《决定》明确指出，加强党的执政能力建设，必须坚持以马克思列宁主义、毛泽东思想、邓小平理论和"三个代表"重要思想为指导，全面贯彻党的基本路线、基本纲领、基本经验，以保持党同人民群众的血肉联系为核心，以建设高素质干部队伍为关键，以改革和完善党的领导体制和工作机制为重点，以加强党的基层组织和党员队伍建设为基础，努力体现时代性，把握规律性，富于创造性。加强党的执政能力建设的总体目标是通过全党共同努力，使党始终成为立党为公、执政为民的执政党，成为科学执政、民主执政、依法执政的执政党，成为求真务实、开拓创新、勤政高效、清正廉洁的执政党，归根到底成为始终做到"三个代表"、永远保持先进性、经得住各种风浪考验的马克思主义政党，带领全国各族人民实现国家富强、民族振兴、社会和谐、人民幸福。当前和今后一个时期加强党的执政能力建设的主要任务是按照推动社会主义物质文明、政治文明、精神文明协调发展的要求，不断提高驾驭社会主义市场经济的能力、发展社会主义民主政治的能力、建设社会主义先进文化的能力、构建社会主义和谐社会的能力、应对国际局势和处理国际事务的能力。《决定》抓住了执政党建设的主要矛盾，为全面加强和改进党的建设，使党的执政方略更加完善、执政体制更加健全、执政方式更加科学、执政基础更加巩固指明了方向。

党的十七大丰富和发展了党的指导思想，提出改革开放新时期党的理论创新的最大收获就是形成了中国特色社会主义理论体系，其内容包括邓小平理论、"三个代表"重要思想、科学发展观等，它是对马列主义、毛泽东思想的坚持和发展，是马克思主义中国化的最新成果。十七大报告充实、完善了十三大报告表述的党的基本路线，指出党在社会主义初级阶段的奋斗目标是要把我国建设成为富强、民主、文明、和谐的社会主义国家。十七大报告指出，在当今中国，坚持中国特色社会主义道路就是真正坚持社会主义；坚持中国特色社会主义理论体系，就是坚持马克思主义。强调要"以改革创新精神全面推进党的建设新的伟大工程"。即要以思想理论建设为根本，以党的理论创新引领各方面的创新；以党的执政能力建设和先进性建设为主线，坚持党要管党、从严治党的方针，贯彻为民、务实、清廉的要求，从思想建设、组织建设、作风建设、制度建设、反腐倡廉建设等方面全面推进党的建设，把党建设成为立党为公、执政为民，求真务实、改革创新、艰苦奋斗、清正廉洁、富有活力的政党。这些论述深刻地揭示了中国特色社会主义事业是改革创新的事业，中国共产党只有以改革创新精神加强自身建设，才能成为具有创新精神的马克思主义执政党，从而领导我党力争在2020年跻身创新型国家行列，推进社会主义现代化和中华民族伟大复兴宏伟目标的顺利实现。

党的十八大总结党理论创新的重大成果，正式把科学发展观确定为党的指导思想的重要内容。十八大报告指出，科学发展观是马克思主义同当代中国实际和时代特征相结合的产物，是马克思主义关于发展的世界观和方法论的集中体现，对新形势下实现什么样的发展、怎样发展等大问题做出了新的科学回答，把我们对中国特色社会主义规律的认识提高到新的水平，开辟了当代中国马克思主义发展的新境界。科学发展观是中国特色社会主义理论体系的新成果，是中国共产党总体智慧的结晶，是指导党和国家全部工作的强大思想武器。科学发展观同马克思列宁主义、毛泽东思想、邓小平理论、"三个代表"重要思想，是党必须长期坚持的指导思想。十八大提出了"全面提高党的建设科学化水平"的战略任务，指出党在现阶段的基本纲领和中国特色社会主义建设的总任务就是"团结带领人民全面建成小康社会、推进社会主义现代化、实现中华民族伟大复兴"。根据新形势、新问题和党建的重大课题，十八大报告强调，"要增强紧迫感和责任感，牢牢把握加强党的执政能力建设、先进性和纯洁性建设这条主线，坚持解放思想、改革创新，坚持党要管党、从严治党，全面加强思想建设、组织建设、作风建设、反腐倡廉建设、制度建设，增强自我净化、自我完善、自我革新、自我提高等能力,建设学习型、服务型、创新型的马克思主义执政党,确保党始终成为中国特色社会主义事业的坚强领导核心"。为此,党中央做出"在全党深入开展以为民、务实、清廉为主要内容的党的群众路线教育实践活动"等新部署。十八大会后,党中央决定从2013年下半年起,用一年左右时间在全党分期分批开展党的群众路线教育实践活动。这一活动紧紧围绕保持党的先进性和纯洁性这一主线,以为民、务实、清廉为主题,以县处级以上领导机关、领导班子和领导干部为重点,切实加强马克思主义群众观点教育,把贯彻落实中央关于改进工作作风、密切联系群众的"八项规定"作为切入点,聚焦作风建设,集中解决形式主义、官僚主义、享乐主义和奢侈之风等"四风"问题,着力解决群众反映强烈的突出问题,提高新形势下做好群众工作的能力。活动以整风精神,全程贯串"照镜子、正衣冠、洗洗澡、治治病"的总要求,贯彻"正面教育为主、批评与自我批评、讲求实效、分类指导和领导带头"等原则,创造了新形势下加强执政党建设的丰富经验。认真学习和贯彻十八大精神对于推进执政党建设、加强思想政治教育,具有重大的现实意义和深远的历史意义。

第三节 加强思想政治教育的路径分析与选择

大学生的思想政治教育是大学教育的重要组成部分,是其他教育的基础教育,对此我们应对如何提高大学生的思想道德素质给予高度重视。

中共中央、国务院发出的《关于进一步加强和改进大学生思想政治教育的意见》,对我们这些处在大学生思想政治教育第一线的同志是巨大的鼓舞和鞭策。多年来根据我们的工作经验与体会,我们认为要做好大学生思想政治教育应注重做好以下几方面工作:

一、加强班主任队伍建设

加强和改进大学生思想政治教育工作是一项系统工程,需要调动学校和社会等各个方面的力量。但在所有相关因素中,大学里的班主任无疑成了最关键的因素之一,他们的素质和能力将对大学生思想政治教育工作产生至关重要的影响。

大学里学生们接触最多的莫过于班主任。大至理想信念,小至卫生检查,具体到党员发展推荐、评优选好,学生与班主任无不发生密切联系。因此,班主任对学生的影响是极其显著的。鉴于此，加强对班主任的选拔、培养和管理工作便显得尤其重要。作为学生领路人的班主任，他们的素质与能力将不仅影响学生的大学生活，甚至会影响他们的一生。

我们的班主任必须具有高度的事业心和社会责任感，时刻不忘自己的使命和职责，用人文情怀去关心学生，教育学生，引导学生。尤其是在学生党员发展中，起着重要作用的班主任如何把握评价标准，将不仅影响到学生本人，也事关党和国家工作的大局，直接影响到今天加强大学生思想政治教育工作。

为此，高校党政应当将班主任队伍建设工作放在更加突出的位置。优化班主任队伍，应该严把班主任的人口关，严格执行评价标准。选拔任用素质高、业务精的毕业生充实到班主任队伍中。除了十分重视班主任的队伍建设，还注重班主任制度建设，坚持每月一次例会制，布置研讨班主任工作。还应注重班主任政治素质、道德素质的考察，并对其工作给予指导和支持，同他们一起解决工作上的难题。由于严把入口关，较好地调动了班主任的工作积极性，充分发挥他们在学生思政工作中的中坚作用，所以各项学生工作得以顺利进行。从优良班级的评选中可以看出，有一位责任心强、肯投入的班主任，就可能带出一个德、智、体全面发展的优秀班集体。

二、重视思政理论课与"潜课程"

在加强和改进大学生思想政治教育过程中，课堂教学起着主导作用，各门课程都具有育人功能，这是不容置疑的。传道授业解惑，解惑更是第一位的，思政理论课作为大学生的必修课，这是理所当然的。然而，一些高校的思想政治理论教学效果不容乐观。例如，大学生思想道德修养课是本科生的必修课，也可以说这是我国当代大学生的必修课，然而这么重要的一门课，其教学效果却并不十分令人满意。据了解，缺课现象比较严重，就是经常到课的同学，许多也是迫于主讲老师点名的缘故。究其原因：（1）内容的一贯性。许多同学称，这门课我们在小学、初中、高中都学过，仅仅是深度上的不同，大学还要学。（2）部分同学的功利性。他们认为有时间的话，不如学一些专业课，自己将来不搞政治，考前的临时突击，也能顺利过关，说不定还能拿高分。（3）老师的说教性。部分老师照本宣科，使相当一部分同学失去了学习的动力，产生了还不如自己看一遍的念头。简言之，素质教育课程渴望得到进一步提高，使同学们从被动的学习状态转到积极的主动的学习状态上来，得到更多的收获，让同学们真正在思想政治道德修养方面得到大的提升，树立正确的人生观和价值观，做一名真正的"四有"接班人。

"潜课程"也具有不可低估的育人效果。"潜课程"是指那些非计划的学习活动，一般由学生在校生活中各种人际交往所形成的思维方式、价值观和行为方式，学校班级中长期形成的制度与非制度的文化等因素组成。"潜课程"的一个重要内容是同学之间和谐的人际关系。在大学阶段，学生们离开父母，开始了真正意义上的独立生活。他们带着各自的生活方式、思维方式和行为方式来到大学校园，在新环境中相互交融、彼此撞击，不断地改变或矫正着旧有的生活方式、思维方式和行为方式。师生关系也是非常重要的一个方面。在大学阶段，师生之间的接触虽然少于中小学阶段，但大学生们也还是留心着教师出版的著作和论文，注意着教师的生活琐事，主动一些的学生甚至登门拜访。教师在课后与学生的交往，无论在做学问还是在做人方面，都有潜移默化的影响。大学班级中的传统、仪式与规章制度等"潜课程"形式对大学生心理的影响也是不可忽视的。它具有一种同化力，使生活在其中的大学生自觉不自觉地接受这种熏陶；它具有一种促进力，能使大学生积极进取。"潜课程"一般没有明确的教育标记，大学生往往是不知不觉地接受了隐含于其中的教育，教育工作者也往往忽视了它的教育功能。如何在重视正式课程的同时重视"潜课程"的建设，让大学生接受全面教育，使他们的个性得到和谐的发展，是在加强和改进大学生思想政治教育过程中需要引起重视的问题。

三、身教重于言传

教书育人是每个教育工作者的天职，言传身教则是教书育人的基本方法。在当前进一步加强大学生思想政治教育的工作中，更要重视言传身教的作用。

育人是一项具有政治倾向和道德伦理性的实践活动，因此任何一个教师，无论在课上还是课下，无论讲授的是社会科学还是自然科学，都在承担着对学生进行思想政治教育的特殊角色。而作为学生，他们在接受知识的同时也在通过教师的形体语言获得德育方面的信息，从而修正自己的思想和行为。当代大学生的一个突出特点就是善于观察和思考，他们不但看老师怎么说，更要看老师怎么做。一个道德高尚、治学严谨的教师所给予学生的绝不仅仅是知识，他对学生思想道德观念的影响一定是最为广泛、深刻、持久的。

人们常说，教师是人类灵魂的工程师。作为工程师更注重的是实践，既要会说，更要会做。要做大学生灵魂的工程师，就要探索到达他们心灵的途径。在高科技的现代信息社会，大学生们通过各种媒体听到的已经很多，他们更需要的是行为上的楷模。这就要求我们教育工作者既要学为人师，更要做到行为示范；既要有学术水平，还要有品格、有人格，用博学和人格魅力去吸引学生。例如可以邀请知名教授，就如何做人、怎样学习和怎样成长等问题做详细的报告，用自己的亲身经历教育和启发学生，使师生深受启发。学生可以和导师面对面地交流、倾诉、提问，使他们能自觉地接受传递给他们的信息，这种"随风潜入夜，润物细无声"的影响和思想政治教育方式，一定更容易滋润当代大学生的心田。

四、重要依靠力量——学生干部

学生干部在加强和改进大学生思想政治教育的过程中起着不可替代的示范作用。一般而言，学生干部都是在德、智、体等方面表现优秀的学生。他们有着高度的历史责任感、积极进取的精神状态和较好的自我教育、自我服务、自我管理的能力。一个优秀的学生干部就是一个榜样、一面旗帜，对周围的同学起着其他方式不可替代的示范作用。因此，要高度重视、充分发挥学生干部在政治上的核心作用、组织上的凝聚作用、道德上的表率作用、学习科研上的标兵作用。高校的学生干部主要包括党支部干部、团干部、学生会干部、研究生会干部、班级干部以及社团干部等。他们在高校学生工作中扮演着十分重要的角色，是加强和改进大学生思想政治教育的重要依靠力量。

学生党支部是凝聚学生的核心。充分发挥支部成员的作用，对做好学生的思想政治工作起到了重要的保证作用。首先抓党员的模范作用，要求党员不仅要努力学习、严格要求自己，还要积极组织和参与各项集体活动，支持班主任、学生干部的工作。我院大部分党员是学校各类奖学金的获得者，他们是各项活动的骨干，对学生工作起到了核心作用。在他们的影响下，全院有1/3的学生向党组织递交了入党申请，本学期有100多人参加了院党校学习。本科生党支部本着成熟一个、发展一个的原则，进行了组织发展和党员转正工作，使学生的思想觉悟有了很大的提高。团总支、学生会是学生自己的组织，又是学校联系学生的纽带，他们丰富的活动内容既能自我教育，又培养了自我管理的能力，是大学生思想政治教育的重要力量。同时举办社会实践活动，这些活动的开展，可以极大地丰富学生的业余生活，同学们在实践中得到了锻炼、增加了才干，受到了很好的教育。

加强学生干部队伍建设，还必须培养出一支成绩优良、工作能力强、值得同学们信赖的班级干部队伍。班主任老师只能从宏观上、整体上进行教育管理，深入学生内部、了解下面情况主要靠学生干部，许多具体工作都要靠学生干部去付诸实施。学生干部也是加强和改进大学生思想政治教育的得力助手。学生干部与普通学生在一起学习、生活，他们面临着和普通学生一样的实际问题，普通同学也更愿意向他们敞开自己的心扉。通过学生干部，我们可以比较准确地了解学生实际的思想状况。同时，学生干部也是联系学校各部门的纽带，传达各项任务的桥梁，贯彻和落实各项工作的骨干。因此，要充分发挥学生干部在联系、团结、教育大学生方面得天独厚的优势，使其成为加强和改进大学生思想政治教育的重要力量。

综上所述，对大学生的思想教育是多方面的，途径也是多种多样的，无论学校、教师还是学生干部都是进行正面教育的关键环节，但最重要的还是学生自身的思想觉悟。外界为大学生的成长提供了良好的环境，如果自身不努力接受正确的思想教育，那终将误入歧途。所以作为学生本身也应积极接受正面教育，不断把思想行为向团组织、党组织靠拢。这样，在外在环境的不断影响下加之自身的不断努力，大学生的思想政治教育工作必定拥有一个光明的未来。

思想政治教育在人类追求自内而全面发展的过程中，发挥着不可或缺的功能，是人类认识世界和改造世界的重要方式。客观物质世界有着特定结构，结构决定功能，功能又反作用于结构。思想政治教育包含丰富的内容，构成了完整的内容体系结构，直接关系其目的的实现和任务的完成。新媒体时代，高校思想政治教育面临诸多需要解决的理论与实践问题，对这一时代的高校思想政治教育内容结构进行研究和优化，将更有助于功能的发挥和价值的实现，更能满足人的全面发展和社会进步对高校思想政治教育的期盼。

思想政治教育内容即一定社会为了实现其根本任务和目标，在思想政治教育活动中教育者通过一定的方式和手段对受教育者传递的思想政治观念、社会道德规范等。对于思想政治教育的内容结构，学界比较普遍的观点认为，思想教育、政治教育、道德教育、心理教育诸内容构成了思想政治教育的内容体系，形成了一定的体系结构。这一结构关系中，各内容具有不同的地位和作用，思想教育（世界观、方法论教育，是先导，政治教育（政治理想、信念、方向、立场、原则等教育）是核心，道德教育（行为规范、道德认同、能力和品行等教育）是重点，心理教育（心理素质和健全人格等教育）是基础。也有学者在此基础上加上法纪教育，认为思想教育是根本性的内容，政治教育是导向性内容，道德教育是基础性内容，心理教育是前提性内容、法纪教育是保障性内容，五位一体，形成稳定合理的结构，从而最大限度地发挥思想政治教育的整体功能。内容结构状况不同，实施效果就不一样。

新媒体时代对高校思想政治教育提出了新的挑战，要求思想政治教育内容结构与时俱进，不断优化。其主要理论根据为马克思主义系统结构理论。马克思主义系统观把宇宙间的任何事物都看作是相互联系、相互影响、相互作用的一个系统。"当我们深思熟虑地考察自然界或者人类历史或我们自己的精神活动的时候，首先呈现在我们眼前的，是一幅由种种联系和相互作用无穷无尽地交织起来的画面，其中没有任何东西是不动的和不变的，而是一切都在运动、变化、生成和消逝。因马克思、恩格斯还提出了物质结构层次理论，认为物质结构存在很多不同的层次，而且是无限大或者无限小的。马克思主义关于系统结构的理论，对新媒体时代高校思想政治教育内容结构优化有如下启示：第一，要用联系的观点和发展的观点来考察高校思想政治教育内容体系中的各个组成部分，要研究需要通过什么方式结合，发挥出整体功能；并且要考虑到社会存在的发展，适时调整内容结构，推动科学发展。第二，物质结构的层次性，要求对新媒体时代高校思想政治教育的内容进行科学分层，构建合理的思想政治教育内容结构体系。另外，诸如马克思主义关于社会存在与社会意识之间的关系原理以及关于人本质和人的全面发展的学说，都是我们进行高校思想政治教育内容结构优化的理论依据。

新媒体时代，高校思想政治教育在实践领域，无论国际还是国内，都面临着新情况和新问题。就国际层面来说，随着各国政治、经济和文化的频繁交往，各种思想文化相互碰撞，思想政治教育内容随着经济全球化、政治多极化的发展而变得错综复杂；就国内层面来说，思想政治教育越来越渗透到人们的经济社会活动中，思想政治教育所面临的挑战不断涌现、前所未有；就技术层面来说，新媒体技术的蓬勃发展，带来的不仅仅是传播技术的变化而引发的内容的不确定性，更多的是观念的变革。我们要有理论勇气回答这些现实问题，不断突破传统框架，勇于创新，使思想政治教育的内容不断丰富。其实，多年来，我国高校思想政治教育历经发展和调整，大多数是在形式上的，而内容方面没有发生根本的改变；在实践过程中，内容结构方面存在的问题是导致高校思想政治教育实效性不高的根本原因。

政治主导型思想政治教育，在思想政治教育诸内容的相互关系中，重点突出政治教育内容，并根据政治教育内容的实施需要来组合其他教育内容，其他教育内容从属于和服务于政治教育内容。这是历史的产物，是当时社会政治、经济、文化共同作用的结果。计划经济体制的集中统一性，从体制上保证思想政治教育只能为政治运动服务，在这样的历史条件下，思想政治教育的功能只能突出地表现为单一的政治功能，以政治运动为中心，使思想政治教育成为政治运动首当其冲的手段。诚然，政治教育在促进公民政治社会化过程中起到重要的作用，因为无论一个人是否喜欢都不能完全置身政治之外。但是，政治性是人的社会性的组成部分，强调政治性而忽略人的自然性和精神性显然是不合理的。思想政治教育的基础和重点是道德教育，形成良好的稳定的道德品行，缺乏道德教育基础的思想政治教育不过是空中楼阁。高校思想政治教育应当承载政治功能，但它却不是政治本身，倘若将思想政治教育的终极关怀政治化，形成政治教育内容占主导地位的内容结构体系，甚至把人的德行塑造等同于政治生活之中，则无疑是脱离社会实际的。背离社会实际的思想政治教育是没有生命力的，其危险性将如爱因斯坦所言：或许只能成为"一种有用的武器"，而不是"一个和谐发展的人"。

作为高校思想政治教育主渠道的思想政治理论课程学习，是一把双刃剑：一方面体现了高校进行思想政治教育的重要性；但另一方面，在内容方面明显存在的一个问题就是一直表现出"知识化"的外在倾向，即主要是作为一门课程来学习。往往把思想政治教育与其他专业教育等同起来，知识的语言成为支配性的语言，道德的语言越来越弱化，这样的思想政治教育实际上在求真、求知的过程中不求善求美。知识之外的情感、想象、意志与信仰等遭到了排斥，这实际也是学校的智力训练与道德训练之间的可悲分割，导致知识和性格成长之间的可悲分离。在这种以知识化为本的教育中，很难真正关注人的全面自由发展，因而很难给人以终极关怀。思想政治教育实际上是一种养成教育，掌握了政治理论知识并不等于具备了良好的道德修养和精神涵养，其结果往往培养出"言语的巨人，行动的矮子"。

传统的思想政治教育内容和原则通常具有高度的理想主义，把人设计成理想化的革命者，着眼于高扬人生理想的宏观目标。经济全球化和社会转型时期的中国，社会生活各方面都发生了深刻的变化，新媒体时代大学生的价值观念和生活方式也发生了翻天覆地的变化。高校思想政治内容往往是课堂里或书本上规定的道德原则、思想信念，脱离了现实性生活的根基，未能从思想上解决好与现实的巨大反差，与社会上所出现的现实现象大相径庭，无法对社会生活中的种种新事物做出应有的回应，从而使理论缺乏说服力，严重影响高校思想政治教育的实效。需要强调的是，由于我国大学生的特殊性（长期的应试教育的竞争熏陶），理想化的思想政治教育只能培养某种意义上的"圣人"，并不能有效地指导人们的行为。而思想政治教育的作用和功能应当以现实的、具体的人为基础，通过改变和提升人们的精神生活、培养人们的发展意识和精神，寻求可持续发展，来实现人的全面而自由的发展。

中国要实现民族的伟大复兴，在日趋激烈的国际竞争中立足，必须占领未来思想领域的战略制高点。新媒体时代，教育者、受教育者以及整个教育环境等都发生了很大变化，其中有些还是根本性的变化。随着新媒体技术的广泛应用，在经济文化全球化进程中，高校师生所面对的是一个更加复杂多变、新奇的世界，社会交往范围的扩大和形式的多样化，各种思想文化观念的冲击，不同角色和行为方式的转换，必然引起思想方式、价值观念的深刻变化。思想政治教育内容不顾教育者和受教育者的基础和需求，注定导致实效性不高。事实上，我国高校思想政治教育特别是思想政治理论课存在内容过于统一和规范的问题，无论是怎样层次的大学（本科教育或高职教育），无论是什么专业的学生（理工科、文科或艺术类），或者不管是怎样的地区（发达或欠发达），思想政治教育内容总是一纲一本，过于统一和规范，对于不同价值文化间的交流与对话予以漠视甚而逃避。因此，当前高校思想政治教育应当允许学校根据各自的特点、专业情况、地区特性、学生特质与需求，分析教育情境来确立课程的具体形态和结构，以大学生为主体，以生活经验为中心，适当整合教育内容，更能切合各个学校的教育实践，体现学校、教师和学生的自主性和校际之间的差异性。

总之，新媒体时代高校思想政治教育内容结构优化，需要以跨界思维为逻辑起点，以更加兼容的态度，跨越国家地域和政治、经济、文化界限，以更为坚定的爱国情怀面对多元文化与多样价值观的影响，以积极竞争的勇气和国际化的视野面向国际竞争，以博大的胸怀和对自然及人类社会的热爱彰显人文关怀。

原则是说话、行事所依据的准则。新媒体时代高校思想政治教育内容结构优化，应当遵循以下原则：

1. 整体与局部统一的原则

思想政治教育本身是一个由多个要素组成的复杂的动态系统，这些要素相互联系、相互作用的形式就是思想政治教育的整体结构。目前学界关于基本结构的提法有"子要素论"（教育者、受教育者和教育环境）、"四要素论"（主体、客体、介体和环体）、"五要素论"（主体、客体、内容、方式、目标）等等，无论是几要素，有一个共同的特点就是各要素相互影响、相互作用而形成一个统一的整体系统。而在这一整体系统中，又分列为各子系统，即价值结构、目标结构、主体结构、客体结构、内容结构、过程结构、评估结构和方法结构等。在整体和局部之间的关系问题上，毫无疑问，整体是核心，但是有时候，局部优化和整体优化之间并不必然具有一致性，带有一定的不同步性和不均衡性。因此，我们要坚持系统论中的整体性原理，在整体优化的基础上，坚持二者相统一的原则。在新媒体时代高校思想政治教育的内容结构优化问题上，我们不应该仅仅将思想教育、政治教育、道德教育、法制教育和心理教育等各子系统的内容结构进行优化整合，还要补充和完善每一个子系统的内容体系，更应该将这些内容放在整个教育系统中，综合考虑教育价值的实现。

2. 层次性和针对性相统一的原则

在高校思想政治教育实践工作中，教育内容呈现出来的诸如泛政治化、泛知识化和泛统一规范化等弊端，严重影响到教育的实效。其实，在高校思想政治教育改革的过程中，层次性和针对性在高校思想政治教育对象、教育目标、教育内容和教育方式上都有一定的体现。这里强调内容方面，思想政治教育内容体系是历史的产物，具有动态的特性。与思想政治教育目标的层次性相对应，思想政治工作教育内容也应体现层次性。一方面，针对不同的群体，思想政治教育内容应坚持先进性和广泛性的结合；另一方面，针对同一个体的不同阶段，思想政治教育内容应坚持历时性和共时性的结合，适当根据时代特征调整教学内容。

3. 提高要素质量和理论要素关系相统一的原则

优化新媒体时代高校思想政治教育内容结构，不能舍本逐末，对于思想政治教育内容来说，各内容要素都有丰富的内涵，各教育内容在体系结构中都应该具有相应的地位和排列顺序，倘若各要素排列组合不同，则功能便会迥异。假如各内容要素地位不明确，主次模糊，则结构便不合理；即便是地位明确，主次清晰，但忽视个别或某些教育内容，则会造成内容体系的不完整和结构的片面性，结构依然不合理。比如只重视和维护政治教育的主导作用，则容易限制视野，使得思想政治教育的内容单一，而不具有实效性。

4. 延续性和时代性相结合的原则

时代的发展、社会文明的不断进步和科学技术的影响，对人的素质发展提出了更高的要求，高校思想政治教育的内容结构要与时俱进，不断更新和发展。如党的十八大提出的社会主义核心价值观（"倡导富强、民主、文明、和谐，倡导自由、平等、公正、法治，倡导爱国、敬业、诚信、友善"），则对核心价值体系进行了高度凝练，充分体现了马克思主义价值观的基本精神和特质，体现了历史继承和时代发展的统一，既有理论的延续性，又有现实的针对性。另一方面，我们应该看到思想政治教育内容结构的优化会受到诸多因素的影响和制约，如受教育者身心的发展阶段、师资队伍、社会国际国内环境等。思想政治教育的内容结构优化最终要经过实践的检验，但受教育者绝不是试验品，一旦调整出现问题，便会影响一代人或者几代人的成长和发展，因此要采取审慎的态度，不能哗众取宠，更不能人云亦云。

5. 时效性和可读性相结合的原则

新媒体时代，高校思想政治教育必须及时收集、整理和解答大学生关注的热点、焦点问题和疑难问题，将其作为教育内容的素材，发掘其中的思想政治教育内涵，以解决大学生的思想认识问题。新媒体时代高校思想政治教育的话语结构已经发生了很大的变化，泛政治化的语言，使得大学生思想政治教育内容不为大学生所接受，则思想政治教育本身就失去了应有的意义和存在的必要性。要增强大学生思想政治教育内容的可读性，就要紧密把握地域的特点、校园的特点和大学生的特点，了解新媒体时代高校思想政治教育的内容话语的变化，内容范围要广，内容表达方式要多样而具体，语言风格要活泼生动，说话要接地气。

6. 规划传播与有效控制相结合的原则

传播学认为，正确合理的传播内容有助于优化传播的效果，思想政治教育作为一种特殊的教育传播活动，有其特定的内容与表达方式，并且由于社会经济政治发展和历史条件及其他因素的影响，需要对其内容进行必要的调控和限制。其实，思想政治教育作为特定内容的教育传播活动，本身就具有一定的社会控制力，即为了维护社会秩序的和谐稳定、推动社会文明进步而采取的约束或引导社会成员的手段和措施。首先，这是维护社会稳定的必然要求。思想政治教育作为上层建筑、社会意识形态领域的一个重要组成部分，其内容既要由社会的经济基础决定，又要受制于上层建筑，必须具有鲜明的政治性和阶级性。人是社会关系的总合，社会交往只有遵循一定的行为准则来协调各方面的关系，整个社会才能有序运转。因此，我国高校思想政治教育，需要用正确的符合社会发展所需的思想观念、政治观念和道德规范来武装大学生的头脑，指导他们的言行。其次，这也是建设中国特色社会主义市场经济体制的内在要求。"经济建设这一手我们搞得相当有成绩，形势喜人，这是我们国家的成功。但风气如果坏下去，经济搞成功又有什么意义？会在另一方面变质，反过来影响整个经济变质，发展下去形成贪污、盗窃和贿赂横行的世界。因此，这也是应对新媒体时代带来的各种文化影响的需求。各类书刊、电影、广播电视节目、新闻报道、互联网信息、（微）博客、手机短信等随处可见的文化产品或服务，所提供的不仅仅是休息和娱乐，同时也是传播社会价值或政治观点的工具，最终它们会对全社会的精神结构产生深刻的影响。各种跨时空的新媒体技术不仅给大学生们提供了接受信息、选择信息和传播信息的自主权和能力，同时还造成党、政府、学校和社会舆论的引导和调控方面的处境困难，尤其是突破了传统的思想政治教育权威部门的话语权控制格局,更加迫切需要加强对高校思想政治教育内容的更新与优化。

第四节 "微时代"背景下加强思想政治教育的重要意义

新媒体时代的到来对青年学生而言开阔了视野,拓展了知识面,丰富了交流方式,增强了自主性,但同时也对传统思想政治教育造成了一定的冲击,对思想政治理论课教学提出了新要求。所以,加强新媒体时代的思想政治教学的研究并进行创新显得尤为重要。

一、大学思想政治的定位

这门课的性质是什么?或者说这门课应归于哪一类课程?该如何定位?比如,从事这门课程教学的老师,当他走上讲台时,可能会认为这是政治课;而下面听课的学生可能会认为这是政治宣传课、政治说教课、政治灌输课;一些校级领导会认为这是上级部门布置下来的硬课程,动摇不得;其他专业课的老师会认为,这种课我也会上,没必要占用这么多课时,还不如让出一些课时给我的专业课;家长会认为这种课应该为那些思想品德不好的学生开设,自己的孩子思想品德没问题,这类课应该免修,甚至学费也应当减少等等。一个人这些模糊思想的产生要作具体分析:高校思想政治理论课是执政党执政理念的主旋律,涉及上层建筑的意识形态领域,这是毋庸置疑的。但是高校政治理论课的教师不仅承担一般的传道、解惑和授业职责,他传播的是执政党的指导思想,高扬的是马克思主义的伟大旗帜。在这旗帜下,每个人都是平等的。教师丝毫不具有天生的马克思主义面孔,或者是一副绝对真理掌握的样子。师生之间应当进行平等的对话,做到以理服人,以情感人,以教师自身丰富的知识和社会阅历,以扎实的理论功底和理性的思辨能力去获得学生的共同语言。

二、大学生思想政治课的作用

思想政治理论课究竟起到怎样的作用?作用有多大?其实是有不少争议甚至是误解的。圈外人士认为,它关系到大学生的世界观改变,人生价值的选择,高素质人才的培养。因此,大学生队伍中出现了马加爵等类型的同学,当然是思想政治理论课的失败;而圈内的领导同志认为,大学生队伍中涌现出的一大批洪战辉、冯艾等优秀学生代表，是思想政治理论课的积极作用，外界人士的期望值过高，也许会失望。而学校领导将自己优秀学生的事迹，归咎于思想政治理论课的作用，这也使人多少感到有一些往自己脸上贴金的嫌疑。提高大学生的政治素质是一项系统工程，思想政治理论课只是其中的一个重要环节，其实，学校的众多社团活动如暑期实践、党团组织、辅导员工作等，都对大学生的世界观、人生观和价值观的转变起到了积极作用。那么思想政治理论课起到什么作用呢？简要概括大致包括以下四个方面：

一是感悟的启迪。"三字经"的首句是："人之初，性本善。"鲁迅说，即使是一个天才，他的第一声啼哭也不会是一首好诗。一个人的成长过程，也是不断感悟的启迪过程。这个过程中，家长、各级学校、社会条件甚至一段生活阅历都会起到积极作用。大学生时代虽然是即将走上社会的最后学习时期，但给予积极的感悟并没有结束。思想政治理论课教师应该以自己的人格魅力、品德修养、社会阅历去启迪人生。

二是知识的传授。感悟毕竟是经验的，经验必须要有理论作为支撑，否则就像天上的白云，飘忽不定。目前大学生所学的4门必修课，各自有自身的理论特点，尤其是原理课，是从整体上概括了马克思主义的基本原理，是科学的世界观和方法论。原理本身虽然比较抽象，但它由一系列的知识点、概念和范畴组成，具有内在的、严密的逻辑性，认真教授这方面的知识是十分重要的。这就要求教师具有深厚的理论根基，较强的科研能力，还要有高超的授课艺术。这三者是统一的。

三是信念的确立。大学生是具有激情、富有理想、朝气蓬勃的群体。但他们没有走入社会，人生经历不丰富，一方面对人生充满希望，另一方面又会感到不理解和困惑。尤其是当今社会上的一些负面的价值观念和理想判断，经常影响着学生们的日常学习和生活，大学早已不是一块纯净的世外桃源。这并不是一件坏事，它有助于大学生毕业后走上工作岗位时，能够积极面对各方面的挑战。但在大学时代，通过教师的一系列教学活动，让学生们在比较中选择，在困惑中认清，逐步确立各自的理想信念很重要。我们不可能期望大学生都具有整齐划一的信念，这不仅仅是玩笑，也没有现实基础。但我们可以积极引导大学生们确立不同层次的理想信念，例如当看到社会的一些消极和阴暗面时，一些学生喜欢高谈阔论，似乎境界很高，就是不把自己放进去，遇到个人的行为和处理生活小事时，却又失去了方向。

四是行动的引导。无论是怎样层次的理想信念，最终都可以落实在行动中得到体现。大学生的日常行为也反映了其整体的思想素质。就校园社团活动来说，既有高层次的专家讲座，也有陶冶艺术情操的各类文化活动，更有社会流行的大众娱乐文化。如那些影视明星、歌星的粉丝，在大学生的群体中也大有人在；"超女""中国好声音"等娱乐活动在大学生中也有许多知音；还有个别学生沉迷于网络世界中一些庸俗无聊的东西等。作为思想政治理论课的教师，有责任引导大学生参与积极、高层次的校园文化活动，这对于提高大学生的身心健康是十分重要的。

总之，大学生是国家宝贵的人才资源，是民族的希望、祖国的未来。要使大学生成长为中国特色社会主义事业的合格建设者和接班人，不仅要大力提高他们的科学文化素质，更要大力提高他们的思想政治素质，形成健全人格。只有真正把这项工作做好了，才能确保党和人民的事业代代相传、长治久安。加强和改进大学生思想政治教育，是当前全社会共同关注的一个时代课题，党和国家领导人高度重视高校学生的思想教育工作。因此，中共中央、国务院《关于进一步加强和改进大学生思想政治教育的意见》指出，"高等学校思想政治理论课是大学生思想政治教育的主渠道"，应"大力推进多媒体和网络技术的广泛应用，实现教学手段现代化"。

思想政治教育贯穿于人类阶级社会的全部历史，从古希腊的斯巴达教育到当今的美国精神教育，从孔子的"礼、仁、中庸"教育到孙中山的"三民主义"及"军政训政宪政"教育，差别只在于政治方向、教育内容和智慧底蕴的不同。吉林大学博士生导师陈秉公教授指出，马克思主义思想政治教育是人类思想政治教育发展的新阶段，是以政治思想教育为核心与重点，思想教育、道德教育和心理教育共同推进的综合教育实践。当前，习近平总书记勾画出了中华民族伟大复兴之中国梦，但国民素质与实现中国梦的要求存在一定差距，因此，加强思想政治教育工作具有重要意义。

第一，加强思想政治教育工作有助于增强国民的政治素质，为中华民族伟大复兴之中国梦的实现保驾护航。

思想政治教育的核心与重点是政治思想教育，通过传播政治理论和政治价值观，帮助受教育者建立起相应的政治信仰。当前社会，竞争机制造成人们在利益上和心理上的激烈冲突，西方社会思潮使很多人的思想产生了混乱和彷徨，极"左"路线的流毒在小部分人中尚有影响，西方国家在意识形态领域的隐性渗透诱使部分人腐化堕落和违法犯罪，等等。这些环境变化对思想政治教育工作提出了更高要求。因此，我们要加强思想政治教育中的核心与重点，即政治思想教育，帮助国民进一步建立对马克思主义的信仰和对中国特色社会主义的信念，保证经济工作和其他一切工作的社会主义性质和方向，保证党的路线、方针和政策的贯彻落实，为中华民族伟大复兴之中国梦保驾护航。

第二，加强思想政治教育工作有助于提高国民的思想品德和心理素质，促进社会治理的进一步完善与和谐社会的进一步发展。

思想政治教育要解决的特殊矛盾就是社会发展所需要的思想品德和心理素质与受教育者现有水平的矛盾，也是德治所要解决的主要矛盾。德治和法治都是社会治理的重要手段，两者并不矛盾，而是相互补充，缺一不可。德治是法治的基础，法治是德治的依靠。当前社会，青少年犯罪日渐增多，"常回家看看"等本应属于德治领域的规则变成法律，不文明的言行经常见诸媒体，这就是忽视德治所带来的不利后果。因此，我们在不断健全社会法制的同时，也要进一步发挥德治之教育、启发、引导和规范的作用，通过思想政治教育将社会发展的要求内化为国民的思想品德和心理素质，推动国民的思想品德和心理素质的社会化，促进社会治理的进一步完善与和谐社会的进一步发展。

第三，加强思想政治教育工作有助于培养新时期所需要的高素质人才，保障中国特色社会主义伟大事业的全面推进。

人的全面发展离不开全面教育，而思想政治教育不仅是全面教育的重要组成部分，而且是发展全面教育的根本性保证。思想政治教育是一种有目的、有计划、有组织的综合教育活动：既包括政治思想教育，也包括哲学思想、法学思想、经济思想等综合思想教育；既包括道德品质教育，也包括心理素质教育。因此，思想政治教育是一种完善人格的综合教育实践，在中国新时期高素质人才培养中发挥着重要作用。我们应在人才培养中加强思想政治教育工作，通过强化马列主义、毛泽东思想和中国特色社会主义理论教育确保党的路线、方针和政策的贯彻落实，通过培育新时期社会主义现代化建设所需要的新观念、新思想和新精神保障中国特色社会主义伟大事业的全面推进。

理论上的意义：其一，历史和现实充分证明了马克思主义创始人之一的论断的科学性。共产党领导下的工人阶级取得政权以后，必须通过强有力的思想政治工作，把自己的思想体系，即马克思主义意识形态置于观念上层建筑的主导地位，作为统率社会各方面工作的指导思想，借以巩固、发展革命和建设的成果。这个工作的重要性是显而易见的，既然"占统治地位的思想不过是占统治地位的物质关系在观念上的表现，不过是以思想的形式表现出来的占统治地位的物质关系"，那么，一个社会占统治地位的思想就是一个时代的精神象征，"如果从观念上来考察，那么一定意识形式的阶梯足以使整个时代覆灭"。可见，从维护阶级统治的一般规律来说，如果一个统治阶级不想使自己覆灭，它就必须加强自己的思想政治工作，牢固地占领思想领地。只是不同的时代、不同的国度在提法上、内容上有所不同，无产阶级要维护自己的阶级统治当然也不例外。

其二，要从充分发挥人民群众的历史主动精神的意义去认识。毛泽东同志早在新民主主义革命时期，就做出了这个深刻的历史唯物主义的科学论断："世间一切事物中，人是第一个可宝贵的。在中国共产党领导下，只要有了人，什么人间奇迹也可造出来。"共产党领导下的人，是掌握了社会和自己的命运，当家做主的人民群众。人民群众对共产党的爱戴和真心实意的拥护，是我们能够迅速发展社会生产力，把经济搞上去，推动经济发展和社会全面进步的最深厚的力量源泉。这里讲的共产党领导，首先是思想领导。毛泽东同志说："掌握思想领导是掌握一切领导的第一位。"在这个意义上说，共产党的领导就是通过党的思想政治工作，把党的理论、路线、方针、政策告诉人民群众，让群众充分认识自己的地位、利益，并且团结和组织起来为自己的利益而奋斗。在今天就是要使人民群众认识到建设有中国特色的社会主义的事业是自己的事业，建设有中国特色的社会主义实践是人民群众充分发挥自己历史创造性、主动性的伟大过程。人民群众的主人翁意识越强，历史主动性发挥得越充分，开拓创新的精神越突出，建设有中国特色社会主义事业的成果就越灿烂辉煌，我国社会主义制度必定战胜资本主义制度的根基就越牢固和深厚。而要提高人民群众这种自觉意识，就必须大力加强思想政治工作。没有强有力的思想政治工作，群众就不清楚他们与社会主义的关系，就不能意识到自身的主人翁地位，潜藏于他们中的伟大创造力就不能充分发挥出来。

其三，要从马克思主义理论的巨大功能去认识。我们党的思想政治工作的根本任务，一是在全国范围内和全体规模上宣传马列主义、毛泽东思想、邓小平理论教育人民，提高全国人民的社会主义觉悟和思想水平，为我国社会主义现代化建设，实现共产主义奠定良好的思想基础和精神动力。思想政治工作的必要性就在于马克思列宁主义理论的功能作用。众所周知，马克思主义理论在认识世界和改造世界方面的功能是巨大的。理论是概念的体系，是"达到了事物的全体的、本质的、内部联系的东西，达到了暴露周围世界的内在矛盾，因而能在周围世界一切方面的内部联系上去把握周围世界的发展"。因此，一种理论体系一经形成，就会对人们的认识能力、思想观念、思维方法、实践行为产生强大的导向作用，从而对社会活动产生普遍、深刻的影响。

其四，要从长期进行反渗透、反颠覆的斗争高度去认识。中国与西方敌对势力在渗透与反渗透、颠覆与反颠覆方面的斗争将是长期的、复杂的，有时甚至会是十分尖锐的。在这种国际背景下，国内极少数人公开鼓吹资产阶级自由化观点，在政治上主张西方式的多党制和三权分立的民主，在经济上主张私有化，在思想文化上主张取消马克思主义的指导地位，在价值观上主张损人利己的极端个人主义；在历史观上，歪曲党和人民的奋斗历史，诋毁革命领袖和党的优良传统，鼓吹历史虚无主义等。面对这种国际国内形式，发挥我们党的优良传统和特别优势，加强思想政治工作，唱响主旋律，打好主动仗，加强以为人民服务为核心、以集体主义为原则的社会主义道德建设，就是在人民的精神世界筑起钢铁长城，使广大干部和群众能够不断克服和抵制错误、腐朽的思想文化的影响和侵蚀，能够对违反四项基本原则的错误思想政治观点展开积极的思想斗争。这对于挫败西方敌对势力的战略图谋具有根本的意义。

其五，要从贯彻落实"三个代表"的高度去认识。"三个代表"的重要思想，是我们的立党之本、执政之基、力量之源。切实落实"三个代表"的要求，深刻领会"三个代表"的科学内涵，准确把握"三个代表"的特点和意义，认真实践"三个代表"的思想，就必须始终如一地、长期一贯地加强党的思想政治工作。这是因为"三个代表"的思想创造性地丰富和发展了马克思主义的建党学说，科学概括和集中体现了我们党所领导的建设有中国特色社会主义伟大事业的本质要求。它具有鲜明的时代性，深刻的理论性，鲜明的阶级性，丰富的历史性，高度的统一性；它科学地回答了在对外开放和发展社会主义市场经济条件下，如何不断提高党的领导水平和执政水平，如何不断增强党的拒腐防变和抵御风险的能力这两大历史性课题。显然对于这样带规律性的东西，不经过强有力的思想政治工作，全党同志是无法深刻领会和认真实践的。

现实意义共有四点。其一，提高大学生的思想政治素质。大学生是十分宝贵的人才资源，是民族的希望，是祖国的未来。加强和改进大学生思想政治教育，提高他们的思想政治素质，不仅关系到大学生的健康成长，还关系到我国社会主义事业的兴衰成败，长远发展。中共中央国务院《关于进一步加强和改进大学生思想政治教育的意见》指出："加强和改进大学生思想政治教育，提高他们的思想政治素质，把他们培养成中国特色社会主义的接班人。对于全面实施科教兴国和人才强国战略，确保我们在激烈的国际竞争中始终立于不败之地，确保全面建设小康社会，加快推进社会主义现代化的宏伟目标，确保中国特色社会主义事业兴旺发达，后继有人，具有重大而深刻的历史意义。"这充分说明了党和国家领导相当重视大学生思想政治工作，也充分体现了思想政治素质是最重要的素质。

其二，提高大学生的思想道德素质。在高等教育深化改革、全面推进素质教育的新形势下，加强和改进德育工作，是高校在深化教育改革和探索大学生素质教育中的重大课题。思想政治教育可以使人正确处理德与才的关系，自觉坚持加强思想道德素质修养与学习科学文化知识的统一,把思想道德素质修养与学习科学文化知识结合起来,相互促进,共同提高,进而促使人的综合素质的全面提高。

其三,帮助大学生形成正确的世界观、人生观和价值观。在大学生中进行爱国主义、集体主义、社会主义教育可以帮助大学生树立明确的目标,把握正确的方向和道路,树立正确的世界观、人生观和价值观。只有树立明确的目标才能为之努力,战胜前进路上的种种困难,最后取得成功。思想政治教育帮助人们树立正确的目标,把个人的选择建立在社会需求的基础上,把个人的才智兴趣充分发挥在崇高的远大目标上,从而实现自己的价值,为国家民族创造出更多的价值。只有树立正确的世界观、人生观和价值观,才能创造出社会价值和个人价值,对人类、国家、社会和个人的发展都有重要的意义。

最后,有利于和谐校园的建设。高校是整个社会体系的重要组成部分,更是构建社会主义和谐社会的重要阵地。强化大学生思想政治教育工作,促进大学生全面和谐发展,构建和谐大学校园,是建设和谐社会的必然要求。加强大学生思想政治教育,一定程度上能够避免校园极端行为的发生,从而有利于营造和谐的校园环境和社会环境。

中共中央、国务院最近发出《关于进一步加强和改进大学生思想政治教育的意见》(以下简称《意见》),这充分表明了我们党和政府对大学生思想政治工作的关心和重视。加强和改进大学生思想政治教育,事关广大青年学生的健康成长,事关国家和民族的前途与命运,是一项基础工程、民心工程、希望工程和社会工程,影响深远,意义重大。

首先,加强和改进大学生思想政治教育,是推进素质教育、引导学生全面成长的"基础工程"。伴随着改革开放和中国社会主义现代化建设进程的推进,大学生在思想、政治、学业等方面的进步明显,成才愿望强烈。一个人的成长和成才,既有赖于其自身的智力因素,同时也有赖于其自身其他因素如思想政治素质方面的因素。高素质人才,既要有较高的科学文化素质,健康的身体素质和心理素质,更要有良好的思想政治素质。思想政治素质作为大学生最重要的素质,对其健康成长和全面发展起着不容忽视的决定作用。大学阶段是人生发展的重要时期,是世界观、人生观、价值观形成的关键时期。在这一时期,大学生在人格上将逐步完成从青少年向成年人的过渡和转变,将逐步确立自我,摆脱对家庭和父母的依赖。正如江泽民同志在北京大学建校一百周年庆祝大会上讲话时指出的:"青年时期注重思想修养、陶冶情操,努力树立正确的世界观、人生观、价值观,对自己一生的奋斗和成就将会产生长远而巨大的作用。"对于大学生来说，完成这一人生旅途中的重要转变并不是一帆风顺的，他们在成长过程中难免会遇到各种困难和矛盾，产生各种困惑和问题，这些问题从根本上讲是世界观、人生观、价值观的形成与确立问题。因此，青年学生对思想政治教育，对学习如何做人有强烈的内在需求。这种内在需求是加强大学生思想政治教育最重要的基础。加强素质教育，首先和最重要的是要加强和改进大学生思想政治教育。只有把大学生思想政治教育这项"基础工程"抓好，素质教育才能真正落实，学生全面成长的目标才能实现。

其次，加强和改进大学生思想政治教育是实践"三个代表"重要思想、办人民满意教育的"民心工程"。大学生是十分宝贵的人才资源，是民族的希望，是祖国的未来，也是家庭的期待。中国特定的国情，决定了当代大学生是一个承载社会、家长高期望值的特殊群体。同时由于当代大学生又大多是独生子女，因此他们的成长，更是牵动亿万家长的心，涉及亿万家庭的幸福，关系最广大人民的根本利益。以人为本，以学生为本，以学生为中心，为学生身心健康发展创造良好的条件和环境，不断满足学生发展的多方面需要，是高校一切工作的出发点和落脚点，也是实践"三个代表"重要思想，办好让人民满意的教育的根本要求和具体体现。党的十六大提出了教育要为人民服务，努力办好让人民满意的教育，要培养数以亿计的高素质劳动者、数以千万计的专门人才和一大批拔尖创新人才的战略任务。发展高等教育，满足广大人民群众不断增长的教育需求，不仅表现为高校人才培养规模的扩大，而且表现为人才培养质量的进一步提高。因此，加强大学生思想政治教育工作，促进学生全面发展，不仅是贯彻党的教育方针的客观要求，更成为一项实践"三个代表"重要思想、办人民满意教育、培养高素质人才的"民心工程"。把这项工作做好了，人民群众满意了，高校工作就会得到人民群众的肯定，我们党就会得民心、顺民意。

再次，加强和改进大学生思想政治教育是关系国家前途和民族命运，确保中国特色社会主义事业兴旺发达的"希望工程"。一个有远见的民族，总是把关注的目光投向青年；一个有远见的政党，总是把青年看作推动历史发展和社会前进的重要力量。大学生是青年中的优秀分子，是十分宝贵的人才资源。目前，我国在校大学生包括本科生、专科生和研究生约有2000万。今天在校和即将迈入大学的青年，到2020年正处在三四十岁的年龄，在今后二十年的重要战略机遇期，他们要在全面建设小康社会中担当突击队的作用；二十年之后他们还将在实现现代化、中华民族复兴的伟业中担当主力军的作用。能不能把邓小平理论和"三个代表"重要思想的旗帜扛下去？能不能坚持中国特色的社会主义？决定的因素在于这一代年轻人。他们的思想道德素质、科学文化素质和健康素质如何,直接关系到党和国家的生死存亡,关系到中国特色社会主义事业的兴衰成败,关系到全面小康社会和中华民族伟大复兴的目标的实现。我们曾有过因忽略和放松大学生思想政治教育而导致党和国家事业受到严重影响的深刻教训。历史和现实昭示,帮助大学生树立正确的世界观、人生观和价值观,确立中国特色社会主义的理想信念,是保证中国特色社会主义事业长治久安、实现中华民族伟大复兴的希望所在,是关系国家前途和民族命运,确保中国特色社会主义事业兴旺发达的"希望工程"。

  最后,加强和改进大学生思想政治教育是需要学校、家庭和社会密切配合,需要全社会大力支持的"社会工程"。任何成功的教育都是综合各种因素形成的,任何失败的教育有可能因为一个因素的缺失就会造成恶果。大学生思想政治教育的成功,需要家庭、学校和社会的密切配合、齐抓共管,其中任何一个因素出现大问题都会导致教育失败。纵观近年来发生在高等学府的一些事例,从北京某高校学生刘海洋无故伤熊到云南大学学生马加爵疯狂杀死几名同学,如今又出了南京大学一封"辛酸父亲给大学儿子的信"。到底是谁扭曲了刘海洋们的人格、泯灭了马加爵们的人性、淡去了不孝儿子的良知?家庭、学校、社会均难辞其咎。加强和改进大学生的思想政治教育,同加强和改进未成年人思想道德建设一样,是一项民心工程、希望工程、社会工程、系统工程,需要学校、家庭和社会密切配合,需要全社会大力支持。高等学校是开展大学生思想政治教育的主阵地,思想政治理论课是大学生思想政治教育的主渠道,哲学、社会科学课程负有思想政治教育的重要职责,其他各门课程也都具有育人功能,所有教师都负有育人职责。要把思想政治教育融入大学生专业学习的各个环节,渗透到教学、科研和社会服务各个方面,贯穿到教育教学的全过程。同时,全社会都要关心大学生的健康成长,支持大学生思想政治教育工作。宣传、理论、新闻、文艺、出版等方面要坚持弘扬主旋律,为大学生思想政治教育营造良好的社会舆论氛围,为大学生提供丰富的精神食粮。党政机关、社会团体、企事业单位以及街道、社区、村镇等要主动配合做好大学生思想政治教育工作。学校要探索建立与大学生家庭联系沟通的机制,相互配合对学生进行思想政治教育。各级党委和政府要从战略和全局的高度,充分认识加强和改进大学生思想政治教育的重大意义,把"培养什么人""如何培养人"这一重大课题始终摆在重要位置,切实加强领导,建立健全党委统一领导、党政群齐抓共管、有关部门各负其责、全社会大力支持的领导体制和工作机制,形成全党、全社会共同关心支持大学生思想政治教育的强大合力。

第四章 "微时代"背景下的思想政治教育的主要内容

| 第四章　"微时代"背景下的思想政治教育的主要内容 ||

　　思想政治教育内容是根据一定的社会要求，针对教育对象的思想实际，经教育者选择设计后有目的、有计划地输送给教育对象的带有价值引导性的思想政治信息，是由相互联系、相互作用的多种要素按照特定层次结构而组成的、具有提高教育对象的思想道德素质等功能的一个系统。思想政治教育内容是思想政治教育系统的基本要素，是思想政治教育者向教育对象实施教育的具体要素。在我国现阶段，思想政治教育内容以社会主义核心价值体系为内涵，社会主义核心价值观为基础，包括多方面的具体内容。全面把握思想政治教育内容，并根据不同教育对象的实际有针对性地加以运用，是加强和改进思想政治教育、增强思想政治教育实效性的内在要求。

　　思想政治教育内容是依据思想政治教育的目的和任务以及教育对象精神世界发展的需要而确定的。思想政治教育的目的和任务内在规定的丰富性，教育对象精神世界发展及思想实际的多样性，决定了思想政治教育内容是广泛的、多方面的。这些多方面的内容按照特定的层次结构相互联系、相互作用，由此构成思想政治教育的内容系统。

　　思想政治教育内容系统由哪些要素构成？关于这个问题存在一些不同观点。有的学者认为包括两个方面，有的学者认为包括三个方面，有的学者认为包括九个方面，还有的学者认为包括十个方面。我们认为，以包括马克思主义指导思想、中国特色社会主义共同理想、以爱国主义为核心的民族精神和以改革创新为核心的时代精神、社会主义荣辱观在内的社会主义核心价值体系，以及富强、民主、文明、和谐，自由、平等、公正、法治，爱国、敬业、诚信、友善社会主义核心价值观为基础的思想政治教育内容，可以根据不同标准从多种角度进行分类，但无论怎么划分，分为多少方面，都没有原则分歧，只是分类方法的不同以及由此导致的内容概括的粗细有异。我国思想政治教育的根本目的是不断提高全体社会成员的思想道德素质，促进人的自由全面发展。我们认为，为了达到这一根本目的，思想政治教育内容主要应包括世界观教育、政治观教育、人生观教育、法治观教育、道德观教育五个方面。思想政治教育内容系统就是由上述各种相互联系、相互作用的要素按照特定层次构成的，具有提高教育对象思想道德素质等功能的有机整体。

　　确定和实施思想政治教育内容的要求，首先要突出教育内容的政治性、目的性和先进性。思想政治教育内容应具有强烈的政治性。思想政治教育内容必须与社会发展的方向相一致，体现一定社会发展的目标并为达到这一目标服务；必须反映统治阶级的根本利益和意志，为统治阶级服务。在我国，思想政治教育是党和国家事业的重要组成部分，是通过培育"四有"新人为中国特色社会主义建设服务的，因而其内容一定要与党的路线、方针、政策相一致，充分体现党和人民的意志，要坚持马克思主义的指导地位，坚持用中国特色社会主义理论体系教育人民，注重社会主义共同理想的培育、民族精神与时代精神的弘扬以及社会主义荣辱观的教育。

思想政治教育内容应具有明确的目的性。思想政治教育的目的决定思想政治教育的内容，思想政治教育内容是思想政治教育目的的具体体现，明确的目的性是确定和实施思想政治教育内容的基本要求。思想政治教育的根本目的是提高人们的思想道德素质、促进人的全面发展，思想政治教育内容的确立和运用，都必须符合和体现这一根本目的，为达到这一根本目的服务。

第一，思想政治教育内容应与时俱进，不断更新，始终体现先进性。思想政治教育内容的确定和实施不仅要考虑教育对象的思想实际，应具有较强的现实针对性；而且要考虑教育对象精神世界发展和社会发展的长远需要，具有明确的导向性。确定和运用思想政治教育内容，一定要立足现实，面向未来，充分考虑社会的发展对未来新人的期望和要求，与社会发展趋势相一致。

第二，要注意教育内容的针对性和可接受性。由于受到家庭、学校、社会、大众传播环境等外部因素的影响和自身认识能力、知识、经验等内在因素的制约，思想政治教育对象的思想和行为千差万别，呈现出具体多样性特征。教育者一定要把握这一特征，针对教育对象的个性特点、思想实际、知识水平、接受能力等，确定和实施思想政治教育内容，以确保思想政治教育内容的可接受性。首先，要从教育对象的内在需要出发，选择最佳"突破口"和适宜的教学时机确定和实施教学内容。进行思想政治教育，最根本的是要满足教育对象精神世界发展的需要，促进其全面发展，因而思想政治教育内容的切入点要准确，既要贴近教育对象的思想实际，也要关切其长远的发展需要，有助于促进其健康成长。其次，要从教育对象现有的个性发展水平出发，针对其心理发展水平确定思想政治教育内容。思想政治教育内容如果超出教育对象的心理发展水平，就会使他们失去努力的基础和动力；反之，如果落后于教育对象的心理发展水平，就起不到引领其发展的作用，因而教育内容一定要与教育对象的心理发展水平相适应。最后，要从教育对象的思想成熟度出发，确定思想政治教育内容的起点和基调。要以"最近发展"为目标，提出略高于教育对象现有发展水平、教育对象通过努力可以达到的目标要求，以更好地促使教育对象将教育内容转化为个体意识，激励其努力向这一目标迈进。

第三，还要注重思想政治教育内容的时代性。随着社会的发展和教育对象的变化，思想政治教育内容在不断地变化发展，其时代性特征突出。确立和实施思想政治教育内容应与时俱进，紧紧把握时代发展脉搏，及时反映社会发展实际和人们的思想实际，不断增强教育内容的时代性。思想政治教育内容应富有时代感，要顺应时代发展新要求，解答时代发展新课题，使教育内容体现时代精神；要善于运用充满时代气息的思想和精神来教育、说服和激励教育对象，向教育对象传达新信息，传授新知识，传递新观念，传播新思想。思想政治教育内容应注重现实性。只有敏锐地、及时地反映鲜活的现实社会生活，思想政治教育内容才能具有生命力和说服力。因而应根据国内外形势发生的深刻变化，在教育内容中有针对性地融入全球化、信息化、市场化等方面现实内容，有计划地拓展新的教育内容如全球意识、经济伦理、生态伦理学，使之始终与时代发展保持一致性；要坚持贴近实际、贴近生活、贴近教育对象的原则，注意结合教育对象在学习、工作、生活等方面遇到的现实问题开展教学，回答他们关注和关心的问题，帮助他们解决迫切需要解决的问题。

第四，注意运用系统论方法不断优化教育内容结构。系统论方法是指用系统的观点研究和改造客观对象的方法，这一方法要求人们从整体的观点出发，全面地分析系统中要素与要素、要素与系统、系统与环境、此系统与他系统之间的关系，从而把握其内部联系与规律性，以达到有效地控制与改造系统的目的。运用系统论方法对思想政治教育内容进行整体构建，优化思想政治教育内容系统结构，要遵循以下原则：

（1）整体性原则。整体性原则是指在确定和实施教育内容时，必须使思想政治教育内容系统各要素相互联系、协同作用，使教育内容成为具有良好功能的系统。整体性是就思想政治教育内容的总体而言的，即教育内容系统必须是涵盖各种内容要素的一个整体，不能有要素缺失。整体性原则是教育对象的多样性及其思想的复杂性所要求的。教育对象的多样性要求思想政治教育内容必须广泛地适合对所有教育对象进行教育，必须是一个由多种要素协同作用的有机整体。同时，教育对象的思想往往是复杂多变的，任何一个教育要素都不能涵盖其思想的全部，都难以解决其复杂的思想问题；要有效地解决其复杂的思想问题，全面提高教育对象的思想道德素质，就必须运用多种内容要素，发挥"合力"作用。这也要求思想政治教育的内容必须以整体的形态存在。

思想政治教育内容系统由不同具体要素所组成，但其功能并不等于各个要素功能的机械相加。各个要素通过合理的排列组合方式，可使思想政治教育内容系统整体的功能大于各个要素本身功能机械相加的总和，使其产生某些要素未有的新功能。因此，在确立和实施思想政治教育内容时，要树立结构思维，从整体着手进行综合考察，不仅要考虑哪些要素是符合要求的，更要使教育内容系统各要素结构合理，从而优化教育内容系统结构，最大限度地发挥思想政治教育内容系统的功能。

（2）协调性原则。协调性原则是指在确定和实施思想政治教育内容时，必须充分注意教育内容系统各要素之间以及内容系统与外部环境之间的相互联系和相互作用。思想政治教育内容系统各要素之间是相互联系、相互作用的，只有使各要素之间相互促进、协同发展，才能使其各自的功能及内容系统的功能得到更好的发挥。例如，在进行思想政治教育时，世界观、政治观、人生观、法治观、道德观教育及其具体教育内容不能相互抵触，而应相互补益相互促进；各阶段教学内容应注意合理衔接和有机协调，避免教育内容的无序和问题。同时，教育内容系统是开放的，它通过与其所处的环境因素的相互联系、相互作用而发挥其特有功能。因此，确定和实施教育内容，一定要注意使教学内容与各种环境因素密切联系，协同作用，从而将其有效地传导给教育对象，充分发挥其作用。

（3）层次性原则。层次性原则是指在构建思想政治教育内容系统时，要注意到其层次性；在开展教育时要根据不同受教育者的具体情况实施不同的教育内容。思想政治教育内容系统由不同层次的要素所构成，世界观、政治观、人生观、法制观、道德观教育等组成思想政治教育内容系统，同时它们各自又由一些具体要素所构成。如人生观教育包括理想信念教育、人生价值观教育、生命价值观教育等，这些具体要素有的又包括更小的要素，如生命价值观教育包括认识生命的教育、尊重生命的教育、生命意义教育、人生幸福教育、死亡教育等。这种体现内容及其要素属于领属关系、从属关系和相互作用的结构形式，就构成思想政治教育内容系统的层次性。坚持层次性原则，就是要把握这种层次性，有重点、有针对性地对不同教育对象实施不同层次的教育内容。只有这样，教育内容的整体功能才能得到更好的发挥，思想政治教育也才能取得更好的成效。

第一节 唯物主义世界观

辩证唯物主义（即现代唯物主义）是卡尔·马克思、弗里德里希·冯·恩格斯批判地吸取德国古典哲学家黑格尔辩证法的"合理内核"和费尔巴哈机械唯物论的"基本内核"，在总结自然科学、社会科学和思维科学的基础上创立的一套系统科学的逻辑理论思维形式。

辩证唯物主义（辩证唯物论）是马克思主义的一种哲学理论，是把唯物主义和辩证法有机地统一起来的科学世界观，产生于19世纪40年代。它是唯物主义的高级形式。辩证唯物主义认为世界在本质上是物质的。恩格斯说："世界的真正的统一性是在于它的物质性。"物质是第一性的，意识是第二性的，意识是高度发展的物质——人脑的机能，是客观物质世界在人脑中的反映。辩证唯物主义认为物质世界是按照它本身所固有的规律运动、变化和发展的，"事物都是一分为二的"。它揭示了事物发展的根本原因在于事物内部的矛盾性。事物矛盾双方又统一又斗争，促使事物不断地由低级向高级发展。因此，事物的矛盾规律，即对立统一的规律，是物质世界运动、变化和发展的最根本的规律。

哲学派系繁多，相互斗争、相互推翻。全部哲学，特别是近代哲学争论的焦点是思维与存在的关系问题。思维与存在的关系问题分两个方面：一方面，思维与存在谁是第一性的问题，凡是认为存在是思维的反映，思维是第一性的属于唯心论学派；凡是认为思维是派生的，存在是第一性的属于唯物论各种学派。另一方面，思维与存在有没有同一性的问题，也就是说我们的思维能不能认识现实世界的问题。这一问题的回答形成了可知论和不可知论，但绝大多数哲学家做了肯定的回答。

在哲学基本问题的认识上，辩证唯物论批判了唯心论和唯物论抽象的、僵死的形而上学的认识观点和方法，以辩证的理论思维方式发展了唯物论。辩证唯物论科学地解决了哲学的基本问题，为人们解决疑难问题提供了科学的方法。

一、辩证唯物主义

辩证唯物主义是马克思、恩格斯所创立的关于自然界、人类社会和思维发展的最一般规律的科学。它既同唯心主义和形而上学根本对立，又同一切旧唯物主义有根本区别，是唯物主义和辩证法的有机结合。

辩证唯物主义的基本观点是：物质是第一性的，意识是第二性的，世界的统一性在于其物质性，意识是物质世界长期发展的产物，是人脑的机能和属性，是物质世界的主观映象；事物是普遍联系的，联系是指事物内部各要素之间和事物之间相互影响、相互制约和相互作用的关系；事物的普遍联系必然导致事物的运动、变化和发展，事物是永恒发展的，发展是前进的、上升的运动，发展的实质是新事物的产生和旧事物的灭亡；对立统一规律是事物发展的根本规律，事物内部固有的矛盾性既是其普遍联系的根本内容，也是事物变化发展的根本动力；量变和质变是事物运动的两种最基本的状态，一切事物的发展变化都表现为由量变到质变和由质变到量变的质量互变过程;事物的发展是由肯定到否定,又由否定到否定之否定的螺旋式上升过程。

进行辩证唯物主义教育,就是要帮助人们理解和掌握辩证唯物主义的基本观点,并运用这些观点去认识、分析和解决问题。要遵循客观规律,按客观规律办事,同时又要发挥主观能动性,把尊重客观规律和发挥主观能动性结合起来;要用全面的、联系的、发展的观点看世界,要透过纷繁复杂的社会现象抓住事物的本质,反对用孤立的、片面的、静止不变的观点看世界;既要全面把握事物,又要善于抓住事物的特点;要注意量变和质变的关系,既要重视知识的积累,注意事物细小的变化,同时又要根据事物的发展进程,不失时机地促使事物由量变到质变转化;要采取科学分析的态度和方法,坚持从肯定和否定的结合上去考察事物。在当前复杂的社会环境中进行辩证唯物主义教育,帮助人们掌握辩证唯物主义的基本观点,有助于人们学会用正确的观点和科学的方法透过复杂的社会现象看到我们社会的发展趋势,坚定建设中国特色社会主义的信心;有助于人们正确对待市场经济建设和全面深化改革进程中出现的种种问题,看到党和政府为解决这些问题付出的巨大努力;明确我们在解决这些问题、推进中国特色社会主义事业进程中负有的历史责任,从而积极投入到社会主义现代化建设中去。

二、历史唯物主义

历史唯物主义是关于人类社会发展一般规律的科学。同自然界的运动发展一样,人类社会发展和人的活动也有其自身的规律。马克思、恩格斯从社会存在与社会意识的辩证关系出发,深刻揭示了生产力与生产关系、经济基础与上层建筑矛盾运动等一系列规律,为人们正确认识人类社会历史及其发展趋势,正确认识资本主义社会和社会主义社会的发展规律,提供了科学的理论指导。

历史唯物主义认为:社会存在和社会意识是辩证统一的,社会存在决定社会意识,社会意识是社会存在的反映,并反作用于社会存在;人类社会的发展是一个自然历史过程,社会历史发展有其特有的客观规律;生产力和生产关系、经济基础和上层建筑的矛盾是人类社会的基本矛盾,是社会发展的根本动力;生产关系一定要适合生产力状况的规律和上层建筑一定要适合经济基础状况的规律是人类社会发展的基本规律;在阶级社会里,社会基本矛盾表现为阶级矛盾和阶级斗争,阶级斗争是推动阶级社会发展的直接动力;人民群众是历史的主体,是历史的创造者;共产主义是人类社会发展的必然归宿。

进行历史唯物主义教育，就是要帮助人们理解和掌握历史唯物主义的基本观点，并运用这些观点去认识和分析社会历史现象，去创造社会生活。要通过历史唯物主义教育，引导人们认识到社会规律或历史必然性是不可抗拒的，社会主义代替资本主义是任何力量也阻挡不了的历史发展的必然趋势，从而坚定社会主义和共产主义的理想信念；要使人们理解和把握生产力和生产关系的矛盾运动规律，坚持把解放生产力和发展生产力作为制定路线、方针和政策的出发点和归宿，坚持以经济建设为中心，积极投身改革开放和现代化建设；要使人们理解和把握经济基础与上层建筑的矛盾运动规律，坚持在改革和完善社会主义经济基础的同时，不断改革和完善社会主义上层建筑；要使人们认识到，以马克思主义为指导的社会主义意识形态，是促进社会主义社会发展的巨大精神力量，因而在进行物质文明建设的同时，还要加强社会主义精神文明建设，帮助人们坚定共产主义信念，树立共同理想，积极投身现代化建设；要使人们认识到人民群众是历史的主体，始终坚持一切为了群众、一切依靠群众、从群众中来、到群众中去的群众路线，始终坚持以人为本，坚持发展为了人民、发展依靠人民、发展成果由人民共享。

第二节 人生价值观教育

人生价值观，是因为人不同的世界观而产生的不同的对人生的方法论，是人们在认识、评价人生活动所具有的价值属性时所持有的根本观点和看法。具体可分为人生观、价值观。一方面，世界观支配和指导人生观、价值观；另一方面，人生观、价值观又反过来制约、影响世界观。

人生观，是人们对人生问题的根本看法。主要内容是对人生目的、意义的认识和对人生的态度，具体包括公私观、义利观、苦乐观、荣辱观、幸福观和生死观等。人生观是人们在人生实践和生活环境中逐步形成的。由于人们的社会实践、生活境遇、文化素养和所受教育的不同，因而形成不同的人生观。正确的人生观指引人走人生的正道，用自己的劳动去创造人生业绩，用自己的双手创造幸福，成为一个有益于社会、有益于人民的高尚的人。错误的人生观将导致人背离人生的正道，走到邪路上去，甚至成为危害社会、危害人民的罪人。

价值观，是人们对价值问题的根本看法，包括对价值的实质、构成、标准的认识，这些认识的不同，形成了人们不同的价值观。每个人都是在各自的价值观的引导下，形成不同的价值取向，追求着各自认为最有价值的东西。价值的内涵非常丰富，一般可以分为物质性和精神性的价值，还有综合性、复杂的价值，如人的价值（或称人生价值）。能否树立正确的价值观和科学、合理的价值取向，对一个人的发展是至关重要的。

我们可以看到人生观、价值观这二者是既有区别又有密切联系的。所谓区别就表现在所指的内涵和范围的不同，人生观面对的是社会人生的领域，价值观则更进一步，指人在个人发展过程中的价值取向。同时，二者之间也有着内在的密切联系，一方面，世界观支配和指导人生观、价值观；另一方面，人生观、价值观又反过来制约、影响世界观。

人生价值观是人生的自我价值，即个体的人生活动对自己的生存和发展所具有的价值，是人们从价值角度考虑人生问题的依据，是一种特殊的价值。一个人对于人生价值的看法，在整个人生观体系中具有重要地位，它在深层次上影响、制约和指导人们的实践活动，为人们的人生目的和人生态度的选择提供依据。人生自我价值主要表现为对自身物质和精神需要的满足程度。人生的社会价值是个体的人生活动对社会、他人所具有的价值。衡量人生的社会价值的标准就是个体对社会和他人所做的贡献。人生的自我价值和社会价值，既相互区别，又密切联系、互相依存，共同构成人生价值的矛盾统一体。个人既不单纯是社会和他人的手段，也不单纯就是目的，这个"必然的事实"是我们认识人生自我价值与社会价值辩证的基础。一方面，人生的自我价值是个体生存和发展的必要条件。个体提高自我价值的过程，就是通过努力自我完善以实现全面发展的过程。人生自我价值的实现构成了个体为社会创造更大价值的前提。另一方面，人生的社会价值是实现人生的自我价值的基础，没有社会价值，人生的自我价值就无法存在，个体无法脱离社会发展。个体的人生活动不仅具有满足自我需要的价值属性，还必然包含着满足社会需要的价值属性。个体物质和精神需要必须在社会中才能得到满足。一个人的需要能不能从社会中得到满足，在很大程度上取决于他的人生活动对社会和他人的贡献，即他的社会价值。

人生价值是一个人的一生对自我、他人和社会所具有的意义和作用。它不仅包括个人对社会的责任和贡献，而且也包括社会对个人的尊重和满足。人生价值观就是人们对人生价值的总体提法和根本观点。它在人生观中居于核心地位，在深层次上影响、制约和指导人们的实践活动。加强人生价值观教育对于帮助人们正确处理个人和社会的关系，实现人生的价值，具有重要意义。

进行人生价值观教育，首先要引导受教育者确立正确的人生价值目标。人生价值目标是指从根本方向和原则上指明人生应该追求什么和怎么做的基本取向，它直接或间接地联系着人生的一切实践活动，为实现人生价值提供目标导向，是人生实践的重要指南。进行人生价值观教育，要注意引导受教育者选择和确立正确的人生价值目标，要帮助受教育者认识到，社会主导的价值观在客观制约着个体的价值目标，因而个体的价值目标必须符合社会主导的价值目标，引导受教育者从自身实际条件出发确定个人价值目标。

其次，引导受教育者正确地进行人生价值评价。人生价值评价是依据一定的价值标准，通过个人心理活动、群体意识倾向和社会舆论，对自己或他人的价值观念和社会行为进行衡量、分析和判断的过程。进行人生价值评价，必须正确把握人生价值评价标准。人生价值评价的根本尺度，是看一个人的实践活动是否符合社会发展的客观规律，是否通过实践促进了历史的进步。而评价人生价值的基本尺度，是劳动以及通过劳动对社会和他人做出的贡献，这是社会评价一个人的人生价值的普遍标准。同时，还要把握正确的人生价值评价方法。要坚持能力有大小与贡献须尽力相统一；坚持物质贡献与精神贡献相统一；坚持完善自身与贡献社会相统一；坚持动机和效果相统一。

最后，引导受教育者努力实现人生价值。一是要帮助受教育者认识到，实现人生价值要从客观条件出发。人生价值是在劳动创造活动中实现的，人的创造力的形成、发展和发挥都要依赖于一定的客观条件；只有从社会客观条件出发，充分发挥自己的主体能动性，才能更好地实现人生价值。二是要引导受教育者不断提高自身的素质和能力。个人的素质和能力在很大程度上决定着一个人的人生价值的实现程度。要实现人生价值，就必须不断提高自身素质，包括思想道德素质、科学文化素质和身体心理素质，提高认识问题和解决问题的能力。三是引导受教育者发扬艰苦奋斗精神，要坚决抵制拜金主义、享乐主义、个人主义腐朽思想，反对贪图安逸、追求享乐、满足现状、不思进取、个人利益至上的思想，做到积极进取，敢于拼搏，吃苦耐劳、勤勉敬业、无私奉献。要引导受教育者在实践中创造人生价值，实践是创造人生价值的源泉和根本途径。在当前，要引导受教育者积极参与推进社会主义现代化、实现中华民族伟大复兴的实践，在实践中实现和创造人生价值。

第三节 爱国政治观教育

政治观是处在社会政治关系中的政治行为主体对以国家政权为中心的社会政治关系以及政治运行和发展的根本观点和态度。作为国家建设生力军的青年大学生能否树立科学的政治观具有重大意义,直接关系着政治文明建设的进程与质量。政治观决定着大学生的政治命运和前途,制约着大学生的人生观,影响着大学生的道德观。大学生的政治观关系到社会主义政治文明建设的进程和社会政治稳定,关系着整个社会主义事业的持续发展。大学生能否树立正确的政治观,不仅关系到个人是否能健康成长,还直接关系到我国社会主义建设事业的进一步发展。

进入21世纪,经济飞速发展,国际大环境变化和国内社会的巨大变革给社会思想观念造成冲击。青年大学生处于政治观的形成和确立的关键时期,全新的社会变化形势必对其产生不可忽视的影响。

在经济全球化的大背景下,大学生所处的世界更加自由、开放,他们的政治思想也更加活跃。根据教育部对全国各地几十所高校所进行的思想政治状况工作调查和部分高校课题立项对大学生政治观现状问卷调查的数据显示,大学生的政治态度积极向上,绝大多数拥护中国共产党的领导,相信中国共产党的执政能力,对国家的社会主义事业发展充满信心,赞成建设有中国特色的社会主义理论,支持建设社会主义市场经济。他们具有强烈的爱国主义精神和集体观念,也有相当的主人翁意识和法制观念。大学生的政治意识不断走向成熟,更善于用辩证的理性眼光评价国际时事政治和社会问题,不再盲目、狂热或者过激地表达政治热情。

但同时,当代大学生的爱国政治观也存在一定的问题。如绝大多数大学生关注党风廉政建设,但对长期性与复杂性认识不足,容易产生焦虑和偏激。对目前社会条件下产生腐败现象的各种复杂原因认识不足,一些大学生对党的反腐败能力产生怀疑,表现出失望,甚至对党在国家生活中的领导地位产生一定程度的思想动摇。还有部分大学生政治素质有所下降,政治价值取向的复杂性、功利性和实效性倾向明显,对政治的了解度和关注度降低,政治素质方面存在着知行不统一的现象,社会公德意识淡漠,文明行为习惯缺乏必要的自我约束等。这些在政治观上的消极倾向和模糊认识不容忽视。

所以,对当代大学生进行爱国政治教育是一项非常重要的工作。

第四章 "微时代"背景下的思想政治教育的主要内容

一、基本国情教育

所谓基本国情,是指一国相对稳定的总体的客观实际情况,即那些对社会和经济发展起决定性作用的最基本的、最主要的发展要素和限制因素,它常常决定着该国长远发展的基本特点和大致轮廓。早在民主革命时期,毛泽东就指出:"认清中国的国情,乃是认清一切革命问题的基本的根据。"同样,认清当代中国的国情,也是认清一切建设和发展问题的基本根据。因此,对人民群众进行广泛而深入的基本国情教育,对于团结全国人民共同奋斗,把我国建成富强、民主、文明、和谐的社会主义现代化国家具有重要意义。

认清当代中国国情,最重要的是要认识把握我国社会的性质和发展阶段以及现阶段的主要矛盾。

第一,要帮助受教育者深入理解社会主义初级阶段的科学含义。社会主义初级阶段包括两层含义:一是我国社会已经是社会主义社会,二是我国的社会主义社会还处在初级阶段。前一层含义阐明了初级阶段的社会性质,后一层含义阐明了我国社会主义社会的发展程度。社会主义初级阶段的两层含义既相互区别、又紧密联系,构成了一个具有特定内涵的新概念。我国社会主义初级阶段,不是泛指任何国家进入社会主义都会经历的起始阶段,而是特指我国在生产力发展水平不高、商品经济不发达条件下建设社会主义必然要经历的特定历史阶段。我们必须坚持而不能离开社会主义,必须从初级阶段实际出发而不能超越这个阶段。

第二,要帮助受教育者认识社会主义初级阶段的基本特征,特别是新世纪新阶段我国发展呈现出的新的阶段性特征。党的十三大从我国人口结构、工业发展水平、地区发展状况、科学教育文化发展等几个方面概括了我国社会主义初级阶段的基本特征;党的十五大从九个方面对社会主义初级阶段的特征进行了全面概括;党的十七大报告从八个方面分析和概括了新世纪新阶段我国发展呈现出的新的阶段性特征,并指出了当前我国发展的阶段性特征,是社会主义初级阶段基本国情在新世纪、新阶段的具体表现。进行基本国情教育,就是要帮助受教育者认识社会主义初级阶段是一个相当长的历史发展阶段,必然经历若干具体的发展阶段,在不同时期会呈现出不同的阶段性特征。只有认清我国发展的阶段性特征,才能更好地认清我国的基本国情。

第三,要帮助受教育者认清我国社会主义初级阶段的长期性。从1956年生产资料私有制的社会主义改造基本完成算起,到21世纪中叶社会主义现代化基本实现,社会主义初级阶段至少需要一百年时间。邓小平在1992年视察南方讲话中指出:"我们搞社会主义才几十年，还处在初级阶段。巩固和发展社会主义制度，还需要一个很长的历史阶段，需要我们几代人、十几代人，甚至几十代人坚持不懈地努力奋斗，决不能掉以轻心。认清社会主义初级阶段的长期性，有助于帮助人们克服急躁情绪，克服各种超越阶段的错误观念和政策，提高从实际出发想问题、办事情的觉悟，坚持党在社会主义初级阶段的路线、纲领、方针、政策，脚踏实地地完成初级阶段的各项任务，不断推进中国特色社会主义建设。

第四，要帮助受教育者认识和把握社会主义初级阶段的主要矛盾。我国社会主义初级阶段的主要矛盾，是人民日益增长的物质文化需要同落后的社会生产之间的矛盾，贯穿于社会主义初级阶段的整个过程和社会生活的各个方面，这就决定我们必须始终把解放和发展生产力放在首位，把发展作为党执政兴邦的第一要务，坚持以经济建设为中心，全面推进中国特色社会主义的经济建设、政治建设、文化建设、社会建设和生态建设。

二、党的基本理论、基本路线、基本纲领、基本经验教育

改革开放以来，我们逐步形成了党的基本理论、基本路线、基本纲领和基本经验。这是中国共产党领导广大人民群众建设中国特色社会主义伟大实践的结晶，是中国共产党和中国人民的宝贵财富，对于加强和改进党的建设、建设和发展中国特色社会主义事业具有指导意义。对广大人民群众进行党的基本理论、基本路线、基本纲领和基本经验教育，是当前思想政治教育的重要内容。

帮助受教育者深入理解和把握党的基本理论、基本路线、基本纲领、基本经验的内容和精神实质，党的基本理论包括马克思列宁主义、毛泽东思想、中国特色社会主义理论体系，这是党和国家宝贵的政治和精神财富，是我们的行动指南，是全国各族人民团结奋斗的共同思想基础。

党的基本路线是党在一定历史时期为解决社会主要矛盾而制定的行动路线，是总揽全局的根本指导方针。党的十三大正式提出了党在社会主义初级阶段的基本路线：领导和团结全国各族人民，以经济建设为中心，坚持四项基本原则，坚持改革开放，自力更生，艰苦创业，为把我国建设成为富强、民主、文明的社会主义现代化国家而奋斗。党的十七大通过的党章又把"和谐"与"富强、民主、文明"一起写入了基本路线。

党的基本纲领是党的基本理论的重要内容，是党的基本路线的具体展开。党的十五大制定了社会主义初级阶段的基本纲领，明确了什么是中国特色社会主义的经

济、政治和文化,阐明了建设中国特色社会主义经济、政治和文化的基本目标和基本政策。党的十七大丰富了基本纲领的内容,阐明了构建社会主义和谐社会的基本目标和基本政策。党的十八大提出了建设中国特色社会主义"五位一体"的总布局,强调要建设社会主义市场经济、社会主义民主政治、社会主义先进文化、社会主义和谐社会、社会主义生态文明,促进人的全面发展,逐步实现全体人民共同富裕,建设富强、民主、文明、和谐的社会主义现代化国家,进一步丰富了党的基本纲领。

党的基本经验是贯彻党的基本理论、基本路线、基本纲领伟大实践的理论升华,是对中国特色社会主义建设客观规律的深刻把握,党的十六大系统总结了改革开放特别是十三届四中全会以来,党领导人民建设中国特色社会主义所要坚持的十条基本经验。在党的十七大、纪念党的十一届三中全会召开30周年大会上,胡锦涛把改革开放30年来我们积累的宝贵经验概括为:必须把坚持马克思主义基本原理同推进马克思主义中国化结合起来,解放思想、实事求是、与时俱进,以实践基础上的理论创新为改革开放提供理论指导;必须把坚持四项基本原则同坚持改革开放结合起来,牢牢抓住经济建设这个中心,始终保持改革开放的正确方向;必须把尊重人民首创精神同加强和改进党的领导结合起来,坚持执政为民、紧紧依靠人民、切实造福人民,在充分发挥人民创造历史作用中体现党的领导核心作用;必须把坚持社会主义基本制度同发展市场经济结合起来,发挥社会主义制度的优越性和市场配置资源的有效性,使全社会充满改革发展的创造活力;必须把推动经济基础变革同推动上层建筑改革结合起来,不断推进政治体制改革,为改革开放和社会主义现代化建设提供制度保证和法制保障;必须把发展社会生产力同提高全民族文明素质结合起来,推动物质文明和精神文明协调发展,更加自觉、更加主动地推动文化大发展大繁荣;必须把提高效率同促进社会公平结合起来,实现在经济发展的基础上由广大人民共享改革发展成果,推动社会主义和谐建设;必须把坚持独立自主同参与经济全球化结合起来,统筹好国内国际两个大局,为促进人类和平与发展的崇高事业做出贡献;必须把促进改革发展同保持社会稳定结合起来,坚持改革力度、发展速度和社会可承受程度的统一,确保社会安定团结、和谐稳定;必须把推进中国特色社会主义伟大事业同推进党的建设的伟大工程结合起来,加强党的执政能力建设和先进性建设,提高党的领导水平和执政水平、拒腐防变和抵御风险能力。

进行党的基本理论、基本路线、基本纲领、基本经验教育,就是要引导受教育者认真系统地学习这些内容,准确把握其精神实质。

帮助受教育者坚定坚持党的基本理论、基本路线、基本纲领、基本经验的信念和决心。改革开放以来，中国特色社会主义之所以能焕发出蓬勃的生机和活力，中国共产党之所以能够带领全国各族人民取得社会主义现代化建设的巨大成就，就是因为我们始终毫不动摇地坚持党的基本理论、基本路线、基本纲领和基本经验。实践告诉我们，党的基本理论、基本路线、基本纲领、基本经验是正确和科学的，只有坚持党的基本理论、基本路线、基本纲领、基本经验不动摇，才能推进中国特色社会主义事业不断发展，顺利完成社会主义文明、和谐的社会主义现代化国家的历史任务。进行党的基本理论、基本路线、基本纲领、基本经验教育，就要使广大人民群众深刻认识其正确性和科学性，坚定坚持党的基本理论、基本路线、基本纲领、基本经验的信念和决心。当前，面对复杂多变的国际环境和艰巨的任务，要从新的历史起点上进一步开创中国特色社会主义事业新局面，就必须更加自觉地坚持贯彻党的基本理论、基本路线、基本纲领、基本经验，不为任何风险所惧，不被任何干扰所困扰，做到思想上坚信不疑、行动上坚定不移，引导受教育者在中国特色社会主义建设的伟大实践中不断丰富和发展党的基本理论、基本路线、基本纲领和基本经验。

党的基本理论、基本路线、基本纲领和基本经验是在中国特色社会主义实践过程中不断形成和发展起来的，是对中国特色社会主义实践经验的科学概括和总结。实践永无止境，创新永无止境。我们在坚持党的基本理论、基本路线、基本纲领、基本经验的同时，要随时随地地注意研究新情况，解决新问题，总结新经验，不断推进理论和实践创新，不断丰富和发展党的基本理论、基本路线、基本纲领和基本经验。只有在坚持的基础上不断丰富发展，在丰富发展的同时坚定地坚持党的基本理论、基本路线、基本纲领和基本经验，才能始终保持强大的活力。

三、民族精神教育

民族精神是一个民族在长期共同生活和社会实践的基础上形成的为本民族大多数成员所认同和接受的民族意识、民族心理、民族品格、民族气质的总和，是民族文化中固有的、延绵不断的一种历史文化传统。在五千多年的发展中，中华民族形成了以爱国主义为核心的团结统一、爱好和平、勤劳勇敢、自强不息的伟大民族精神。它是中华民族五千多年生生不息、发展壮大的强大精神支撑，是我国各民族世世代代自强不息、团结奋斗的牢固精神纽带，是我们不断开辟新征程、开创新未来的不竭精神动力。

党的十六大报告明确指出："面对世界范围各种思想文化的相互激荡，必须把弘扬和培育民族精神作为文化建设极为重要的任务，纳入国民教育全过程，纳入精神文明建设全过程，使全体人民始终保持昂扬向上的精神状态。"民族精神教育是思想政治教育的重要内容和紧迫任务。加强民族精神教育，是增强综合国力和国际竞争力的需要，是应对西方敌对势力对我国实行"西化""分化"图谋的需要，是全面建成小康社会和推进中国特色社会主义建设事业的需要，是促进人的全面发展的需要。

对受教育者进行以爱国主义教育为核心的民族精神教育，应着眼于培养人们对中华民族共同的历史、文化、生活方式的归属感，培养人们对伟大祖国悠久历史和优秀传统的认同感，引导人们形成良好的道德品质和行为习惯，弘扬中华民族精神的时代内涵。当前和今后一段时期，要把国家意识（国家观念、国家意识、国家安全和国家自强教育）、文化认同（民族语言、民族历史、革命传统和人文传统教育）和公民人格教育（社会责任、诚信守法、平等合作、勤奋自强教育）作为民族精神教育的重点内容。

在民族精神教育过程中，应特别注意：第一，把中华民族优良传统教育与时代精神教育有机地结合起来。要将弘扬民族优秀文化传统与培育时代精神相结合，既要弘扬中华民族优良的人文传统和革命传统，又要吸收和借鉴人类发展的一切文明成果，以发展的眼光开展民族精神教育。第二，重视并充分发挥社会实践在民族精神教育中的作用。要科学规划社会实践的内容，拓展社会实践的新领域、新载体、新形式，使教育对象在耳闻目睹的事实和亲身体验中感知民族精神的强大力量，激发对祖国和民族的感情，增强民族意识和民族责任感。

把握民族精神教育的契机，要善于抓住有利于振奋民族精神的重大活动和重大事件，不失时机地开展民族精神教育；要努力挖掘和宣传体现民族精神的先进典型，营造浓郁的民族精神教育氛围，形成强有力的舆论导向。把学校教育与家庭教育、社会教育有机结合，既要发挥学校教育在弘扬和培育民族精神中的主渠道、主阵地作用，又要加强家庭教育、社会教育与学校教育之间的相互配合，使其相互补益、相互强化，从而形成民族精神教育的整体合力。

四、时代精神教育

时代精神是一个社会在最新的创造性实践中形成的，反映社会进步发展方向、引领时代进步潮流，为社会成员普遍认同和接受的思想观念、价值取向、道德规范和行为方式，是一个社会最新的精神气质、精神风貌和社会风尚的综合体现。在改革开放和社会主义现代化建设的伟大实践中，我们形成了以改革创新为核心的与时俱进、开拓进取、求真务实、奋勇争先的时代精神。以改革创新为核心的时代精神，是马克思主义与时俱进的理论品格、中华民族富于进取的思想品格与改革开放和社会主义现代化建设实践相结合的伟大成果，是民族精神和中国共产党优秀传统在当代的弘扬，已成为我国各族人民不断开创中国特色社会主义事业新局面的强大精神力。全面建成小康社会，实现中华民族伟大复兴的中国梦，必须大力弘扬以改革创新为核心的时代精神，使全体人民始终保持昂扬的精神状态，使全民族的创造精神和创造活力充分迸发。为此，必须大力加强时代精神教育。

改革创新是时代精神的核心。改革创新精神表现为突破陈规、大胆探索，勇于创造的思想观念，表现为不甘落后、勇于争先、追求进步的责任感和使命感，表现为坚韧不拔、自强不息、锐意进取的精神状态。弘扬和培养改革创新精神，首先要坚持解放思想、与时俱进。要坚决克服满足现状、不思进取的思想，居安思危、奋发图强；坚决克服因循守旧、故步自封的思想，勇于创新、昂扬向上。其次，要着眼于改革开放的具体实践。要把弘扬时代精神体现到深化改革的实践中，着力回答时代对改革提出的新课题，致力解决体制转轨中的深层次矛盾和问题，推动改革不断取得新突破。体现到加快发展的实践中，为全力把握发展规律、创新发展理念、转变发展方式、破解发展难题，实现又好又快发展；体现到推动创新的实践中，为敢为人先，勇于超越，全社会的创造活力竞相迸发，创新人才脱颖而出，创新成果不断涌现。

第四节　民主法制观教育

当代大学生法治观教育体现了思想政治教育的实践性、创新性以及时代性，是当前大学生思想政治教育的重要内容，这一内容关乎大学生的成长、成才以及国家的希望和民族的未来。因此，通过对当代大学生法治观的发展现状分析，提出加强大学生法治观教育的路径对策，从而帮助当代大学生树立起正确的社会主义法治观念就显得十分重要。

法治在我国很早就提出来，但和现今的法治观念不同。法治，简单来看，即是用法律来治理国家。具体来看，法治是以民主政治为前提和目标，以严格依法办事为理性原则，表现为良好的法律秩序，并有着内在价值规定的法律精神的一种治国方略。

法治观是指人们对法律的性质、地位及其价值作用等问题的观点和看法，即人们认识法治理念、运用法律知识、践行法律思维、评判法律作用和价值的观念。学生法治观则是指大学生这一特殊群体对法律的性质、地位、作用等的认识和评价。

十几年的校园生活,对于高校大学生而言,他们接触到最多的是书本知识,社交圈子比较简单。在家庭与学校的保护伞之下,他们的法治意识普遍较为淡薄,其看待社会问题的时候,心思比较单纯。因此,他们更容易受到来自于外界的不良因素的影响,这也导致了高校学生犯罪的形式多种多样。

大学生是青年群体的重要组成部分,他们在很多方面都还未完全成熟,他们感情较丰富、血气方刚、遇到事情容易冲动,思想意识还呈现幼稚状态,思维也不够缜密,极易受到社会多方面各种因素的影响。考虑问题不够周全,遇到问题时不能冷静理智地思考,常出现"感情用事""意气用事"的情况。如容易因同学间的一点小矛盾,而做出一些过激的行为。一些学生进入大学校园之后,接触了来自于不同家庭背景的学生,不同的成长环境影响着学生的思维方式,而不平和的心态容易使其产生一种盲目攀比的意识,当自身的经济承受能力无法满足自我挥霍的需求的时候,这就导致了盗窃行为的发生。高校大学生掌握着高水平的文化知识,在当前飞速发展的信息时代下,掌握着网络专业知识或者其他知识的大学生在经济利益等的驱使下,也容易走上犯罪的道路。

大学生的法治观念虽然较之前有一定程度的提高,但也有部分学生对法律持不信任态度。比如说,在与同学发生争执,被对方拳打脚踢一顿后,有的学生能够理智对待,报告给学校或报警,但也存在部分同学会选择隐忍或是直接打架。也就是说,当合法权益受到不法侵害时,有些学生缺乏合法维权观念,宁愿选择消极放任态度,甚至因采用报复手段讨回"公道"而触犯法律,也不愿相信法律的公信力,缺乏应有的法律信仰。

根据相关的调查显示,绝大部分大学生获取法律知识的渠道主要是大学里所上的"有且仅有"的公共课程,即《思想道德修养与法律基础》。而对于大部分当代大学生,尤其是非法律专业的学生来说,对这些公共课的重视程度和关注程度并不高。甚至,大多数学生都以"应付期末考试"的心态来上这门课,即便人在课堂上、心可能还在教室外,上课不够专心,课后不花时间去思考。更有甚者,直接旷课不去,导致该门课程的出勤情况也不理想。在这样一种令人无奈的现状下,大学生获取法律信息的程度可想而知。此外,随着信息技术的发展,网络已逐渐成为一个新兴的学习渠道,可作为大学生了解法律、学习法律的重要途径之一,然而主动地去浏览与法律相关的网站的学生少之又少。而且,目前一些普法性的电视节目也未能得到广泛宣传,当代大学生更是很少会去主动观看此类节目或无从获取相关的法律信息。

不可否认的是，大部分大学生普遍认同建设法治社会的重要性。但在日常生活中，真正时刻践行的却寥寥无几，还是缺乏主动性。主要表现在：课余时间自觉学习法律相关知识的学生很少；对当前大学生违法犯罪现象的认识存在一些偏差；部分大学生认为违法犯罪的主要原因是太冲动、处理事情不够理智、缺乏理性，却忽视了自身"法治观念淡薄"这一根本内在原因。此外，一部分大学生存在侥幸心理，认为大学生犯罪后的处罚应该相对较轻，对个人的影响不是很大。因此，当大学生自身的权益甚至是人身都受到侵害时，大部分大学生会视情况考虑诸多未发生因素来决定是否运用法律知识来保护自己，是否运用法律武器来维护自身的合法权益。

《中共中央关于社会主义精神文明建设指导方针的决议》指出："高度民主是社会主义的伟大目标之一，也是社会主义精神文明在国家和社会生活中的重要体现。"党的十七大报告指出："人民民主是社会主义的生命。发展社会主义民主政治是我们党始终不渝的奋斗目标。"为了实现这一伟大目标，对人民群众进行社会主义民主教育是十分必要的。

进行社会主义民主教育，首先是要帮助教育对象理解和把握社会主义民主的本质和内涵。通过社会主义民主教育，要使受教育者认识到人民民主是社会主义的生命，人民当家做主是社会主义民主政治的本质和核心；要使受教育者认识到社会主义民主和资本主义民主存在本质区别，资本主义民主建立在生产资料私有制基础之上，只是统治阶级内部的民主，少数剥削者的民主，社会主义民主建立在生产资料公有制基础之上，是为广大劳动人民所享有的民主；要引导受教育者正确认识民主和专政、民主和集中、民主与法治的辩证统一关系；要使受教育者认识到建设高度健全的社会主义民主，是我国社会主义现代化建设的一个重要目标和长期任务，达到高度健全的社会主义民主这一目标需要一个很长的过程，等等。只有深刻认识和全面把握社会主义民主的本质和内涵，才能更好地发扬社会主义民主。

进行社会主义民主教育，应注重公民民主意识的培养。民主意识是享有民主权利的人们基于一定的政治知识和经验，对自身与其中的政治系统及其运作的自觉意识，是一种充满政治责任感、使命感和义务感的主体意识。民主认识的发展程度，决定着人们参与民主生活和行使民主权利的水平。因而应采取多种措施大力培养人们的民主意识，为实现社会主义民主目标创造条件，进行社会主义民主教育，还要加强对公民政治参与能力的培养。政治参与是在民主社会中公民基于共同利益而通过合法的方式和途径参加社会政治生活，从而影响政府政治决策以及其他一切公共政治生活的政治行为。党的十七大报告强调，要"坚持国家一切权力属于人民，从各个层次、各个领域扩大公民有序政治参与，最广泛地动员和组织人民依法管理国家事务和社会事务、管理经济和文化事业。"扩大公民有序政治参与是发展社会主义民主政治，建设社会主义政治文明的内在要求和重要目标。社会主义民主教育的重要内容，就是要激发人们政治参与的积极性和主动性，提高人们政治参与的能力和水平，促使人们理性、有序、广泛地参与政治生活。这既是社会主义民主教育的落脚点，也是提高公民民主意识的重要途径。

党的十五大提出了依法治国，建设社会主义法治国家的方略。十六大报告进一步强调："必须在坚持四项基本原则的前提下，继续积极稳妥地推进政治体制改革，扩大社会主义民主，健全社会主义法制，建设社会主义法治国家。"党的十八届四中全会通过《中共中央关于全面推进依法治国若干重大问题的决定》，强调全面推进依法治国，建设中国特色社会主义法治体系，建设社会主义法治国家。为了达到建设社会主义法治国家的伟大目标，就必须加强社会主义法治教育，推动全社会树立法治意识。当前，进行社会主义法治教育要抓好以下几方面工作。

一是向公民普及法律知识。普及法律知识是提高公民法治素养的基础，是培养公民法治意识和指导公民法律实践的前提和基础。要加强法律常识教育，帮助人们理解马克思主义法学的基本观点，了解我国的法律制度和法律体系，了解宪法和法律的基本精神和内容，尤其是与人们的日常生活密切相关的法律规范的基本内容。这是社会主义法治教育的基础性工作，应持之以恒地抓好这项工作。

二是培养公民的法治观念。法治观念是指人们对法律现象在理性认识的基础上形成的自觉遵守和自觉地执行法律的思想观念。要培养人们的社会主义法治观念、权利义务观念、法律面前人人平等等观念，首先，引导公民树立社会主义法治观念。要引导人们以马克思主义为指导，正确理解社会主义民主的性质和特征，树立起符合时代精神的社会主义法治观念；其次，引导公民树立权利与法律义务的关系，以及如何适当行使权利；最后，引导公民树立宪法至上和法律面前人人平等的观念。要使受教育者认识到，公民在守法上一律平等，所有公民都必须平等地遵守法律，依照法律规定平等地享有和行使权利，任何活动都不得超越法律，都必须依照宪法及其他法律进行。帮助受教育者树立明确的法治观念，既是法治教育的基本任务，也是法治教育的核心。

三是提高公民的法律能力。公民不仅要具备一定的法律知识和法治观念，而且应当具备一定的法律能力。法律能力主要包括法律思维能力和法律运用能力。法律思维能力是对法律原理和概念的理解与把握、法律命题的推理与论证等能力。法律运用能力是运用法律知识和法律规范来指导个人行为，解决具体法律问题的能力。在法制教育中，要通过多种途径着力提高公民的法律能力，以使法律更好地促进人们的工作和生活。

四是促使公民养成法律习惯。培养人们的法律习惯，要着重培养法律思维习惯和法律行为习惯。法律思维习惯是人们依照法律的规定，思考、分析和解决法律问题的思维方式与倾向，法律行为习惯是人们在实践中形成的依照法律办事和行为的习惯。促使公民养成法律习惯，自觉守法，是法治教育的落脚点，是法律转化为现实力的重要体现。要着重培养受教育者讲法律、讲证据、讲程序、讲法理的思维方式和依法办事的行为习惯，使法律落实到人们的生活中。

第五节　和谐社会观教育

和谐社会作为人类永恒的思想主题和价值追求，是一种信仰，一种理论，一种文化，一种实践。不同的民族，不同的文明，不同的历史阶段，对和谐社会有着不同的诠释。中国共产党提出的社会主义和谐社会理论体系，是对中国传统文化、西方文明和社会主义实践三大和谐源流的科学归纳，必将为全人类所接受并带来福祉。

21世纪之初，中国共产党提出建设社会主义和谐社会的全新思想体系，在于我们对于和谐社会的哲学基础和根本目标有了新的认识。

人的全面发展首先取决于人与自身的和谐关系。人与自身的和谐就是克己爱物，将欲望限制在有限的范围内，用有限的生命去追求无限的精神享受；人的全面发展还取决于人与人的和谐关系，人与人的和谐是人与自身和谐的外化，只有在生产资料公有的社会中才能实现；人的全面发展还取决于人与社会的和谐关系。个人向往自由、要求权益自主，社会需要秩序、要求权利规范。两种需求能否协调一致，能否归于和谐，是现代社会必须首先解决的问题。人与自然的关系必然决定性地影响着人与自身、人与人、人与社会所组成的人类社会这个子系统。正如胡锦涛指出："大量事实表明，人与自然的关系，往往会影响人与人的关系、人与社会的关系。如果生态环境受到严重破坏、人们的生活环境恶化，如果资源能源供应紧张、经济发展与资源能源矛盾尖锐，人与人的和谐、人与社会的和谐是难以实现的。"长期以来，我们多注重人与自身、人与人以及人与社会之间的关系，进入21世纪以后才真正认识到调整人与自然关系的重要性。和谐社会实质上就是几大和谐关系的统一与人的全面发展。

中国共产党提出的社会主义和谐社会理论体系，更是对中国传统文化、西方文明和社会主义实践三大和谐源流的科学归纳。从中国传统文化角度看，中国共产党提出建设社会主义和谐社会，是将马克思主义与中国传统文化相结合，是对中国优秀历史文化的传统的继承和再认识，这种立足于民族传统文化的社会主义和谐社会，必将得到全民族的广泛认同，进一步增强社会的凝聚力。从西方资本主义的角度看，可持续发展是西方传统工业文明取得巨大成果和付出巨大代价后得出的基本结论，与我们以科学发展观来统领经济社会全面发展有着内在的逻辑联系。同时，社会主义和谐社会以人为本的价值原则，摈弃了资本主义在"以人为本"口号下所掩盖的以金钱为本的实质；社会主义和谐社会建设，不断加快建设资源节约型、环境友好型社会的进度，促进人与自然和谐相处，也摈弃了资本主义那种"人为自然立法"和西方传统工业文明一直以极端人类中心主义为导向的现象，是对西方资本主义价值观的一种合理吸纳和批判超越。中国共产党提出的社会主义和谐社会，也是对马克思主义曾经有过的阶段性表述——"斗争哲学"的一种再认识和历史性超越。

社会和谐是中国特色社会主义的本质属性，是国家富强、民族振兴、人民幸福的主要保证。构建社会主义和谐社会，充分反映了建设富强、民主、文明、和谐的社会主义现代化国家的内在要求；社会主义和谐社会，是全体人民共同建设、共同享有的和谐社会，它充分体现了全党、全国各族人民的共同愿望。如果说世界社会主义运动是试图在对西方工业文明进行批判的基础上实现超越的话，那么，中国共产党人提出构建社会主义和谐社会，就是对现在所有社会主义运动的借鉴和超越，更是对马克思主义的进一步发展，是当代中国的马克思主义，必将为全人类所接受并带来福祉。

高校在对大学生进行和谐社会观教育中起着主要的作用。社会主义和谐社会，是中国共产党领导全体人民共同建设、共同享有的和谐社会，是民主法治、公平正义、诚信友爱、充满活力、安定有序、人与自然和谐相处的社会，是惠及十几亿人口的更高水平的小康社会，是强国之路，是民族的复兴大业。实现和谐社会的目标，要靠全社会的共同努力。在中国历史上，社会的每一次进步都有着高校的积极参与和贡献。改革开放以来，我国高校在数量上、规模上都得到了很大的发展。高校担负着培育社会主义建设者的神圣使命，为建设社会主义和谐社会担负着重要的政治责任、社会责任和自身责任，在传播知识的同时，更重要的是传播先进思想，具有战略意义。为此，高校应该紧紧围绕着和谐社会观对大学生进行教育，科学判断校园内和谐社会观的发展规律和发展趋势,顺势而上,有所作为,在引领校园和谐社会观的进程中实现代表先进思想的历史责任;主动驾驭和正确认识现代科技发展对校园和谐建设的功能和作用。择其善者而用之,以自信的心态应对可能出现的挑战;鼓励支持校园和谐社会观创新和多元文化的竞争,在创新中体现先进文化的生命力,在竞争中凸显先进文化的主导地位。

对大学生进行和谐社会观教育,首先要加强自身建设。加强自身建设就是高扬爱国主义伟大旗帜,用自身先进的文化、人物事迹去教育、感染、影响、激发师生的和谐思想、行为方式、价值取向,形成诚信友爱、充满活力、安定有序、工作积极、学习向上、富有创造性的校园。和谐社会观教育必须紧紧围绕为国家培养建设者和接班人的根本目的。爱党、爱国教育贯穿于人生教育的整个过程,必须坚持用马克思主义的立场、观点与方法来指导,用爱国主义、社会主义的道德观念、价值标准与人格意识来引导,从而帮助师生掌握正确的立场、观点与方法。获得基本的理论、知识与技能,培养良好的道德品质和行为习惯。高校自身建设最终要体现出它的思想性、凝聚性和导向性,在对大学生进行和谐社会观教育的过程中,教师的道德水平直接影响着人才培养的质量。师德是教师最重要的素质,是教育水平的重要标尺,师德建设是教育改革发展的内在需要,实现中华民族的伟大复兴对教师师德建设提出了更高的要求。由于教师与学生相处的时间最多,教师与学生思想沟通和行为交流的潜移默化,对学生的和谐社会观教育有着相当的影响。教师不应把教书看成谋生的手段,而是毫无私心杂念地投身其中,以教书育人为崇高的职责。教师不仅要做学生的良师,也要做学生的益友,关注学生的喜怒哀乐。只有这样,才能形成民主、宽松、和谐的师生关系,和谐社会观教育的目的才会充分实现。

大学阶段是大学生从学生到社会的过渡阶段,这个阶段所受的教育对其今后的成长尤为重要,影响着其对社会、对人生的态度。大学生牢固树立和谐社会观,就是追求真理、不断完善、提升自我;就是牢记历史,展望未来,为国家发展、富强,实现社会主义和谐社会而勤奋工作和学习;就是从社会得到爱,再把爱传播到社会。这就要求大学生在大学阶段建立起牢固的和谐社会观。首先,要认真领会构建社会主义和谐社会的重要意义,坚定地担负起历史赋予的责任,处处考虑到国家的利益,国家的富强。要了解历史,感受今天社会主义的幸福生活。在步入社会后能够自觉传播思想、知识,并以自身的行动感染、带动周围的人群。其次,要有建设社会主义和谐社会的本领,做到知识丰富、观念新、兴趣浓、爱好广,并在实践中运用自己的特长和技能为社会服务。再次,要充分理解竞争与共存的关系,学会欣赏他人。

正常的竞争有利于社会的发展，只有竞争才能激发人们工作的积极性，创造出更多的财富，为社会所享有。要认清安全、幸福、金钱、友谊、富有的深层含义。只有他人安全、幸福，自己才能安全和幸福。最后，要认识到领导必须能够付出和牺牲，只有把自己的一切都投入到工作中，为他人的利益牺牲自己的利益，才能算得上一个称职的领导。要懂得什么是真正的快乐，真正能够得到快乐的只有助人为乐。

作为高校，应该牢记使命，激发自身的能力与活力，认真对大学生进行和谐社会观教育，把大学生培养成为社会主义和谐社会优秀的建设者，为早日实现社会主义和谐社会而共同奋斗。

第五章 国外高校思想政治教育的吸收与借鉴

第一节　国外"微时代"背景下高校思想政治教育的现状

　　思想政治教育方法是指为实现教育目标、传授教育内容，教育者对受教育者所采取的思想方法和工作方法。国家为了使国民适应现代社会尤其是未来社会发展的要求，都非常重视思想政治教育。不同国家从本国的社会历史条件和国情出发，采取了不同的思想政治教育方法，呈现出丰富多彩的面貌。

　　以美国为例，其思想政治教育可以说是"无名有实"。在美国，不像在我们中国，有一个统一的"思想政治教育"的名称；但是它在公民教育、道德教育、法制教育、宗教教育、历史教育等等名义下进行了大量的实质性的思想政治教育工作。美国思想政治教育尤其是政治观、价值观教育取得如此成绩，首先是与美国政府的坚定的方针、政策和指导思想分不开的。如前所述，美国政治教育的核心内容长期以来保持了高度的稳定性和连续性，这就使得思想政治教育能够沿着一个稳定的方面推进。这些内容也就哺育了一代又一代美国人。美国思想政治教育的核心内容是在美国社会中通行的价值观念，其中心是"爱美国"，爱它的制度和生活方式，相信它是世界上最合理最优越的，由爱和信任而产生信念和忠诚。其次，美国政治教育以素质培养为本，注意发挥思想政治教育的方法论功能。美国的德育（包括政治教育）不但重视有关知识的传授和观念的灌输，而且非常重视学生思想政治品德方面的认知、判断、推理能力的发展，以及意志、探索、独立自主的精神和平衡人际关系的协作态度的培养。美国的思想政治教育的着力点放在帮助受教育者学会思考，学会"怎样"选择上，通过对选择方式和过程的引导和推动，达到把教育对象引到既定的教育目标上的目的。由于注意调动受教育者的内在因素，鼓励他们参与教育过程，所以，在这种教育下成长起来的人，不仅会掌握学到的知识和规范，而且具有适应社会、解决问题的能力和自觉性。就是说，从前受到的思想政治教育，对他的一生都会起到方法论的作用。由于重视政治素质的培养，美国的思想政治教育与其效果互相强化，形成了良性循环。

一、内容丰富，地位重要，占据制高点

　　新加坡政府把它作为国家教育政策的三大基础之一（另外两个基础是能力教育和双语教育），使之具有战略地位。美国许多州的大学都有硬性规定，必须拿到政治科目的学分才能拿到学位。有的国家还专门建立了"社会道德委员会"等机构，

实行专人专做道德教育的有关工作。日本、美国、新加坡等国政府，拨出相当数额的专款，资助道德教育的调查和研究工作，思想政治教育的内容也逐渐丰富起来。美国的政治教育和价值观教育有两个主旋律：一是把美国的宪法和《独立宣言》作为最高经典进行传播和灌输；二是宣扬美国的三权分立政治制度和民主、自由、平等、博爱的价值观念。德国的中小学要求培养学生"具有必要的思想品质和行为标准，使他们具有为发展社会生活、发展科学技术献身的精神"。日本的思想政治教育表现出高度的政治性和组织化，这与韩国、德国十分相似。

二、真正全方位覆盖，方法灵活

1. 学校德育

课堂教学是主渠道。英国、法国、新加坡、日本等国都专门设置了德育课。英国中学的德育教材是《生命线》，很有特点。如教材上有这样一些问题：有人纵火会发生什么？一个男孩请他喜欢的女孩看电影，该由谁付款？为什么？让学生讨论，学会做判断。目标是让学生学会关心和发展深思熟虑的生活方式。日本的道德课教学方法也是多样化的，如讲解、讨论、看录像、演剧、唱歌、辩论等，不拘一格、活泼有趣。道德课的评估不打分，而是对学生的有关认识特点和行为倾向进行分析。在美国，虽没有专设道德课，但包含了许多德育课程的科目。而且，美国很注意在专业教学中渗透德育。学习任何一门专业课都要回答三个问题：这个领域的历史和传统是什么？它所涉及的社会和经济的问题是什么？要面对哪些伦理和道德问题？这种方式可以激发学生去思考与专业有关的社会伦理问题，有利于德育目标的实现。以上这些做法都值得我国学习。

组织课外校外活动。新加坡教育部规定中小学生必须选择参加课外活动，并把分数计入成绩册。他们推行真实教育，课堂讲授结合社会生活，不但带学生去参观社会发展的成就展览，也带领学生参观监狱、禁毒展览、反艾滋病展览等。这样学校德育就是开放的，延伸到学生的校外生活中。

隐蔽课程对学生产生潜移默化的影响。师生关系、教师对教学所持的态度、学校提倡的东西、校内的舆论导向、校园的面貌对学生思想品德形成的作用不亚于正式的课程，所以西方国家称之为"隐蔽课程"。日本极其重视隐蔽课程的作用，对教师的学历、仪表、言谈举止甚至容貌都有规定；对学生的要求就更加严格，有详细具体的学生守则、操行评定标准、多种多样的奖惩制度。美国教育界历来重视隐蔽课程对于学生思想品德成长的作用。一是力求课堂学习与环境教育活动目标一致。

二是校园环境应与社会环境相一致;校内生活的伦理准则、价值观念应该与社会一致,这样在校内生活中获得的经验才能帮助他们更好地适应社会。

务实的管理。许多国外学校十分重视对学生的严格要求和道德行为导向的管理。世界导师制发祥地——英国牛津大学对学生的衣食住行几乎都有规定,导师对学生要求也非常严格。美国的公立学校也有类似我国学校的"班主任"制度。中小学班主任除了要完成自己的教学任务外,还有管理学生的"硬任务",如学生的注册、考勤、身体及心理状况,组织参观、旅游,与学校和学生家长联系等。香港地区的学校在对学生管理的过程中,重视充分发挥学生会的作用,增加自治能力。

2. 社会性思想政治教育

宗教教育。西方国家除直接进行思想政治教育之外,更多的是继承了把宗教渗透到人们日常生活中去的传统。美国政府极其重视利用公民宗教作为思想舆论工具,通过遍布全国的宗教团体和广泛的宗教活动,美国公民自幼年起就时时处处感受到"上帝"的存在,"美国精神"也随之一点一滴沁入心脾,铸成他们的灵魂。在今天,俄罗斯总人口中有一半以上处于东正教精神思想的控制之下,教会日益成为思想政治教育的重要机构。

政党与政治活动。政党是美国思想政治教育的主要角色之一。两党竞选从普及和宣传资产阶级的政治、经济、社会主张和价值观念等方面来看,是很有时效的。新总统的就职演说的主旋律就是爱国主义。约翰·肯尼迪在就职典礼时讲的"不要问你们的国家能为你们做些什么,而要问你能为自己的国家做些什么"成为美国人崇尚的名言。1993年46岁的比尔·克林顿在就职典礼上喊出了"振兴美国"的口号,他号召年青一代为美国的发展做出贡献。这种政治活动给美国公民上了一堂关于美国价值观念的政治课。

家庭教育。新加坡视家庭价值为东方社会生存发展的核心观念,所以对于家庭教育格外关注。政治通过立法、政策导向来维护家长教育的完整,取得的效果非常明显,是对学校教育很好的补充和深化。日本的家庭教育占有很重要的地位。日本通过建立家长教师协会等组织来促进学校和家长的沟通和配合。

大众传播媒介。大众传媒在美国、英国、日本等发达国家都是思想政治教育的有力工具和重要途径。政府通过电视、报纸、电影、书籍等媒介宣传官方的政治道德信息,去影响公民的政治倾向、价值取向和生活方式等方面。目前,电影、广播、电脑网络、高保真唱片等技术已被国外学校广泛应用于各类教学,包括德育教学。教学手段的现代化提高了教学效果,也有益于提高学生的道德知识水平。

第二节　国内外"微时代"背景下思想政治教育成果对比分析

　　思想政治教育课,是提高大学生理论水平和进行品德教育的重要学科,在塑造大学生人文素质过程中具有举足轻重的作用。育人为本,德育为先。加强和改进大学生思想政治教育工作,是提高大学培养人才质量的前提条件。教学是基本途径,思想政治教育课,是一门提高大学生理论水平及对其进行品德教育的重要学科,在塑造大学生人文素质的过程中具有举足轻重的地位。然而,由于思想政治教育课自身的特点和师资力量,以及教学手段等因素的影响,对于思想政治教育这门课,许多学生反应冷淡,导致教学效果不理想;所以,担任该课程教学的教师任务及其重要。需要在思想政治教育课中注意挖掘趣味性,选择、利用并创造合适的教学形式,在形式多样化中推动和促进思想政治教育课的教学。

一、我国大学里思想政治教育课存在的现状分析

　　1.传统灌输式教学模式存在着弊端

　　旧的思想政治课课堂的教学模式,使得大学生们对思想政治课反应冷淡,导致这样的结果有一个很重要的原因,就是没有意识到教学活动中双主体的存在。在教学过程中没能既对教师的主体、主导作用进行发挥,又没有激发和调动学生的主观能动性,而是单纯底对教师的主体、主导地位进行强调,从而限制并压抑了学生的主体能动性,造成"教师中心论"的存在;有些大学则过分强调学生的主体性,忽视了教师的主导,造成"学生中心论"。在思想政治课课堂上,有些教师只是为教书而教学,而许多的学生则为考而学,从而导致"上课记笔记、考试背笔记、考完全忘记"这种现象的发生,这种情况导致学生只知道课本上的知识条文,而不能够完全掌握其精神实质,这种重理论而轻实践的现象普遍存在。在教与学的关系中,教师往往采取"一言堂"的教学方法,具体表现为以教为中心,学围绕教转,导致学生只能是被动地对知识进行接受,囫囵吞枣,失去了学习的主动性与创造性,同时也失去了自主学习思想政治课的兴趣,而素质教育的核心内容之一就是培养自主学习能力。

　　2.大学思想政治课堂中价值观冲突的表现及原因

　　有这样一件事情:大学教师在向学生讲授"中国共产党在领导中国革命的历程"时,为了达到教学效果,在课堂上播放了一段视频资料,当视频上出现"董存瑞、

刘胡兰、黄继光"等中国革命的英雄人物形象及相关事迹时，老师被深深触动了，然而教室里的大学生对此却不以为然，有的甚至报以蔑视、哄笑。这种情况让大学教师感到气愤不已的同时，也觉得困惑不解。有些学生会向老师反问："你自己相信这观点吗？"甚至有的学生还对教师提出的看法极力否定，并提出自己的观点。这些现象充分说明对于教师所倡导的价值观，学生持有不接受、怀疑甚至抵触的态度。这就形成了课堂价值观冲突。

导致课堂价值观冲突发生的原因究竟是什么呢？事实上，思想政治教材文本中所要传递的基本上是国家、社会所倡导、宣扬的主流价值观，作为思政教师自然要忠于思政教材，竭力对正统的马克思主义、集体主义、社会主义的价值观进行大力宣传，这是一个党和国家思想政治教育者的职责所在。然而课堂教学的另一方参与者——大学生，其思想和价值观念还没有受到主流价值观的熏陶，却因为受其他多种复杂因素的影响，在一定程度上造成其价值观念和教师所宣扬的主流价值观发生冲突。而大学生思想观念所受到的复杂影响因素主要有以下两个方面：

一方面，国内外各种文化思潮的冲击。改革开放以来，我国社会主义建设取得了巨大成就。然而在社会主义市场经济体制建立的过程中，社会生活中必然会出现许多新情况、新问题。这些新情况、新问题的出现对人们的思想领域是一个很好的反映，而这必然会引起许多人价值取向的多样化。而不可避免，这许多人中包括了大学生，受到各种思潮影响的当代大学生，其价值观明显会受到很大干扰。尤其是西方发达国家，借助网络技术手段，对西方的生活方式、文化思潮和价值观念大肆传播，这无形中对中国传统的道德文化和价值观念产生了巨大的威胁。据中国青少年研究中心对大学生思想政治教育现状的调查表明，在思想政治素质指标上，大学生的集体主义观念排到了第十一位，在学习、工作、政治等方面不少大学生功利主义的倾向较突出。表现在以下几个方面：在学习上，对主科以及能够把自己的专业素质提高起来的课程感兴趣，而对非专业课，尤其是思想政治理论课感觉很漠然，甚至根本不学。在工作上，所做的一些公益事业，不少学生往往考虑的是能否给自己带来什么好处，集体活动或公益活动不在综合评测范围内的就不去主动参加。在政治上，许多大学生对为什么要思想进步，为什么要入党的目的不够明确。要求入党的目的，部分大学生只是为了评优、评奖、就业等。调查显示：许多大学生主要在专业课和外语课上花费的时间最多，而在其他知识学习方面所占用时间很少。

大学生涉世未深，面对各种文化诱惑分辨能力有限，再加上缺乏足够的理性思考，容易对非马克思主义的价值观念如个人主义、拜金主义、功利主义等产生新奇感。随着国内市场经济的发展，价值取向逐渐趋于多元化，由于大学生的求知欲强但欠缺辨别力，物质诱惑和低俗化的文艺作品等，不可避免地会给大学生带来一定的负面影响。

另一方面，学校环境和家庭环境在一定程度上也给大学生的价值观带来影响。在对学生思想道德进行培养方面，学校所规定的目标和内容安排上前后存在着一定的不连贯性。在教学的过程中，常常会存在理论与实践脱节的现象。加之部分教师私改考试成绩、接受学生贿赂等不道德行为，对学生价值观的形成都会造成不同程度的影响。在暴力的驱使下，餐饮、网吧、歌舞厅等学校周边恶劣的环境也会对大学生传播一些不健康的文化，使学生的思想深受其害。此外，由于国家的政策，现在的大学生大多为独生子女，这就使得他们深受家庭的溺爱以及家人过分地关注，最后在其心理上形成了以"自我为中心"的心理定式，同时也养成了自私自利和享乐主义的思想。一些家庭对其期盼和投入过高，造成大学生的内心产生了一种压力，要对自己的学业成绩和未来工作投入相当大的精力，这虽然在一定程度上会增强自己的家庭责任感，但另一方面却漠视了自身的社会责任感，忽视了提升自身的思想道德素质以及建构正确的价值观。

二、国外高校思想政治教学研究成果

思想政治教育作为各国统治阶级维护自身统治的重要手段，其目标都与国家目标、教育目标一致，注重对社会成员，尤其是青年的综合素质的培养。但由于历史传统、社会制度等的不同，各国的思想政治教育目标存在差异。美国的思想政治教育要培养的是"美国公民""好公民""合格公民"，尽管思想政治教育在目标上表述各异，但是实质却是一样的，都是强调学生必须具有美国的"国民精神"；德国由于历史、文化等传统因素的影响，德国高校在思想政治教育目标上具有鲜明的宗教特色和个人主义色彩，"宗教教育仍然是德国道德教育的核心内容"，"德国德育目标在设定上是以普遍的人性、人道主义原则为依据的，其实质和核心是个人主义为本位的资产阶级的自由、民主、人权等思想价值观念的体现"；法国思想政治教育的目标在于使学生成为具有责任感和义务感的"自律性公民"，或具备"公民资格"；为增强国民的认同感和归属感，"新加坡力求在全社会培养人民的国家意识""其道德教育的目的在于培养有品德的人，有爱心并对自己、家庭、学校、社区、国家和世界负责"。

"思想政治教育活动的开展需要一定的载体来实现，各个载体的不同组合形成了思想政治教育的不同模式"。思想政治教育模式关系到学生对于价值观念、政治思想的认可和对现行社会制度的维护,因此各国都注重探索适合于本国实际的模式。

同时,思想政治教育的方法和途径直接关系到实效性的高低,国外尤其在西方发达国家,思想政治教育方法和途径的发展比较成熟,呈现出隐蔽性、渗透性等特点,虽然没有明确的规定进行思想政治教育,却进行了大量实质性的工作。其特征包括名称的隐蔽性、方法的多样性、内容的渗透性以及方式的灵活性。

以中美大学高校思想政治教育成果比较为例。

1. 中美大学思想政治教育课设置之比较分析

众所周知,培养德、智、体等方面全面发展的社会主义事业的建设者和接班人,是社会主义高等教育的根本任务。开设马克思主义理论课和思想品德课(统称为政治课,或简称为"两课")是社会主义大学区别于资本主义大学的重要标志之一。早在1957年,我党第一次提出我国社会主义的教育方针是"应该使受教育者在德育、智育、体育几个方面都得到发展,成为有社会主义觉悟的有文化的劳动者"。1995年11月23日,国家教委颁布试行的《中国普通高等学校德育大纲》指出:高等学校的根本任务是培养德智体等方面全面发展的社会主义事业的建设者和接班人。在高等学校,马克思主义理论课和思想品德课是实施德育教育和思想政治工作的主渠道和主要阵地。但是,目前有些大学生、大学教师乃至高校领导对"两课"教育不理解、不重视,甚至存在着模糊认识。例如,有些大学生把"两课"视为可有可无、可上可不上的副课,并想方设法逃课;有些大学教师(特别理工科教师)把"两课"与专业课对立起来,认为"两课"挤压了专业课,主张尽量减少"两课"课程学时,甚至主张把"两课"由必修课改为选修课;有些高校领导对"两课"和"两课"教师不重视,对"两课"投入少,甚至采取歧视性政策,并且把"两课"教育与"素质教育"人为对立起来,在"素质教育"的口号下淡化"两课",使"两课"和"两课"教师在高等学校边缘化。

造成这种状况的原因,除了受市场经济大环境和资产阶级自由化思想的影响外,主要的思想认识根源有二:其一是把马克思主义的科学性与意识形态性绝对对立起来,把"两课"看作单纯的政治课、意识形态课,而否认其内在的科学性;其二是拿美国作为挡箭牌,认为美国大学没有政治课或德育课,但美国却是世界上经济、科技、文化最发达的国家。这实际上是思想认识上的误区。

首先,马克思主义理论既是科学,又是无产阶级的意识形态,是高度科学性和彻底革命性的统一。而且,马克思主义的价值性是建立在其科学性基础上的,马克思主义首先是科学，是被社会实践反复证明了的颠扑不破的科学真理，然后转化为无产阶级的阶级意识和社会主义国家的意识形态的。马克思主义哲学是科学的世界观和方法论，马克思主义哲学原理教学旨在引导大学生树立正确的世界观、人生观和价值观，为大学生提供科学认识世界和改造世界的立场、观点和方法；马克思主义政治经济学是研究社会生产关系及其发展规律的科学，马克思主义政治经济学原理教学旨在为大学生提供认识经济现象和经济制度的科学方法，特别是帮助大学生认识资本主义产生、发展、灭亡的规律，树立资本主义必然灭亡、共产主义必然胜利的信念；毛泽东思想、邓小平理论和"三个代表"重要思想是马克思主义的普遍真理与中国革命和建设的具体实践相结合产生的三大理论成果，是当代中国的马克思主义，毛泽东思想概论与邓小平理论和"三个代表"重要思想概论课程旨在帮助大学生正确认识中国的国情，特别是认识中国革命、建设以及中国共产党建设的历史、规律和逻辑；当代世界经济与政治教学旨在帮助大学生科学认识世界资本主义和社会主义的历史发展、当代特征及其历史命运，旨在帮助大学生正确认识世界经济和政治格局以及中国与世界的关系。五门政治理论课程既具有浓厚的人文内涵和底蕴，又具有严格的科学内涵和强烈的时代色彩。因此，马克思主义哲学原理、马克思主义政治经济学原理、毛泽东思想概论、邓小平理论和"三个代表"重要思想概论以及当代世界经济与政治既是德育课，又是智育课；既是政治课，也是文化课；既是培养大学生思想德育素质的主渠道，又是大学生智力教育的重要内容。把马克思主义的科学性与意识形态性绝对对立起来的观点是根本错误的。

其次，认为美国大学没有任何意义上的政治课或德育课，实际上是对美国大学教育的误解。在美国，虽然没有明确使用"政治课""德育课"或"思想政治教育课"这些概念，但无论是公立大学（州立大学，美国没有国立大学）还是私立大学都设置具有浓厚的资本主义意识形态色彩的"政治课"或"德育课"。美国虽然是一个多元化、自由化的国家，每个学校设置的"政治课""德育课"体现出完全自主和多样化的色彩。但一般说来，每个大学都设置有3~5门思想政治课（如：西方经济学：包括宏观经济学和微观经济学、美国历史、公民与法、美国与世界、科学哲学和实用主义等）和3门左右的思想品德课：大学生生活导论课、职业道德课、社会研究课等；如果将中国和美国大学的政治课程做一简单类比，便可以看出：美国大学上科学哲学和实用主义，中国大学上马克思主义哲学原理；美国大学上西方经济学（包括宏观经济学和微观经济学），中国大学上马克思主义政治经济学原理；美国大学上美国历史，中国大学上毛泽东思想概论、邓小平理论和"三个代表"重要思想概论（之前上中国革命史和中国社会主义建设）；美国大学上美国与世界，中国大学上当代政治与经济；美国大学上公民与法、职业道德、社会研究课，中国大学上法律基础、道德修养、形势与政策课。

另外，美国大学也十分注重思想政治教育和政治学习。费曼学者基本上都是国内研究人文社会科学且具有博士学位的教授和副教授，并且有的访问学者本身就是国内研究美国历史的专家，应该说对美国两百多年的历史并不陌生。在访问研究一年的时间里，每一位访问学者都必须在每周三下午进行"政治学习"，由该项目的协调人惠勒博士（Dr.Joanne E.Wheeler）讲授"美国历史和文化"，而且绝对不允许缺席或请假，比国内许多大学周四下午的政治学习的要求严格得多。因此，认为美国大学和大学生没有思想政治教育和政治学习的看法是不真实的。

2.中美大学思想政治教育课教学的方法之比较分析

虽然中美两国社会制度不同、意识形态迥异，但思想政治教育课的设置却都体现了德育课程在教育规律方面的共性，只不过是在思想政治教育的内容和方法上存在着差异。

第一，两国大学都注意利用课堂教学向大学生进行世界观、人生观和价值观教育。美国大学向大学生灌输的是自由主义、个人主义、拜金主义、享乐主义的世界观、人生观和价值观，以及资产阶级的自由、民主和人权。而我们倡导的是马克思主义科学的世界观，以及以爱国主义、集体主义、社会主义和共产主义为核心的人生观、价值观。美国大学思想政治教育或德育教育的根本目的是培养资本主义事业的接班人和建设者，而我们培养的则是社会主义事业的接班人和建设者。美国大学向大学生进行世界观、人生观、价值观教育，意识形态灌输主要通过以下两种方式进行：一是直接灌输，即通过开设相关课程和专题在课堂上向大学生灌输美国国家所提倡的人生观和价值观以及美国人的道德观念、道德准则和相关的职业道德；二是间接灌输，即采用研讨会（Seminar）、辩论会、看表演和录像、参观考察等多种教学形式，引导学生参与教学，从而达到自我教育的目的。

第二，美国大学的政治课与专业课、人文课不严格区分，把思想政治教育课与专业课、德育课与人文素质教育课统一起来进行教学，并且注重其实效性。除了开设专门的思想政治教育课程之外，美国大学还特别强调把德育目标渗透到文理各科教学之中，尤其重视通过美国的历史和地理教育培养大学生的爱国主义信念，树立民族自尊心、自信心和自豪感；通过道德渗透把传授科学知识与培养道德素养结合起来。美国大学要求大学生对每门主修专业，都要从历史、社会和伦理学的角度去学习和研究，即要求大学生学习任何一门专业课程都要回答三个问题：这个领域的历史和传统是什么？它所涉及的社会和经济的问题是什么？要面对哪些伦理和道德问题？而中国大学习惯上把政治课与专业课、德育课与人文素质教育课分开，表面上看是强调政治课、德育课的特殊性和重要性（当然对于政治课、德育课的特殊性尤其是重要性，无论怎么强调也不过分），实际往往容易给大学生造成误会，似乎政治课的科学性、学术性不如专业课，政治课缺乏人文科学底蕴，从而使得许多大学重智育而轻德育，重视专业课程而轻视思想政治教育课程。

第三，美国大学的政治课和德育课的具体课程设置基本由各大学自主决定，全国没有统一的教学大纲和教材。他们不重视系统的、灌输式的政治理论学习和道德教育，从而使学校的政治教育和德育教育处在一种多样化、比较轻松疏散的状态中。但是，美国大学和大学教师特别重视政治教育和道德教育的效果，并且重视渗透式的间接教育方式，强调实践教学和寓教于乐。一方面，他们将政治教育、道德教育渗透到教学过程、教学管理和各种服务之中，将政治教育和道德教育渗透到大众传播和社会环境之中，在不知不觉中影响大学生的政治价值观念和道德价值观念。另一方面，他们十分重视实践教学环节，让大学生参加各种社区服务、社会服务，提供大学生与社会联系的机会，培养大学生的社会责任感、社会公德意识和公民意识。

第三节 国外"微时代"背景下思想政治教育的吸收与借鉴

在全球化网络化的今天，通过研究国外思想政治教育的特点规律，可以借鉴发达国家思想政治教育的先进经验。我们应该不断调整我国思想政治教育的教育内容、教育方法，更新教育观念，创新教育模式，以适应时代的发展，从而更好地增强和改进我们的思想政治教育效果。

一、典型的国外思想政治教育模式分析

1. 美国的思想政治教育模式

美国是个多民族国家，美国思想政治教育强调理论和实践相结合，思想政治教育体系的核心就是"美国精神"，美国思想政治教育的主要目的就是"培养合格的美国公民"。美国思想政治教育的核心问题就是形成统一的民族精神，形成基本的价值观，认同美国这个国家。美国思想政治教育内容十分广泛，思想政治教育主要

包括：思想教育、政治教育和道德教育。美国学校的课程设置全面，历史课程是美国学生的必修课，在专业课程中也渗透思想政治教育的内容。学校教育只是思想政治教育的一个方面，思想政治教育渗透到社会各个方面。思想政治教育以个性发展为前提，强调爱国主义精神和民族精神。

美国思想政治教育的主要方法：（1）美国注重加强社会政治环境建设。美国首都华盛顿就是一个巨大的思想政治教育博物馆。华盛顿纪念碑、林肯纪念塔、罗斯福纪念馆、国会图书馆、独立纪念碑、航天航空博物馆等全部免费开放，全国各地博物馆星罗棋布。建筑物的周围是干净整洁的自然环境，各种建筑物处处都进行政治、思想和道德教育的宣传，到处都渗透着美国"意识"。（2）实践性也是美国思想政治教育的特点。美国各级各类学校都非常重视课外活动和社会服务。校园文化活动丰富多彩，形式多样。政府和社会非常支持学生参加社会性服务。通过这些实践活动可以培养学生自我管理、自我教育和社会生存的能力。（3）美国思想政治教育采用社会化的方式。思想政治教育不仅仅只局限在学校范围内，学校只是社会生活的一种方式。国会、政党、教会、学校、企业、社区等都负有道德教育的职能，重视个性的发展、注重爱国主义教育、培养公民的社会责任感是思想政治教育的重要内容。

2. 日本的思想政治教育模式

日本的思想政治教育有明确的目标。日本的思想政治教育要求在深入了解本国传统文化的同时，广泛了解异国文化，主动为和平的国际社会做出积极的贡献，以此取得国际社会的信任和支持。强调"只有做一个真正的国际人，才是一个出色的日本人"。无论何时，日本思想政治教育的中心内容都是维护资本主义制度和资产阶级民主，其政治色彩十分突出。

日本思想政治教育的主要内容有爱国主义教育、民主主义教育、个性教育、集团意识教育等。爱国主义教育在日本思想政治教育中占有重要的地位。爱国主义教育强调"忠"，对国民进行忠诚天皇、忠诚国家的教育；民主主义教育的主要目的是维护资产阶级的民主制度；个性教育主要是在保证社会利益的前提下，尊重个人尊严和个人价值的实现；集团意识教育主要是树立集体主义观念，培养集体主义责任感。

日本思想政治教育的主要方法：（1）课程设置全面化。日本学校中不仅开设道德课程，而且在各专业课程中也渗透思想政治教育的内容。日本学校通过学科的交叉、渗透，提高了思想政治教育的有效性。（2）重视学生的课外活动，通过举行丰富多彩的集体活动，培养学生热爱集体、"忠于"集体的观念，同时也发展了学生的个性和创造力。（3）开展丰富多彩的社会活动，学校鼓励学生参加社会公益活动，同时利用大众传媒、社区、图书馆等多种途径来开展思想政治教育。

3. 英国思想政治教育的模式

虽然英国没有"思想政治教育"这个概念，实际上英国非常重视思想政治教育，英国思想政治教育采取的方式和途径与我国不同。英国思想政治教育主要是以隐形教育的方式存在于全社会，其中包括学校和家庭。英国思想政治教育的主要内容有公民教育、道德教育和历史教育。公民教育主要进行有关社会责任及公民权利和义务的教育；道德教育的目标是培养合格的英国公民；历史教育的主要目的是使学生"树立认同感"，从而使学生树立正确的历史观、世界观和价值观。

英国思想政治教育的主要方法：（1）英国是个基督教国家，宗教教育在英国的思想政治教育中发挥着重要的作用。宗教课程是学校教育的必修课程，现代宗教教育和道德教育相结合，主要目的是培养公民权利和责任意识。（2）英国学校非常重视校园文化对学生思想观念和道德品质的影响。通过校园文化活动可以增强学生的主体参与意识，增进团结，增强学生的集体责任感、荣誉感，培养集体主义精神。（3）英国思想政治教育注重社会实践活动。通过角色模仿、舞蹈演出、展览、网站、辩论等社会实践活动，激发学生的积极性、创造性。通过这些形式多样的社会实践活动，使学生认识自己的特长，提高了学生的综合素质。

4. 新加坡的思想政治教育模式

新加坡是一个移民国家，新加坡政府强调对国民进行国家意识教育，形成共同价值观。把价值观念提升为国家意识，并在学校、工作场所和家庭中教导，使它们成为新加坡人的生活指南。新加坡大力弘扬东方传统价值观特别是中国古代的儒家传统文化。新加坡在对待东西方文化的态度上，坚持"技术上依赖西方，精神上固守东方"，对儒家文化进行批判的吸收，抵御西方腐朽价值观的入侵。新加坡注重传统价值的熏陶，反对全盘西化，倡导东方价值观。

新加坡政府非常重视学校的思想政治教育。在思想政治教育内容方面，有国家意识教育、公民教育、东方价值观教育、宗教教育等。其中东方价值观教育的核心就是吸收中国的优秀传统文化特别是儒家思想文化，并结合时代的发展，对其内容进行改造和更新，从而提高了思想政治教育的时效性。东方价值观教育是新加坡思想政治教育的主要内容。

新加坡思想政治教育的主要方法：（1）思想政治教育具有层次性和统一性。针对学生身心发展规律和认识能力的不同，制定了合理的、适合不同年龄层次的教育计划和纲要，从而提高了思想政治教育的有效性。（2）国家高度重视，注重培植公民的国家意识，把思想政治教育提升到重要地位。新加坡政府在思想政治教育中具有特殊的地位和作用，政府积极参与和指导思想政治教育，提高了思想政治教育的社会化水平。（3）新加坡注重德育环境的建设，学校是和社会生活紧密相连的特殊环境。学校在学生思想政治观点及品德的形成中，具有独特的地位和作用。新加坡学校的思想政治教育非常注意与家庭和社会的结合，并产生了良好的效果。（4）加强法制建设。新加坡政府重视法制建设在思想政治教育中的作用，通过立法和制定政策，强制人们遵守共同的行为规范，从而形成良好的社会秩序和社会风尚。

5. 德国的思想政治教育模式

德国的思想政治教育有着悠久的历史以及深厚的传统和底蕴。政治教育作为意识形态教育，德国政府非常重视。德国成立了联邦政治教育中心，管理全国的思想政治教育工作。联邦政治教育中心的工作重点始终与社会发展、国家政治和外交政策等重大问题保持一致，对促进国家经济发展、政治安定和民族统一做出了重大的贡献。

德国思想政治教育内容包括以个人主义为核心的思想教育、道德教育、政治教育，以爱国主义为核心的民族精神教育。其中，以个人主义为核心的资产阶级自由、民主人权的教育是德国思想政治教育的首要任务。

德国在教育方法上主要有以下几个特点：（1）通过各学科、各专业的渗透对学生进行思想政治教育。学校思想政治教育主要通过伦理学、教育学、心理学、社会学等课程隐蔽进行，使思想政治教育融于其专业学习的各个环节，贯穿于教育教学的全过程。（2）德国是多教派并存的国家，思想政治教育以宗教化的形式存在于各类学校中。宗教在社会道德体系的建设上有重要作用，通过宗教教育可以建立良好的社会秩序与人际关系。（3）利用大众传媒是德国高校思想政治教育的重要手段。大众传媒是宣扬资产阶级的政治制度和价值观念的重要载体。随着信息时代的到来，尤其是互联网极为迅速的发展，德国高校特别重视网络建设，利用网络对学生进行思想政治教育。（4）心理咨询是思想教育的一个方面。德国的学校建有完善的心理咨询辅导机构。心理咨询可以帮助学生正确认识自己与社会，处理各种关系，逐渐改变与外界不合理的思维、情感和反应方式，使学生学会与外界相适应的方法。通过心理咨询可以充分发挥学生的自身潜力，促进他们在思想和心理上的成熟，养成健全人格。

二、国外思想政治教育对我国的启示和借鉴意义

1. 坚持思想政治教育的阶级性和政治性

十七大报告中提出"建设社会主义核心价值体系,增强社会主义意识形态的吸引力和凝聚力"的重大战略任务,为思想政治教育改革和发展指明了方向,也说明思想政治教育目标的实现必须坚持政治性和阶级性。从思想政治教育的国外教育模式来看,在西方资本主义国家强调个人主义,个人主义不仅是社会存在的精神支柱,而且是思想政治教育的灵魂。我国是社会主义国家,必须坚持集体主义的价值观。集体主义价值观强调正确处理好个人与社会的辩证关系。集体主义是我国思想政治教育的灵魂。坚持集体主义,既保证了社会主义的巩固和发展,集中体现了人民群众的根本利益,又能保证最终实现个人利益。随着我国对外开放的不断深入,人们的生产方式、生活方式正在发生巨大的变化,这些深刻影响着人们的思想。因此必须坚持思想政治教育的阶级性和政治性。

2. 加强社会意识形态教育

现阶段意识形态的教育要把理想信念教育作为核心内容,树立建设有中国特色社会主义的共同理想,树立正确的世界观、人生观和价值观,实现以思想道德修养、科学教育水平、民主法治观念为主要内容的公民素质的显著提高,为建设富强、民主、文明的社会主义现代化强国而奋斗。新形势下意识形态教育的主要任务就是以科学的理论武装人,以正确的舆论引导人,以高尚的精神塑造人,以优秀的作品鼓舞人,不断提高全民族的思想道德和科学文化素质,努力培养和造就有思想、有道德、有文化、有纪律的合格公民,发展新型的人际关系。创造良好的社会风尚,充分发挥人民群众的积极性、主动性、创造性,保证党的路线、方针、政策和国家法律法规的贯彻落实,保证改革开放和社会主义现代化建设的顺利进行。随着全球化的发展,当代西方思潮与政治价值观在全球范围内扩张和渗透。从20世纪至今,西方主流意识形态新自由主义、社群主义、保守主义、民主社会主义、民族主义等对我国产生了消极的影响,对此我们必须高度警惕,加强社会主义社会意识形态教育。

3. 加强隐形教育

隐形教育是西方国家的特色,我们应该借鉴这一方法,丰富和发展隐形教育,使学生在不知不觉中接受思想政治教育。下面一些方法值得我们借鉴:

(1) 建立完善的咨询辅导机构。心理咨询是通过人际关系,应用心理学方法,帮助来访者自强自立的过程。心理咨询方法的本质是疏导,是引导和帮助来访者自

主地做出合理的判断和选择，是通过人际关系达到的教育过程。学校应该建立独立的咨询辅导机构，由受过专业训练的人士提供咨询辅导活动。通过心理咨询活动可以帮助学生正确认识自己，确定合理的目标，解决生活和学习生活遇到的问题，提高学生的认知水平和能力素质。

（2）加强社会实践活动。学生参加社会实践，可以了解社会、认识国情、增长才干、奉献社会，锻炼毅力、培养品格，对于加深对党的路线、方针和政策的认识，坚定在中国共产党领导下，走中国特色社会主义道路，实现中华民族伟大复兴的共同理想和信念，增强历史使命感和社会责任感，对落实科学发展观和构建社会主义和谐社会具有不可替代的重要作用。在实践活动中要注意如下问题：首先，采用灵活多样的形式，遵循教育规律，结合教育对象的不同采取不同的方式。如可以采取社会调查、参观访问和社会考察、创建文明社区、文明家庭、开展公益劳动和勤工俭学活动等。然后，加强实践基地阵地化建设。社会实践要做到知识与实践的统一、校内和校外的结合，在社会实践基地的建设上应与学生的专业有机结合，把建立实践基地、优化实践环境与促进社会和谐结合起来。通过社会实践可以促进学生身心全面发展，树立正确的世界观、人生观、价值观，使青少年始终沿着正确的方向健康成长。

4. 重视社会环境的合力作用，思想政治教育是一个全社会的系统工程

良好的社会环境对人的思想道德的形成和发展具有重要的作用，因此我们要大力优化社会环境。除了学校教育这条主渠道外，政府、学校、家庭、社会机构构成一个相互作用、相互联系的教育网络。在发挥学校这一思想政治教育主渠道作用的同时，要充分调动社会组织、社区、家庭等在思想政治教育中的作用，使各种环境协调一致，形成学校、家庭、社会纵横联系的教育网络，实现思想政治教育合力的最大化。

5. 利用大众传媒来加强思想政治教育

大众传媒具有覆盖面广、辐射力较强的特点。我们要充分利用大众传媒和现代信息技术来加强思想政治教育，要充分利用报纸、书刊、书籍、广播、电视、电影、录音、录像、网络等现代化大众传播媒介的宣传和影响作用，抓住热点，牢牢把握正确的舆论导向，充分利用网络技术开展形式多样、生动活泼的网上思想政治教育。根据形势需要不断开辟新网站，提高网络宣传的质量，用灵活多样的宣传手段进行思想政治教育，提高思想政治教育的时效性。

6. 运用各种灵活的方法；将艺术教育融入思想政治教育

思想政治教育应该针对教育对象的具体特点选择和运用不同的方法，可以采取角色模仿、音乐、舞蹈、摄影、展览、辩论、游戏等寓教于乐的方式进行思想政治

教育。思想政治教育是教育人的活动，从某种意义上讲是一种艺术性活动。艺术就其本质而言应该是情与理交融的艺术。思想政治教育的根本任务是向教育对象灌输正确的理论。思想政治工作必须遵循的一条原则就是情理结合，情理交融。两者相互依存，不可分割，是辩证的统一。恰当运用思想政治教育艺术，可以充分地发挥理论的理性力量，从而达到启迪人、说服人的目的。总之，思想政治教育者要采用灵活的方法，不断创新思想政治教育的模式，将艺术性融入思想政治教育，提高思想政治教育的有效性。

7. 思想政治教育要坚持以人为本，增强学生在思想政治教育中的主体性地位

美国教育家杜威主张把德育与生活有机结合，在丰富多彩、充满个性的生活之中培养学生良好的品德和优良的个性。这一理论已经得到广泛的应用。德国现代存在主义哲学主要代表人雅斯贝尔斯曾经说过：真正的教育应该是"人与人的主体间的灵与肉的交流活动"，而不是"理智知识和认识的堆集"。这就要求尊重受教育者的主体地位，也就是应该坚持以人为本。我们应该把发展人的主体性放在中心地位，不断创新教育模式和教育方法，改变传统的教育观念和传授习惯，将受教育者看作是有生命的个体、有个性的主体，关注他们的发展需要，关注人的物质利益和客观需求，努力探索尊重人、理解人、关心人、爱护人的方法，建立双方之间平等的、双向的教育方式，提高受教育者的积极性、主动性和自觉性。我们要帮助受教育者增强自我修养、自我完善的意识，实现人的主体性最大发展，从而提高思想政治教育的效果。

8. 加强爱国主义教育，拓展爱国主义教育的内容

爱国主义是思想政治教育的灵魂。爱国主义教育应该有全球眼光，维护国家主权、国家地域、民族文化。引导人们正确认识和处理民族性与世界性问题利益的关系，反对狭隘的民族主义和爱国主义，吸收人类一切优秀成果和进步观念。有针对性地、分层次地开展爱国主义教育。要不断完善爱国主义教育机制：（1）加强国家主权观的教育。主权是一个国家和民族生存发展的基石，坚决抵制西方霸权主义者的"主权过时论""人权高于主权"的谬论。（2）弘扬和培育民族精神。民族精神是爱国主义教育精神内涵的扩展和延伸，是民族文化的核心和灵魂。文化是一个国家民族精神的纽带，为此我们要弘扬中华民族优秀文化传统，吸收和借鉴人类的先进文化成果，要不断创新传统文化，使我国的文化发展与时俱进。

第六章 我国"微时代"背景下的高校思想政治教育路径的创新

第一节 传统教育路径的弊端

一、当前思想政治教育存在的问题

邓小平曾指出："我们是历史唯物主义者，研究和解决任何问题，都离不开一定的历史条件。"近几年，各级党委和府机关坚持把思想政治建设摆在首位，积极适应形势任务的发展变化，努力加强和改进思想政治教育，在社会主义市场经济发展的过程中，思想政治教育发挥了重要导向、凝聚和激励作用。但是，思想政治教育质量不高、效果不好，仍然是一个带普遍性的问题。从全局上看，当前对思想政治教育质量和效果影响较为直接的问题主要有五个"不相适应"。

1. 思想观念与新时期思想政治教育的地位作用不相适应

随着改革开放、社会主义市场经济的发展和现代化建设的推进，思想政治教育的地位、作用显得愈来愈重要，迫切需要确立与之相适应的思想观念。目前，有些领导和机关的思想观念仍然比较陈旧和滞后，不适应社会发展的需要，主要表现在：一是受"左"的思想影响，重先进性要求、轻广泛性要求；二是受计划经济观念影响，重工作投入、轻效益产出；三是受市场经济负面影响，重利益驱动、轻思想引导；四是受案件事故压力影响，重对上负责、轻对下负责。

2. 教育内容与新时期思想政治教育的基本任务不相适应

一是教育内容偏"远"，针对性不强。一些基层单位不善于把上级指示与本单位实际结合起来，不注意加强针对性，计划安排上下一般粗，组织教育不分层次搞"一锅煮"，领导与群众同读一本书，老、中、青三代同听一堂课，致使教育内容远离形势任务需要和群众现实思想。二是教育内容偏"杂"，系统性不强。"教"出多门、层层加码的现象，削弱了教育的系统性和完整性，冲淡了上级部门精心设置的重点教育，也冲击了正常的教育秩序，使基层不堪重负，难以承受。面对繁杂的教育任务，基层只能疲于应付，难以顾及质量和效果，出现了一堂课讲几个内容的"结合性教育"、一小时算半天的"压缩性教育"。三是教育内容偏"窄"，创造性不强。当前的教育内容依然固守在传统的思想政治内涵上，涵盖面比较窄，不能适应社会主义市场经济发展的需要。近几年，人们的文化素质不断提高，社会经历日趋复杂，独生子女、单亲家庭和家庭遭遇突变的人逐渐增多。青年对求知、审美、处事、交往表现出浓厚兴趣，但当前的教育内容却很少设置社会学、行为学、心理学、美学等相关知识。

3. 方法手段与新时期思想政治教育的对象特点不相适应

一是单向灌输的教育模式难以满足人们日益增强的民主意识的需求。青年人关注自身价值，参与、竞争意识强烈；喜欢独立思考，遇事有主见，看待事物不盲从，敢于发表自己的意见；注重平等相待，乐于双向交流。

青年民主意识的普遍增强，与基层单位固定的单向灌输模式形成明显反差。有些教育者习惯于"我讲你听"的"填鸭式"方法，认为只有"我在台上讲，你在台下听"才叫教育，加之生硬呆板，缺乏思想交流、感情交流，容易导致青年群众的逆反心理。

二是传统封闭的教育方法难以满足人们日益增强的开放意识的需求。青年人成长于改革开放年代，思想开放活跃，眼界比较开阔，对新的观念和事物接受较快，具有鲜明的时代特征。而许多单位教育方法相对比较封闭，形式比较单调，过分依赖课堂教育，"走出去、请进来"等开放式教育太少，基本上还是"上课、讨论、总结"三部曲，这种状况与青年的兴趣和愿望有较大的差距。一项对部队思想政治教育的调研报告中，以"你最喜欢什么样的教育方法"为题设定7种方法，有76%的人选择"走出去参观"，排第二位的是"请专家学者授课"（42%），排在最后的是"自己组织上大课"（6%）。同样的教育，方法不同，效果是不一样的。事实证明，适应青年的开放特点，需要探索"大教育"的新路子。

三是相对落后的教育手段难以满足人们日益增强的成才意识需求。随着社会主义市场经济的深入发展，社会对人才的需求越来越高，成才的机遇也不断增多，青年求知成才的心理压力感和紧迫感比以往更加突出，许多人渴望能将思想政治教育与业务、技能的发展结合起来，但许多单位的思想政治教育并非如此。

4. 思想政治工作者综合素质与新时期思想政治教育的客观需要不相适应

在对120名政工干部的调查中发现，未经过政工专业培训的就有89人，占75%。在5个基层思想政治教育座谈会上，绝大多数同志反映教育缺少有说服力的释疑解惑。对基层关注的热点问题，有些政治干部受理论水平所限，或思想不够敏锐，不能及时发现热点问题；或自己对问题并不清楚，不敢接触热点问题，避难就易"绕道走"，严重影响了教育效果。造成这种状况的原因，从组织的角度看，存在着一种对政治干部重使用、轻培养的现象，任其在一种较低层次上自然生长。从政治干部自身看，有的平时不注重学习政治理论，只求一知半解，不求深钻细研。

一是知识结构单一，教育缺乏启迪力。政治教育的过程也是传授知识的过程。对日趋渴求增长知识的广大群众来说，增加教育的知识含量，显得尤为必要。在对120名基层政工干部的调查中，感到他们的知识结构不尽合理，知识面普遍比较窄。座谈中，一些政工干部反映，由于知识面窄，教育中不敢放开讲，怕讲不过群众，下不了台。这样的政治教育，群众受不到知识启迪，感到"不解渴"。知识结构不合理有其先天不足的因素，主要是政治干部来源少，经过专门培训的政治院校学员分配名额很少；不少年轻的专业技术干部不愿改行，感到政治干部不是"双轨制"，发展路子窄，致使政治干部选拔余地小，择优任用极为困难。二是施教能力较弱，教育缺乏吸引力。据对120名基层政工干部进行的组织政治教育问卷调查，其中"基层思想政治教育的主要形式和方法"，回答全的不到20%。教育吸引力强不强关键在于教育者施教能力强不强。少数政治干部事业心、责任感不强，没有把政治工作当事业来干，施教能力提高不快。近几年，领导干部亲自讲课比较多，包揽教育较多，基层政治干部实践锻炼较少，也在一定程度上影响了施教能力的提高。三是自身形象欠佳，教育缺乏感召力。身教重于言教。领导干部进行思想政治教育，不仅要靠真理的力量，也要靠人格的力量，以高尚的精神塑造人。然而，确有少数领导干部自身形象与教育者不符，直接影响着教育的效果。在问卷调查中，对影响教育质量和效果的主要因素，有23%的群众认为是教育者"说一套、做一套"。少数领导干部对自身要求不严，表现为言行不一，说的和做的不一样；道理对人不对己，要求别人和要求自己不一样；好说空话套话，对上和对下不一样，导致"台上他说、台下说他"。一些单位存在的处事不公、风气不正的问题，也使群众感到"听到的"和"看到的"不一样，对少数领导干部失去信任感和敬仰感。

5. 现行教育机制与新时期思想政治教育的法规建设不相适应

一是制度规定不够落实，法治作用不够明显。近几年，基层思想政治教育工作虽然也建立了如党委议教制度、教育准备会制度等，但往往存在用统一布置工作任务代替对教育的专题研究，用分析工作形势代替教育形势分析。制度规定不落实的问题，从一个侧面反映出教育法规作用的软弱无力，"人治"大于"法治"，随意性大于严肃性。落实和执行制度的好坏，取决于执行者责任心的强弱，而不是靠法制来保证，落实制度好的得不到鼓励，差的得不到惩罚，直接影响了教育法规建设的水平。二是履行职责不够严格，制约作用不够明显。在调查中，也发现有些政工干部或多或少存在履行教育职责不够严格的现象。比如，在教育前的调查摸底上，有的不针对教育内容列出调查提纲，没有真正摸清教育的结合点；在制定政治教育计划时，有的教育时间、内容安排得不合理，课题设置缺少针对性；在备课、授课、讨论环节上，有的教案质量不高，联系实际不紧，审查把关不严，授课前也不进行试讲，有的基层干部既不参加又不指导讨论，等等。诸如此类的问题，集中反映出各级对教育实施过程缺少一个相互制约的监督机制，上级对下级、机关对基层、部门对部门应履行的职责缺乏有效的跟踪监督，势必影响教育质量和效果。三是考评标准不够科学，激励作用不够明显。确立一个衡量教育效果的科学尺度，有助于正确评估每个单位教育的成效得失，也有助于形成良好的激励机制，加强和改进思想政治教育。一些单位教育搞不好，甚至走过场，原因固然很多，最根本的是缺乏衡量教育成效的科学标准。现在，认为教育质量难检验，教育效果难考评，带有一定的普遍性。有的单位政治机关往往把教育过程同教育成果简单画等号，以教育的工作量为标准，检查时只翻教案，看记录、查作业，统计开了多少次会，作了多少场报告，组织了多少次讨论，用了多少时间，看成果也局限于是否完成了任务、保证了安全。有的单位不看过程，只看效果，或以考试成绩多少为标准，或以单位出不出事为标准，甚至以上级转发经验多少为标准。考评结果既不与评选先进党支部和先进单位挂钩，又不与教育者和被教育者个人进步挂钩，存在教育好坏一个样、学习好坏一个样的现象，起不到应有的激励作用。

二、加强思想政治教育实效性的对策

在新形势下，加强思想政治教育的实效性必须在以下几个方面下功夫：确立全新教育观念，增强思想政治教育的时代感。观念是行动的先导。增强思想政治教育的实效性，首要的是观念上的除旧布新，使其与时代脉搏同频共振。提高基层思想政治教育的质量和效果，需要坚持实事求是，立足于社会主义初级阶段的实际，着眼于发展社会主义市场经济的具体条件，对新时期思想政治教育的地位作用进行科学准确定位，树立与之相适应的思想观念。要确立先进性要求与广泛性要求相统一的观念，把长远目标分解为每个阶段教育能达到的近期目标，把共同目标分解为适合各层次教育对象需要的具体目标；要确立工作投入与效益产出相统一的观念，遵循教育循序渐进、逐步提高的客观规律，始终把教育的中心点放在有的放矢地解决思想问题上；要确立利益驱动与思想引导相统一的观念，正确运用物质利益原则，既重视解决群众的思想问题，又注重解决群众的实际问题；要确立对上负责与对下负责相统一的观念，把眼前效益与长远效益结合起来，抓根本、打基础、求实效。科学构建内容体系，增强思想政治教育的针对性。突出教育内容的时代性。新形势下，应突出以下几个方面的教育内容：其一，介绍世界形势与各种新思想、新思潮；其二，突出邓小平理论和"三个代表"重要思想的学习教育，用党的创新理论武装群众的头脑；其三，加强有关市场经济知识的学习；其四，加强传统文化的教育。加大教育内容的知识性，完善群众的知识结构，要注意"查缺补漏"，使群众在工作中保持知识结构的不断更新和完善；其二，增加教育的知识含量，要善于运用古今中外的各种知识和心理学、文学、美学、经济学、政治学等学科知识充实教育内容，使之丰富多彩，更富感染力，让群众在知识海洋的遨游中受到熏陶，提高思想境界和政治觉悟；关注人的持续发展，思想政治教育必须根据人们对新知识的渴望扎实进行，努力做到将社会的发展与个人的发展结合起来。注重教育内容的科学性。要坚持先进性与群众性的统一，既要倡导群众践行先进的理论、科学的世界观和人生观，又要允许群众在政策允许的范围内自由表达自己的思想和实践自己的行为；其二，要坚持教育内容相对稳定与不断充实的统一，既要防止教育内容盲目跟形势、"赶浪头"以及"单纯任务观点"，又要根据国际国内形势的发展变化，随时充实一些新的教育内容，使其更加富有新意和感染力；其三，要坚持教育内容普遍性与特殊性的统一，要从群众不同的思想基础出发，使教育内容由"粗"到"细"，做到分类教育，个别引导，逐步提高。

不断改进方式方法，增强思想政治教育的有效性。变单向灌输为双向交流。一是要提高思想认识。思想政治教育者要认识到自身存在的不足之处，自觉承认自己也有接受再教育的必要，而不可一味地将自己置于唯我独尊的主体地位，搞"填鸭式""满堂灌"教育，更不能搞"理解的要执行，不理解的也要执行，在执行中加强理解"的那一套极"左"做法。二是要强化群众观念。要树立群众观点，相信群众，依靠群众，尊重群众的首创精神，最大限度地调动群众参与教育的积极性。三是要正确启发诱导。双向交流不是漫无边际的神侃乱吹，也不是没有中心的泛泛而谈。对于每一项思想政治教育，教育者都要根据上级的指示精神和本单位的实际需要，确定好教育主题，定好教育基调。在此基础上，引导群众围绕主题进行思想交流，或以提问的方式，或以答问的方式来开启他们的思想阀门。在交流过程中，对群众中蕴藏的先进的思想观念，要大力挖掘和弘扬；对一些偏激的思想意识，要善于发动群体的力量给予批评、教育和引导，从而始终牢牢把握教育的方向和主旋律。

同时变显性教育为显隐结合。一是寓教于活动。现代科学技术的发展和普及为群众的业余文化生活提供了广阔的舞台，同时也大大扩展了思想政治教育的课堂。思想政治教育应该从方寸之间走向更广阔的天地，将工作开展到游艺厅、影剧院、体育场,充分发挥现代传媒的传播、渗透功能,对群众的思想进行全方位、立体式熏陶和感染,使他们在无意之中接受教育。二是广泛开展学习型教育。群众的思想觉悟是建立在相应的知识文化水平之上的。要改变过去那种单纯依靠政治意识的灌输来提高思想政治素质的传统做法,加强相关知识的传授。要为群众的科学文化学习创造一定的条件和环境,配备必要的教材、教具,提供充足的学习时间和空间。充分激发群众的学习热情,使他们在科学知识和文化的学习中达到思想境界的提高。三是充分考虑教育客体的差异。在思想政治教育过程中,从教育对象的特点出发,承认差别,因材施教,有的放矢,有针对性地搞好思想政治教育。

变集中教育为统分结合。一是对决定群众立场的根本性的思想内容必须进行集中教育。先进的思想不会在群众的头脑中自发地产生,必须从外部灌输进去。对于马克思主义的基本理论、原则,我们党的纲领等这些根本性的东西,必须集中教育。只有这样,才能使群众真正树立起坚定的政治信仰,提高政治觉悟,保持正确的政治方向。二是对影响群众思想稳定的倾向性问题,宜采取统分结合的形式进行教育。比如对于党和国家在某一方面所采取的方针政策,现实中存在的带有倾向性的社会问题,应该通过集中教育定好基调。在此基础上,再分开来加以讨论,统一思想,提高认识。三是对于群众在现实生活中遇到的一些具体的思想问题,则应以实行分散教育为主。在教育过程中,要着眼于群众觉悟程度、道德水准、文化基础和社会经历等方面的差异,从不同时期和不同对象的实际出发,区分层次,循序渐进,逐步提高,尽可能体现出不同的教育突出不同的重点。

大力拓展教育空间,增强思想政治教育的吸引力,形成齐抓共管的教育局面。一要确立以党组织为核心,以政工干部为骨干,以干部党员为主体,形成党团组织系统、行政系统和其他群体系统的全方位、全员额的教育主体体系,由"小政工"变为"大政工",形成领导带头做、政工干部重点做、其他干部配合做、群众主动做、党员骨干随时做的政治工作局面。二要与理论工作者、文艺工作者、新闻工作者等加强广泛的合作,使教育内容与现实报道、理论研究、文艺表现相一致而不是各自成一套,将理论工作者、文艺工作者和新闻工作者都纳入思想政治教育系统内,形成教育合力。

利用社会课堂的教育资源。一是走出去参观学习。比如,根据教育安排和具体情况,有计划地组织群众到一些好的企业参观学习,把社会各行各业所取得的巨大成就,作为教材加以利用,开阔视野,提高认识,加深对教育内容的理解。二是请进来辅导交流。为配合某一项专题教育或为解决基层单位存在的倾向性思想问题,适时请地方专家学者、先进人物做报告；请地方院校、群众团体、企事业单位介绍他们成功的教育经验，以便有所吸收和借鉴。探索单位、社会和家庭"三结合"共教共育新模式，采取必要的"走出去"和"请进来"等方式时，要始终坚持以单位教育为主，把社会和家庭教育纳入思想政治教育体系；要坚持开展活动的"高格调"，对来自社会和家庭中的消极因素必须坚决抵制，并进行正确引导。

发挥基层单位文化的教育功能。基层单位文化一方面要注重借鉴和吸收社会文化的最新成果，另一方面要注重保持固有的特色和传统，在歌咏比赛、读书演讲、影视评论、体育竞赛等活动中，尽可能地赋予一些鲜明的主题，更多地融入思想政治教育的内容，使群众的心灵在娱乐中得到净化，精神境界在活动中有所升华。寓思想教育于基层单位文化生活，当前需要把握两点：一是在组织基层单位文化活动时，要强化人人参与的意识，坚持活动的多样化，调动群众参与的积极性，要坚持弘扬主旋律，始终紧贴时代发展和群众需求，在提高活动内容的思想性、知识性和智能性上下功夫，发挥活动的娱乐、求知和教育功能；二是要加大对基层单位文化建设的投入，繁荣基层单位文化艺术，注重用文艺熏陶来实现教育目的。打造依托网络的教育平台。一是充分认清实施网络教育的现实意义。一方面，网络教育是思想政治教育所处社会环境的客观需要。领导机关和职能部门要尽快转变思想观念，必须充分认识到，信息网络不仅是一种高技术手段，而且是一种文化，是一种潮流，它对人们的思想观念、价值取向和行为方式等各个方面都有着重要影响；另一方面，网络教育是思想政治教育的有效途径。思想政治教育同现代科技结合起来，可以明显增强思想政治教育的吸引力和说服力。二是积极探索实施网络教育的方法途径。可以在局域网上建立思想政治教育主页，开设各种板块，其中包括时事点评、教育资料题库等相关内容，让一些成功的思想政治教育课、有关专家的辅导、专题电视节目及优秀影视片等直接上网并进入教育课堂；可以根据年度教育安排，赋予每名政治干部相应的教学课题，根据教育计划，进行网上集中备课，遴选优秀教案及课件进行试讲，采取竞争上网的形式等。另外，还可以运用信息网络技术，广泛开展"网上讨论"，建立健全教育制度，增强思想政治教育的规范性。在新形势下，增强思想政治教育的实效性，建立科学的制度保障体系是当务之急。其一是组织领导制度。主要是明确各级在基层单位思想政治教育中的权力、职责和分工，着重解决政出多门、随意性比较大的问题。其二是科学评估制度。要把对教育效果的评估同对教育实施措施的评估联系起来；要把领导机关评估与群众评估结合起来；再次，要把教育效果同基层单位全面建设和完成任务情况联系起来进行综合评估。其三是信息反馈制度。上级领导机关指导基层思想政治教育，必须建立在对其思想情况和教育实施情况及时准确掌握的基础上，要形成良好的反馈机制。其四是调查研究制度。通过定期深入基层，搞好调查研究，每次大项专题教育前，政治机关和基层党委、支部都要围绕教育主题，摸清群众的思想底数和带倾向性的问题，制订可行的实施方案，明确教育重点、方法步骤和具体要求。其五是定期培训制度。坚持送"学"深造，增加院校培训数量，提高培训的层次；坚持定期组织政治工作干部进行短期集中培训，统一思想认识，加强相互交流，实现共同提高的目的。其六是经费保障制度。要有计划、按比例地对基层单位的思想政治教育加大投入，设立专向科目，确保经费来源，做到专款专用。总之，思想政治教育要不断根据新形势、新情况、新特点加强教育内容、教育方法、教育制度等改革与创新，重在增强实效性，更好地为社会发展与人的发展服务。

中学德育实效性低下的第二个原因是德育实施方面的问题。德育推进素质教育，如何通过素质教育的深化使德育得到更好的落实，这其中需要有很好的载体。课堂是中学德育活动的主要渠道之一，而课程是组织课堂教学活动的重要条件。中学德育课程是中学德育内容与现代课程形式的组合方式。关于德育内容和课程形式的组合，目前我国德育研究中基本存在两种组合方式：一是"小德育"的"大课程观"。所谓"小德育"即指把德育理解为道德教育；而"大课程观"即"经验"本质观，即把课程内容理解为思想道德方面直接经验与间接经验的总和。二是"大德育"的"小课程观"。所谓"大德育"即把德育理解为思想、政治和道德教育；而"小课程观"即"知识"本质观，把课程内容理解为思想道德方面知识及知识体系。把德育课程理解为学校为实现教育目标，有组织、有计划地开设的培养学生思想道德素质方面的教学科目及计划。其中狭义的德育课程即指具体德育课程科目，如马克思主义理论课、思想品德课等，广义的德育课程指所有德育课程科目的总和。这两种德育课程的组合方式均存在着一定的片面性。第一种组织方式的片面性在于对德育内容理解的偏差，而第二种组合方式的片面性在于对德育课程本质理解的局限。无论是"小德育"的"大课程观"，还是"大德育"的"小课程观"都不能充分揭示中学德育课程本质。只有"大德育"的"大课程观"才能更好地体现中小学德育课程本质，即在课程方面要解决德育课程的开发和学科教学中的德育渗透问题。当前我国在德育课程上主要存在以下几个问题：首先，德育课程的内容脱离学生的实际生活，德育教材过于注重思想内容而忽视给学生提供可以产生真实感受和体验的材料。德育教材中对知识体系与意情教育因素的重视程度高于对能力因素的重视，学生解决道德问题的能力往往被忽视。其次，德育课程内容频繁变动。以思想政治课为例，据《中学思想政治课教学论》一书统计：新中国成立后，北京市中学思想政治课教材变动共计有 33 次，其中 10 次发生在 1976 年以后。从全国范围看，仅 1976 年以后大的变动就有 3 次，除了这几次大的变革之外，小的修订和调整的次数远大于 3 次。思想政治课适应时代和社会的变迁作相应和适当的调整，本是难以避免的，但是如此频繁地变动大纲、教材等，给思想政治课教学带来不少困难：教材频繁的变动使中学思想政治课的可信度降低；教材频繁的变动既让教师对德育内容的稳定性失去信心，又难以使教师保持一个有序的、一贯性的人格形象；教材频繁的变动使课程地位下降。针对这种情况，檀传宝提出了"思想政治课教材双轨制"的设想，即选择思想政治课大纲中最基础的内容，或者说经典性的内容形成具有相对稳定性的常规教材、基本教材，或称"硬教材"。这一教材的内容一经确定，可在相对长的时间内保持不变。与此相应，选择思想政治课教学大纲中与现实生活最为接近的部分，形成活页式的思想政治课的补充教材、现实教材，或叫"软教材"。软教材可根据情况变化，反映最新的理论、政策要求及国内外大事，每学期或每学年一变。上述硬、软教材在中学阶段的各年级均予以实施。整个中学阶段就形成平等存在的两种思想政治课教材体系，且两个体系教材相互衔接和照应。一是实施方法的强制化。在课堂组织上单向灌输过多，缺乏应有的交流、讨论，即使有讨论，也是为了得出既定的道德结论，而不是为了学生道德认知、道德自省能力的提高。灌输式的教育方法实际上是一种"强暴式"的传递方式，是德育人性化缺失的重要表现，也是德育教学实效性低下的重要原因之一。二是实施方法的形式化。长期以来我国的中学德育较少给学生提供实践的机会，即使有实践活动也是蜻蜓点水，以点代面，导致道德实践活动走向形式主义，不能取得理想的效果。

学科教学中进行德育渗透是课程教学中进行德育教育的有效途径。因为学科教学始终是中学阶段特别是高中阶段学校教育的主渠道，以学科知识为载体，可以有效地发挥学科德育在中学德育新格局中应有的作用，增强学生的理想与信念，培养学生正确的世界观、人生观、价值观。传统的学科教学也注重德育的渗透，但实效性不高，其主要原因是在课堂教育渗透中存在问题。这主要表现在：第一，随意化，使德育渗透流于形式而失去应有的活力，如在一些人看来，学科教学中的德育渗透只不过是在学科教学中加一些德育内容，或是一些德育素材的堆积；第二，表层化，只对教材的表层可见部分进行常规性德育渗透，没有对教材的德育内容进行深层挖掘，如只是在传授学科知识的同时单纯地增加一些爱国志士的先进事迹等；

第三，分离化，没有把课堂教学的智育与课堂应渗透的德育进行有机融合，造成在课堂教学中学科知识和道德准则"两张皮"的现象。课程是课堂教育的核心，是完成教育目标的切入点和着力点。如果不能与课程的开发、设置有效地结合起来，中学德育的实施永远是水中望月，镜中观花。德育方法存在偏差，缺乏创新。德育方法是为达到德育目的，实现德育内容，在德育原则指导下，运用德育手段进行的教育者和受教育者相互作用的活动方式的总和。影响中学德育效果的因素是多方面的，但德育方法确是其中至关重要的因素，能不能恰当地选择和创造性地运用德育方法直接关系到德育的效果，直接影响着德育目的和任务的实现。毛泽东曾把完成任务的方法比作桥或船。德育方法就是通往德育目标的一座桥梁或船，没有这个桥或船，德育目标就无法实现。因此，方法的科学性直接关系到德育的实效性。构建科学的德育方法，最有利于防止低效劳动、无效劳动和负效劳动，能够最大限度地提高德育的实效性。当前在中学德育的方法中主要存在以下问题：第一，重灌输，轻体验。在德育实践中我们往往把学生看成是道德知识的接收器，抹去了情感和意志的体验。重视说服教育法，注重灌输课本要求的道德要求。这实际上是"把道德教育的过程仅仅看作是对学生施加外部道德影响的过程，而所施加的道德影响又主要是既定的道德规范，强调的是学生符合规范的行为习惯的养成"。我国的德育实践常简单地将德育处理为单向度的知识传播和灌输过程，认为只要教给了关于道德的知识，学生就会获得相应的道德认识；有了一定的道德认识，就能外显为一定的道德行为。这样的德育在内容上明显重理性规范，轻感性情感，学生的情感生命成长在此无一席之地。更何况，即使是理性的教，它也忽视了学生才是道德生成的主体，忽视了唯有被学生体认了的规范或规则，才有可能影响到学生的行为。在这样的德育过程中，本应是"人"的学生被降格为"物"。可以说，这是一种失衡了的德育，物化了的德育，这种德育对人的发展而言本身便是不道德的。第二，重规范，轻人格。传统的德育模式注重管理的效能，没有把学生置于平等的地位，在德育实施过程中，许多规章制度缺乏人文关怀。我们更多的是注重学生的整体划一，将他们赶进事先设计好的框子中去，而未能注重学生的个体特征，未能深入学生的灵魂深处，无法触动心灵的琴弦，也就很难收到德育效果。第三，重形式、轻内容。现有的中学德育工作过多强调社会的要求，过分地追求规模化，显得大而空，出现了只重视外在表现的形式主义，对德育工作的内容、方法、途径和意义缺乏深层次的理性认识。主要表现在重计划，轻实际工作；重活动数量，轻活动质量；重搞大型活动；应该将形式与内容、动机与效果有机统一起来。第四，重学校单一德育，轻学校、家庭和社会的德育合力。在中学德育教育中经常会听到关于"5+2=0"的抱怨。意思是说,学校对学生进行5天的正面教育被学校、社会对学生进行2天的负面影响抵消掉了。这一公式及其所包含的认识不免有简单化之嫌,但这一公式却从一个侧面揭示了一个基本事实:我们的学校德育工作和家庭教育、社会教育严重割裂。学生思想品德的发展是在外界多方面信息源的影响下进行的,学生的活动往往要受到家庭教育、学校教育和社会教育的多重影响。就学生的发展而言,学校、家庭和社会之间是一个难以分化的整体。不同影响因素之间也在相互影响,通过合力发挥作用。"5+2=0"的现象告诉我们在现实的德育教育中,学校教育、家庭教育和社会教育三者之间很多时候是缺乏沟通联系和组织协调配合的,存在不协调,甚至相悖的情况。学校、家庭、社会三方面的德育力量教育要求不一致、甚至互相冲突,形成德育上的分力和反作用力,最终影响学校德育的实效性。"工欲善其事,必先利其器",改革中学德育方法,激发中学德育的内在活力,是中学德育走出困境的有效途径之一。

三、提高中学德育有效性的对策

加强德育的课程化和课程的德育化,实现全方位德育。时下新一轮的课程改革正在全国如火如荼地开展着,这对加强中学德育工作,提高中学德育的有效性来说是一个很好的契机。2000年12月颁布的《中共中央办公厅国务院办公厅关于适应新形势进一步加强和改进中小学德育工作的意见》,明确指出要"加强中小学德育课程建设","德育要寓于各学科教学之中,贯穿于教育教学的各个环节"。2001年6月,全国基础教育工作会议召开并颁布了《国务院关于基础教育改革与发展的决定》,进一步提出"加快构建符合素质教育要求的基础教育课程体系"。同年,教育部正式颁布了《基础教育课程改革纲要(试行)》,明确提出新课程要"使学生具有爱国主义、集体主义精神,热爱社会主义,继承和发扬中华民族的优秀传统和革命传统;具有社会主义民主法制意识,遵守国家法律和社会公德;逐步形成正确的世界观、人生观、价值观;具有社会责任感,努力为人民服务;具有初步的创新精神、实践能力、科学和人文素养以及环境意识;具有适应终身学习的基础知识、基本技能和方法;具有健壮的体魄和良好的心理素质,养成健康的审美情趣和生活方式,成为有理想、有道德、有文化、有纪律的一代新人"。

加强德育课程建设。德育课程是学校课程的重要组成部分,通过德育课程,学校可以有效引导学生对德育目标的思考与体验,为学生创造一种道德情景,使其承担不同的社会角色,从而获得道德的发展,形成健全的人格。学校德育课程资源非常丰富，教育类包括：班会、开学典礼、国旗下讲话、形势报告会、党（团）课等；活动类包括：军训、劳动值周班、合唱节、艺术节、科技节、体育节、运动会、学生干部夏令营、寻根活动、"五四"表彰会等；另外还有社区服务、社会实践、参观、访问等。这些资源在日常教育中缺乏系统性，带有盲目性，而新课程要求把这些活动整合、优化，在实施中强调计划、目标、时间、组织保证，就具备了课程的特点。这些德育资源在实施中，有些是集体组织，有些是学生可以根据自己的情况选择，学生要做好三年规划，确保学生综合素质评价及对学生实施过程化评价，充分发挥这些德育资源的德育功能，实现育人的目标。在这些德育资源实施过程中，通过学生的参与体验、反思感悟，同时通过成长记录、学分认定委员会认定、公示等一系列环节，达到自育和他育的有机结合，培养学生的优秀素质和品质，让优秀成为一种习惯。学校社团也是学生自愿参加的，强调了个人如何发挥作用，调动学生的主观能动性，不需要再用太多集体的规则约束学生，学生自己会发挥社团的作用，主动维护本社团的荣誉，培养学生的责任感和团队意识。学生管理也是具有选择性的，学生社团招收新学员，学生会、团委会改选的过程就是德育过程，赋予计划、目标、时间、组织保证，既有教育功能也课程化了。

加强学科教学中的德育渗透。学科教学中的德育渗透是一个古老的课题。在我国，孔子在公元前六世纪就已经提出教学不但要"博学于文"，而且要"约之以礼"，强调在教学生文化知识的同时用奴隶主阶级的思想品德约束和规范学生。唐朝的韩愈不仅明确了教学的三项任务——传道、授业、解惑，并且指出："学古道则欲兼通其辞，通其辞者本志乎古道也。"论述了"文"与"道"的关系。到宋代周敦颐正式提出"文以载道"的主张，成为语文教学界至今遵循的原则。在外国，从捷克夸美纽斯《大教学论》的阐述到德国赫尔巴特的班级授课制，一开始就提出教学中的德育问题。赫尔巴特说："教学的最高和最后的目的，包括在这一概念之中——德行。我不承认有任何无教育的教学。"英国教育家洛克也提出要让学生在"钻研学问中掌握德行"。即使是伪称"教育无目的"的杜威，也要求教师在教学中"专门从事维护正当的社会秩序的教育"。德国著名教育家第斯德惠更透彻地说："任何真正的教学莫不具有道德的力量。"教育家苏霍姆林斯基一生担任教师和校长，他认为："物理、化学、天文、数学等科目的讲授过程为培养科学世界观提供了可能性。"总之，可以说从传统教学论到现代教学论都高度强调了学科教学的德育功能和德育目的。以"大德育观"为背景，实现德育的课程化和课程的德育化，实现显性德育课程和隐性德育课程的统一。以近代课程观念为基础的德育课程，只重视德育课程的显性层面，即把德育课程看成是学校教学计划中所列出的教学科目，而对隐含在所有课程中的具有教育性因素的隐性德育课程缺乏足够的重视，因而有意无意地把德育课程看成是一种德育的课堂教学，并且是有关统治阶级系统知识和观念的教育活动，使德育活动局限于认识领域，而忽略其他情感、意志和活动等因素。

将隐性课程纳入德育课程，进行系统开发，就使得存在于课堂、教材、学生活动、整个校园"共同体"中潜在的教育性因素，转变为具有教育性的课程因素。这样，德育课程作用的领域不只是包含认知范围，而且包含了学生情感、意志和活动乃至学生在校期间的一切生活领域，使德育课程包含在学生的一切活动过程之中，极大地拓展了德育课程的领域。这样，使得作为德育内容组织形式的德育课程，可以通过多样化、全方位的方式来对影响学生思想道德素质的广泛复杂的教育内容进行系统整合，使德育手段和渠道更加丰富和多样，更好地吸纳现代德育的教育内容，实现知性德育课程和实践性德育课程的统一。传统的知性德育课程主要以学科课程的形式出现在学校教育计划之中。以近代课程观念为基础的直接德育课程把在学校课表上所列的专门德育课程作为德育课程的主要形态，其他各科教育作为客观上对学生思想道德素质发生作用的教育环境因素而存在，使直接德育课程成为几门专门设立的孤零零的德育课程。这种知性德育课程的主要功能在于传授道德知识，发展道德认识能力。它重理智、尚系统，注重道德行为中智慧的启迪，诉诸学生的理解，养成学生正确的道德判断力，使他们对有关道德的知识、观念有系统的把握。但是，它把学生课外活动等视为课程之外的因素，因而存在着局限性。现代西方德育课程把实践或活动纳入德育课程之中，强调通过设立活动性课程，通过学生在学校期间的一切活动培养学生的思想道德素质。实践性德育课程"是以学生为中心，实践活动为载体，以学生直接经验的获得为主要内容的一种课程形式，以学生在实践活动中接受综合知识或经验为主要内容的一种组合方式"。马克思主义德育课程理论在重视学科德育课程，主张用科学理论武装人的同时，也十分重视实践对人的思想道德形成和发展的影响，并把与现实生活实践的结合作为现代教育的基本特征。马克思把"教育与生产劳动相结合"，作为未来社会教育的一个基本原则，把通过智育、体育与劳动技术教育相结合，作为培养全面发展的人的唯一正确的途径。毛泽东认为："一切真知都是从直接经验发源的。"

实现德育课程整体性和多样性的统一。目前，我国实现国家课程、地方课程和学校课程的三级管理模式，要求学校从实际出发，参与本社区学校课程具体实施方案的编制，同时结合本校的传统和优势、学生的兴趣和需要，开发或选用适合本校的课程。校本德育课程的研究开发和实施是现代课程的发展方向之一。

　　转换德育方法，激发德育动力。实现德育单一的外在灌输向以主体内化为主的转化。20世纪初开始批判道德灌输，杜威首先反对灌输。他指出灌输的本质是强制性的、封闭人的思想的；是限制了儿童的智慧和道德发展的；教育要"表现个性、培养个性"。皮亚杰和柯尔伯格发展了杜威的"认知——发展性"道德教育理论，为反对灌输提供了科学支撑，进一步确立了儿童在德育中的地位。他们相信儿童是自己道德的建构者，儿童的道德品质是其与环境相互作用的结果，道德教育的主要任务是促进道德能力的发展。马斯洛、罗杰斯为反对灌输提供了心理学理论基础。此外，体谅关心德育理论、价值澄清德育理论，都在操作层面上否定了灌输，实践了发展性德育观。西方德育的反对灌输主义，实质是体现了人类主体性的觉醒，深刻触及了德育的根本性问题：人与社会的关系。但是，单纯地反对灌输，进而忽视道德规范的教授，也带来了一系列的问题。最突出的：没有主导性的道德规范、价值取向的指引，在多元化的社会里学生们怎样才不至于走上放任主义、无政府主义的道路上去？青少年怎样才不至于卷入极端个人主义旋涡？这些问题偏又是单纯反灌输的一腔热情所无法解决和克服的。所以既要汲取西方德育反灌输的养分，又要继承传统德育规范教育的成功经验，实现德育单一的外在灌输向以主体内化为主的转化。

　　倡导德育生活化和生活德育化。道德教育的根本目的是使人生活得更加幸福。现代德育的困境很大程度上就在于与生活疏离。在生活与德育疏离的同时，德育并没有积极应对，反而出现了背离生活的倾向，这就拉大了德育与生活之间的距离，很多时候德育成了与个人实际生活无关的活动，也就难以带来个人生活的充盈与完满。杜威和我国人民教育家很早就提出了"教育即生活"的"生活教育"理念。认为学校教育不能脱离社会，道德教育也不能只靠知识的传授，而应通过参与社会生活来进行。国际21世纪教育委员会向联合国教科文组织提交的报告《教育——财富蕴藏其中》也将"学会共同生活"作为教育的四个支柱之一。总之，现代德育走出困境的关键在于回归生活，其具体途径包括从德育走向生活和从生活走向德育。在学校德育中我们要从以下几个方面入手：关注并指导学生的学习和交往生活。学习与人际交往是学生生活的两大重要内容，因此关注他们的学习，引导他们明确学习目标，提高学习的主动性、积极性，帮助他们掌握良好的学习方法，教给他们有关人际交往的基础知识，培养和锻炼他们的交往能力，让他们学会处理与他人的关系，对他们来讲具有十分现实的意义。在这一方面安排的内容可以有：珍惜时间、勤奋学习、热爱科学、追求真理、学会理解尊重、珍惜友谊、诚实守信、尊敬长辈、团结协作等。

通过多渠道改革提高学校道德教育。创设适当情景，培养道德反省能力。美国著名的发展心理学家和道德教育理论家柯尔伯格指出："学校里的正式课程固然是影响儿童道德发展的重要因素，但是，道德主要还是一个行为问题而不是一个课程的教授问题。事实上，学生所获得的大量价值标准通常并不是来自学校的正式课程，而是来自学校的'隐性课程'——学校正式课程以外的一切能对学生的行为、态度、价值观产生影响的因素。"柯尔伯格的理论认为，促进儿童的道德应该由低级向高级逐步展开，要使学校、家庭、社会形成真正的道德氛围。他采用"道德两难法"，向儿童讲述一些是非不明、判断上进退两难的故事，并从被试者的回答中来了解他们的道德水准，提升儿童的道德判断能力。其中最有名的一个故事是：在欧洲，有一个妇女患了一种罕见的癌症已濒临死亡。医生认为还有一种药可以救她的命，即该镇一位药剂师最近发明的一种镭。药剂师以10倍于成本的价格出售该药。病妇的丈夫海涅想尽办法也凑不足钱买药。他告诉药剂师，他的妻子快要死了，求他便宜卖给他或赊款给他，可药剂师就是不答应。失望之余海涅终于在夜间破门而入，偷走了这种药，去救妻子的命。请问：海涅应该这样做吗？为什么？这种道德两难问题，不同年龄、不同道德水平的人会做出不同的判断，提供不同的判断理由。"道德两难"的故事在我们的身边经常发生，它来自于现实生活，情景真实。如果我们让学生角色换位，身临其境地去体验这种道德两难的判断，学生会在不同道德水平上各抒己见，引起道德上的分歧和冲突。通过各种道德观点的交流和比较，促进了学生道德的发展，同时也提高了道德反省能力。

四、美化校园物质环境，陶冶大学生思想情操

在高等学校内部，对思想道德素质教育有影响的校园物质环境主要是指校园内各种建筑、各种设施形成的总体环境。

校园物质环境在思想道德素质教育中的作用。校园物质环境是指校园空间内或校园土地上的所有铺装实体，例如建筑物、道路、草坪、山林、文体设施等。校园物质环境是大学生思想道德素质教育的重要组成，它以非强制的力量，以认同与感知，影响每个学生的情操与心理，从而起到思想道德素质教育的作用。办好一所大学，教师和教学管理是首要条件，但校园物质环境也是重要的因素之一。校园是受教育者的生存环境，不同的环境形象，形成了学生特定的直觉，进而引起特定的行

为。清洁卫生的食堂，可以增加食欲；整齐干净的计算机房，只能听见键盘的敲击声；宽敞明亮的图书馆，自然成为自修的最佳场所。美好的校园环境、个性化的校园建筑，可使学生思想情感受到正面引导和积极的暗示，提高行为规范的档次，增强学生的美感，产生对校园的爱，进而爱集体、爱学校，形成自豪感，产生内聚力，从而提高学习的积极性，使校园充满朝气。这是通过环境的观赏功能对学生的再创造。置身于优美和谐的校园，领受博大精深的教诲，树立高尚的审美观念，培养健康向上的情趣，当然是社会主义大学理想的育人环境。

高等学校不仅要有完备的科学技术文化知识教育体系，而且还要重视和加强德育，具有完备的思想政治教育体系。思想道德课就是高等学校思想政治教育体系的一个重要组成部分，1998年中共中央宣传部和教育部联合颁布的新的普通高等学校"两课"课程设置意见中明确规定：思想道德课是大学生的必修课程，它体现着社会主义大学的本质特征，在培养社会主义事业的建设者和接班人方面具有不可替代的作用。大学生是国家的未来和长期希望，他们的思想道德状况如何，直接关系到民族的整体素质，也关系到国家前途、民族命运。因此，党和政府历来都把青年学生的思想道德教育摆在重要的位置上。从青年大学生自身发展状况看，青年大学生正处在世界观、人生观、价值观形成和发展的重要时期，这个时期大学生的思想、道德和心理等方面有了一定的发展，但总的来说，社会生活经验还不够丰富，思想还不够成熟，还存在有明显的知行脱节的现象。比如在成才问题上，一方面具有强烈的成才愿望，另一方面又缺乏勤奋刻苦、勇攀科技高峰、耐得住清贫和寂寞的决心和恒心。在现实生活中仍有相当一部分大学生道德失范，如公共卫生习惯差，随地吐痰、乱丢杂物、在课桌椅上乱涂乱画现象比较严重；违反学校的规章制度，上课迟到、早退甚至旷课，就餐时任意插队，偷窃等现象时有发生；学习态度不端正，考试作弊屡禁不止；诚信意识淡薄，助学贷款久拖不还；基础文明行为失范，不能尊老爱幼，尤其是男女生谈恋爱时行为有失分寸；集体主义观念不强，不愿参加集体活动，缺乏集体荣誉感和责任感；艰苦奋斗精神差，享乐主义思想有所抬头，不讲节俭，互相攀比，时有酗酒、抽烟等不良习惯；不能爱护公共财产，图书失窃，教室、实验室、宿舍等公共场所财物损毁严重等。上述行为虽然不是大学生道德缺失的主流，但它产生的消极影响令人忧虑，它不仅影响了学生的生活学习，而且对学生的健康成长将产生重大的影响。

高校大学生对思想道德教育的重要性认识不够。多数大学重视专业知识教育，轻视素质教育，在把学生培养成未来人才方面有明确的要求，讲教书忽略了育人，讲授业忽略了传道,在思想道德方面要求很模糊。造成这种现状的深层次原因,在于应试教育体制和当今社会对"人才"的定义。为了应试,只重视智育而轻视德育。高校中的马克思主义思想政治教育教学和管理脱节,不能很好地联系学生的思想实际,致使一些学生纪律松弛,缺乏政治敏锐性,思想政治教育工作者在这一教育制度下从事教育工作,必然是处于被动局面。当代大学生的理想与现实不协调,他们热爱祖国、热爱党、热爱社会主义,但对民族文化认同度不高;他们有报效国家的愿望,但学习和生活目标比较现实;他们渴望得到他人和集体的理解与尊重,但团队合作意识、交往沟通能力不强;他们对思想道德修养有基本认知,但行为方式呈现出多变性和多面性;有些学生政治幼稚,容易受社会思潮的影响,出现人云亦云的情况,以人家标准为标准,以人家价值观为价值观,以人家历史为参照系,动不动讲欧美如何,等等。根据我们进行的调查显示,有18.9%的学生对"您对高校思想政治理论课的评价"认为"不好";对"专业课教师在课堂上是否进行思想政治教育"的回答,有8.9%学生回答"经常",51.6%学生回答"有时",36.3%学生回答"很少",7.9%学生回答"从不";对"加强大学生思想政治教育的态度"的回答,有51%的学生认为"赞成"很有必要,41.4%的学生认为通过适当的形式和方法可以接受。由此可以看出,在现实的教育中,思想政治教育的内容、方法、手段跟不上学生思想的变化,教育内容枯燥,纯粹理论教学方式不被学生认可,缺乏吸引力,导致学生对学习思想道德课程失去了兴趣,思想政治教育课的教育效果大打折扣。而且,思想政治教育方法多采用显性灌输的传统教育方法,而隐性教育方式利用得不够充分,学校对学生的教育存在着远离社会现实的现象,而一旦教育的目标和要求变得高不可攀,也就失去了对学生的激励作用,甚至产生逆反心理。

高校思想道德教育的针对性和实效性不强。在社会主义社会中,道德修养是社会全体成员共同利益的反映,是基础政治文明修养的重要内容。重视和培养大学生的思想道德是高校教育的应有内容,但传统的学校教育在这一过程中存在着一定的缺陷,多数学校往往过多地关心学生考试成绩的高低和得失,以此来评判学生素质的好坏以及教师教学质量的高低,对思想道德修养的教育方式却不能很好地关注和适应多学科交叉的发展趋势,不能真正贴近大学生的实际生活。学生在实习过程中,纷纷感到理论阐述的生硬枯燥,特别是在理论联系实际方面做得不够,使得学生不能用正确的理论武装头脑,思想道德修养、政治理论素养不够,特别是对思想道德教育缺乏计划性、长期性,即使重视和加强了这方面的教育,多数学校也存在德育教育目标空乏、理想化,教育内容重理论、轻实践,教育过程抽象、空洞,学生普遍缺乏道德实践，道德行为能力不强，进而造成道德愿望和道德行为相矛盾的现象。同时，政治理论教育的载体有待完善，哲学社会科学的教材体系不够健全，还没有充分反映马克思主义中国化的最新成果，不能紧密联系时代发展和形势转变，从而使得教育的实效性降低。另外，高校高度重视并加强了思想道德修养教育工作队伍建设，十分注重提高思想道德修养教育工作队伍的综合素质，有力地保证了马克思主义在高校的指导地位，保证了党的教育方针、政策的贯彻落实，一定程度上保证了高校培养目标的实现。但队伍人员年龄偏大，知识结构、学历层次不能很好地适应新形势下思想政治工作的需要，马克思主义理论水平不高，工作思路不开阔，方式、方法欠灵活，教育形式单一，工作针对性、创新性、实效性较差，队伍人员数量不足，尤其是理论社团与民族传统文化活动数量少，影响力小，教育资源开发有限，既不能有效利用存在的资源，又不能积极开展外联，同时保障机制不健全、软硬件建设滞后，各种教育实践基地的建设无法满足思想道德教育工作的需要，学生的工作经费长期存在较大缺口，没有形成有效的针对思想道德教育工作队伍的激励与保障机制，不能很好地提高他们的工作积极性和主动性。再者就是有些大学教师对新形势下大学生的思想道德工作缺乏应有的研究，对新时代大学生的思想状况缺乏应有的了解，思想教育工作方法不得当，使思想政治工作没有起到真正的作用。因此，尽快提高高校思想道德教育工作队伍的综合素质，已成为当前高校加强思想政治工作的迫切要求。

大学生思想道德认识存在偏差，理想信念意识不强。据调查表明，在很多高校1/2的人认为，目前的思想道德状况是假恶丑多于真善美，而认为真善美多于假恶丑的人不到1/10，还有2/5的人是摇摆人。"现在有很多事情使人说不清楚是好是坏"，有些高校大学生认为接受大学教育后的出路不大，毕业后没有前途，所以出现逃避学习的现状。他们对学习毫无兴趣，对生活失去信心，有的人以应付老师和考试为目的，照抄照搬别人的作业，考试舞弊，把大好时光浪费在打扮、早恋、网络、追时尚等方面，从而荒废学业。作为当代大学生，一方面具有思想活跃、积极向上、富于想象力、勇于创新的特点，另一方面辨别能力不强，自控能力差，世界观、人生观和价值观还不完全成熟，思想活跃与混乱、单纯与复杂、自强与脆弱、理性与盲目等相互矛盾的状态在他们身上同时存在，对社会的某些弊端和不良风气不能够正确认识，使人生价值发生倾斜，理想与现实的矛盾逐渐突出，厌倦、自暴自弃、随波逐流也随之产生，很容易沾染打牌、抽烟、破坏公物等不良恶习，生活中消极处世、冷漠待人，造成道德观念淡漠。部分学生由于家庭矛盾、生活挫折、贫困等，出现了多种心理问题，孤独、沉默、消极、冷漠，甚至性格扭曲，这也影响到了他们正确地待人处世，如果处理不好，将严重影响他们正常的学习生活和思想道德行为。

五、网络对高校思想道德教育的挑战

在高科技迅猛发展的今天，网络已成为大学生获取信息的重要来源和交流情感的重要渠道，正在极大改变着他们的生活方式、学习方式、交往方式、娱乐方式甚至语言习惯，对其思想观念的形成产生重要而深刻的影响。高新传媒技术为高校思想道德工作提供了现代化手段和新的渠道，扩展了思想道德工作的空间，同时，国内外一些错误思想和不良文化也趁机扩大了传播的范围。所以，网络的开放性从信息数量和质量上严重冲击了传统思想道德教育工作。网上信息内容庞杂，既有科学健康的大量有益信息，伪科学、不健康、有害甚至反动的信息也充斥其中；而网络传播处于无序状态，思想道德教育没有根据实际情况，利用网络加强思想道德教育。

六、新形势下加强大学生思想道德教育的对策

在全国加强和改进大学生思想政治教育工作会议上，胡锦涛总书记强调：切实加强和改进大学生思想政治教育工作，培养造就千千万万具有高尚思想品质和良好道德修养、掌握现代化建设所需的丰富知识和扎实本领的优秀人才，使大学生们能够与时代同步伐、与祖国共命运、与人民齐奋斗，对于确保实现全面建设小康社会、进而实现现代化的宏伟目标，确保实现中华民族的伟大复兴，具有重大而深远的战略意义。可见，加强和改进大学生思想道德教育具有极端重要性和紧迫性，在了解当代大学生思想道德现状后找出对策就具有重要的现实意义。

转变传统观念，提倡"人的教育"。思想是行动的前提，观念是实践的先导。邓小平同志指出："我们政治工作的根本任务、根本内容没有变，我们的优良传统还是那些，但是，时间不同了，条件不同了，对象不同了，因此解决问题的方法也不同。"首先，做大学生思想道德教育工作必须从学生思想道德状况的实际出发。要尊重学生的人格、尊重学生的生命需要、尊重学生的智力，尊重学生的主题选择性和创造性，使学生在学习、生活、实践中体验情感、意志，塑造人格，达到自我感悟、自我认识、自我判断和自我澄清，最终使教育内容内化为学生的"心灵"（即思想），外化为学生的行为。只有充分尊重和依循生命的本质，教育才可能是"人的教育"。其次，思想道德教育工作者要善于运用实践体验法进行教育，要充分利用大学生的课外活动，充分依靠全体教师，特别是依靠大学生的各种组织，通过开展各种有益

的活动，深入细致地、有针对性地进行思想道德教育，组织大学生在校园对紧贴社会生活的如诚信与失信等现象和案例进行收集、整理、分析、讨论，可以进一步拉近课堂教育与社会教育之间的距离，开阔大学生认知的眼界，提高大学生思想道德教育的体悟。在进行思想道德教育时，更要强调个人的道德自律，增强遵纪守法和公民意识，注意在生活和学习中，不断加强自我约束、自我认识、自我改造的实际能力。最后，进行思想道德教育要全方位、全过程。高等学校各门课程教学，都要把思想道德教育融入大学生专业学习的各个环节，渗透到教学、科研和社会服务各个方面。

高等学校各门课程都具有育人功能，所有教师都负有育人职责，根据学科和专业特点，在传授专业知识过程中，有机地开展思想道德教育，使学生在学习科学文化知识过程中接受道德的熏陶和潜移默化的教育。全方位教育中要高度重视和加强教师思想道德建设工作，"受教育者必先受教育"。高等学校党委要认真调查研究、科学分析教师队伍思想政治状况和道德状况，师德建设工作是一项重要而紧迫的政治任务，各高校要根据实际，提出加强和改进教师队伍思想政治和道德建设的措施，形成可持续机制。在教育形式上，坚持理论结合实际，加强社会实践活动，开展网络思想道德教育，采取既能动人心又便于理解和掌握的生动、活泼的教育形式，密切联系实际问题，增强说服力，以加强思想道德教育与其他学科之间的有效融合，逐步确立高校教师是大学生思想道德教育的主体的思想。例如可以考虑把思想道德教育课程与其他文化素质教育课程联系起来发展资源，整合优势形成教育的合力。加强大学生思想道德教育队伍的建设。在遵从市场规则下，个别思想道德教育工作者从市场交换的角度来对待大学生，没能做到为人师表，其责任意识与角色认同偏低，因此，高校要关心思想道德教育者工作队伍的发展，提高他们的地位和待遇，不断提升他们的素质和能力，建立长效培训机制，创造多渠道的发展空间，提高其角色的认同，增强其责任意识，充分发挥思想道德教育工作者的表率作用。

思想道德教育工作者要以身作则，努力做到"自重、自省、自警、自励"，以身示范，"诚信为人、诚信施教""言必行，行必果"，自觉接受学生的监督，用良好的道德形象和渊博的学识取信于学生，真正做到学高为帅、德高为范，以高尚的人格魅力感染大学生。另外还要坚持高起点、高学历的原则，逐渐形成一支专家化、学者化的队伍。一方面定期和不定期安排教师参加实践活动，提高理论联系实际的能力；另一方面，培养一支高素质的学生干部队伍，使他们在学生思想道德工作中发挥带头示范和监督促进作用。大力开展校园文化活动，切实营造与强化对大学生进行思想道德教育的环境氛围。校园文化作为校园精神及其在物质和意识形态上的具体化，对大学生的成长和形成正确的价值观意义重大。

首先，校园文化建设应立足于党的正确的方针政策基础上，引导和帮助青年学生树立正确的世界观、人生观、价值观，确立为建设中国特色社会主义而奋斗的政治方向，增强大学生抵制错误思潮及拜金主义、享乐主义、极端主义等腐朽思想侵蚀的能力。其次，校园文化要发展和升华艺术类大学生的兴趣，倡导高雅纯正的趣味，培养健全的人格和高尚的情操，使其健康成长。再次，校园文化弘扬主旋律，提倡多样化，可以结合专业特点相应开展相关活动，使每个同学都能够从中受益匪浅。当然，德育教育中大学生主体意识的树立和创新意识的培养，必须坚持实事求是的原则，遵循科学精神，而不能盲目地进行所谓的"创新"。创新必须采取批判和继承的原则，由量变到质变的过程，并根据自己的实际和自己的特长进行恰当的选择，才能发挥自己的优势和潜能，才能做出不平凡的业绩。

综上所述，随着社会的发展，高校学生思想道德教育工作出现了许多新问题，面临着许多新挑战，我们必须以严谨科学的态度，以求真务实的精神，重新审视和思考高校学生思想道德教育工作，不断提高和创新高校的思想道德教育工作水平，才能适应社会不断发展的需要，培养出一流的社会有用人才。

第二节　有效依托即时通信软件

当前，即时通讯已经出现在我们生活的各个领域当中，对信息的需求越来越多，而且信息的来源越来越快捷，极大地方便了我们的生产生活。然而，在现实中，对即时通信工具的思想政治教育功能的认识和重视却相对缺乏。在新媒体时代，大学思想政治教育工作者要充分认识到利用即时通信工具开展思想政治教育是对传统思想政治教育方式的补充，能够增加高校师生间的互动，提高大学思想政治教育工作的针对性和实效性。

一、即时通讯概述

即时通讯是一种终端服务，允许两人或多人使用网络即时地传递文字、档案、语音与视频交流等信息，它是一种网上在线实时交换信息的媒介。

微博、论坛、BBS等其实也属于广义上的即时通信手段，互联网的全球化与电子信息技术的科技化进一步提高了人们使用即时通讯的频率,其影响辐射力广泛延伸至社会各领域。即时通信工具在高校思想政治教育中的使用,不仅是传统思想政治教育方式的补充,同时也提高了思想政治教育的互动性、感染性、灵活性、针对性和实效性。

二、即时通信技术在大学思想政治教育中的优势

1. 自由、开放,互动性强

即时通信工具在近几年发展迅速,除了其本身功能的强大之外,互联网用户的迅速攀升也是一个重要的因素。即时通讯服务和搜索引擎等网络应用软件广泛地融入了人们的日常。生活中,跟随互联网发展和网络用户需求的脚步,由人气汇聚所带来的社区化和互动性也将成为即时通讯的重要发展趋势,自由、开放、公开且易于了解。其在高校的政治思想教育过程中,采用即时通讯的方式可以体现出自由、开放,并且可根据具体的内容进行实时互动,提高教学效率,同时也和当前大学生的心态相吻合,能够促进思想政治教育的深入贯彻和执行。

2. 即时、渗透,实效性强

即时通讯最主要的特点就是其实时性,因此即时通讯能够以最快速的方式,将思想政治教育过程中的新亮点,新思想快速地发布出来,能够第一时间掌握到大学生当前思想政治教育的核心内容、主题思想。同时由于即时通讯的特点,只要你是用户就会收到相应的消息。因此可以避免传统的信件或不能到达,或者是到达了接受者不承认的情况。因此通过即时通讯的方式可以不断地渗透思想政治教育的主题,大学生在潜移默化过程中就掌握了思想政治教育的核心内容,具有很强的时效性。

3. 匿名、平等,可信度强

思想政治教育不同于其他的课程,是对人思想的升华和统一,因此思想政治教育有其自身的特点。人格既有同一性和安定性,也有分裂性和不确定性。这些特点也决定了优良人格的不易养成。总之,人格状态可以说就是细微的、隐蔽的和原始的思想道德状态,而思想道德则往往是发展了的、成熟的、显性的人格表现。因此,在教学过程中,就需要不断地去贯彻政治教育的思想。教师也需要了解大学生的基本情况,即时通讯刚好就提供了这样的方式来满足大学生和教师之间的这种交互方式,大学生可以通过匿名的方式,提出不同的意见。教师可以通过大学生提出的意见掌握大学生的心理状况和思想政治教育过程中存在的问题,在教学过程中不断改进教学的方式和方法,促进思想政治教育的稳步发展。

4. 知识、新颖，吸引力强

由于即时通讯具有很强的实时性，因此，在使用即时通讯进行政治思想教育的过程中，能够传输给大学生最新的政治教育动向和核心思想。相对于传统的网络传输方式，具有更新快、传播速度快，传播的知识新颖的特点；同时即时通讯的传输方式，吸引力较强，使当前的大学生更容易接受，也便于大学生之间的交流和学习，促进思想政治教育的快速进行。

5. 针对、整合，长效性

当前，即时通讯的应用与互联网信息的交流已经融为一体，用户渴望通过即时通讯在最短的时间内最方便地获得更丰富的资源。所以整合互联网的各种业务，满足即时通讯用户共享互联网资源，就成了即时通讯未来发展的必然趋势。即时通讯在思想政治教育过程中可以整合资源，达到优势互补的条件，不断丰富思想政治教育的内容；同时根据教师发现的大学生的问题，有针对性地与一个小群体或某一个人进行实时交流，进而达到教学目的。因此，即时通讯在思想政治教育过程中具有一定的针对性，能够合理地整合、利用资源，并具有一定的持久性。

三、即时通信技术给高校思想政治教育带来的机遇

1. 有利于促进师生双向沟通

在高校，网络即时通信工具的便捷越来越深入大学生们的内心，对于大部分拥有电脑的学生来说，在休闲的同时就可以把信息第一时间发送出去，这使网络即时通讯方式越来越成为大学生们的"新宠"。与此同时，网络即时通讯用一种特殊的形式，把师生联系在一起，避免了面对面交流的尴尬和拘谨，可以解决学习、生活和工作的困惑，及时化解各种有形或无形的矛盾，真实地表达自己的思想和感情。网络即时通信工具为师生之间交换信息、商讨协作提供了最佳的平台。教师可以通过网络即时信息去发现问题，及时了解大学生们的学习、生活和思想等情况，进而有针对性地加以提前预防和有效引导，快捷高效地做好大学生思想政治教育工作。

2. 有利于大学生自我教育

自我教育是大学生在自我意识的基础上形成良好的思想品德，并自觉地进行思想转化和行为控制的过程。网络即时通信工具作为一种特殊的媒介，大学生利用它可以注入信息，也可以选择有用的信息，实现个体或群体间的信息传递。通过健康的信息沟通，让大学生自己思考、质疑、分析和总结；通过师生间的交流与探讨，用正确的、积极的、健康的思想进行有效的引导，充分发挥德育与网络即时通讯的

实效功能，从而使大学生能够科学地调控自己的思想和言行，有利于促进大学生自我教育的目的。

3. 有利于提高思想政治教育质量

现代大学生的价值取向集中表现为注重自我，他们喜欢和乐于接受一切新鲜的事物，而我们传统的思想政治教育模式往往停留于单向灌输式和面对面谈话式的层面，容易使他们产生一种逆反和厌烦心理。尤其是对于一个心智健康的大学生来说，他们已渐渐形成了自己一套较为稳定的思想和行为辨析系统，传统的思想政治工作模式的作用和影响日趋衰弱。所以，网络即时通讯作为一种全新的教育手段和途径，更加容易走进大学生的内心世界，建立彼此的感情；也有助于开阔高校思想政治工作者的视野，提高思想政治教育工作的质量。

四、利用 QQ 搭建高校思想政治教育平等对话的交流平台

QQ 平台作为大学生思想政治教育载体，是指思想政治教育主体利用 QQ 平台将思想政治教育内容或信息传递给思想政治教育客体，促使思想政治教育主客体之间相互作用的一种活动形式或信息平台。由于它具有虚拟性和隐蔽性，所以它既不同于传统的开会、谈话、理论学习等活动形式，又不同于报纸、书籍等物质实体，是一种新的思想政治教育载体形式——信息平台。

QQ 平台作为大学生思想政治教育主体的特征如下：

1. 平等性

QQ 平台作为大学生思想政治教育载体的平等性是指思想政治教育主客体之间不仅在人格上是平等的，在信息获取上也是平等的，不存在信息独占和支配的不平等性。一般来说，思想政治教育主体作为思想政治教育工作任务的承担者、内容策划者、活动发起者和方法实施者，最根本的特征是要具有主体性。但是，一方面，在网络环境下，每个人获取信息资源的机会平等，致使教育主体享有的信息"先导权"和"支配权"被剥夺，过去通过"信息过滤"的方式对教育客体进行"思想灌输"已经难以维持；另一方面，网络的发展促使人们不仅在网上的自主意识得到较大程度提升，而且在现实生活中主体性也得以发展，思想政治教育的客体也渐渐享有教育活动中的"主动权"和"话语权"，表现为教育参与的自由权、信息选择的自决权、价值认同的自主权、信息反馈的主动权等。总之，在 QQ 平台上，思想政治教育主客体之间不论身份地位还是信息获取权等方面都是平等的。

2. 交互性

QQ平台作为大学生思想政治教育载体的交互性，是指思想政治教育主体利用QQ平台在思想政治教育过程中主体和客体所形成的一种特有的思想政治信息、知识和情感之间的互动关系。通过QQ平台使大学生思想政治教育过程更加具有交互性，打破了教育主体和客体间长久形成的地位，将被动教育变为互动教育、主动教育，通过文字、图片、声音等互动方式，使双方在更加多样化的沟通方式中共同面对问题、解决问题，自由地发表自己的意见，增加彼此的沟通和交流。

3. 即时性

只要QQ用户处于在线状态就可立即收发信息、在线交流。无论是上班时间还是下班时间或者假期，教师都可以在QQ平台上发布最新信息，与学生进行沟通交流。即使学生不在线，QQ仍有储存信息的功能，一旦上线就会收到信息，有效避免了因时间、地域、场合等面对面交流所带来的局限性。QQ平台的即时性，可以提高大学生思想政治教育的时效性。

4. 隐匿性

QQ用户的身份是用一连串的数字组成的，每个人都可以根据自己的爱好选择并装饰自己的身份信息，以更加吸引人或更好地突出自己的个性。一方面使得成员在传播信息时更加放任，为不良信息传播提供了条件；另一方面，同学之间可以进行更深层次、更真实的交流。

5. 共享性

QQ平台上的资源不是由哪一类用户可以专门所有和使用的，而是为所有访客共同享有。凡是放在QQ共享里的学习、生活、娱乐等各方面的信息或资源，QQ成员都可以下载使用，并可以进行再传播，进一步扩大使用范围，从而提高资源使用率。

6. 辐射性

是指思想政治教育工作者在QQ上发布的信息，所有成员都能收到并受之影响。信息发布之后有些学生会马上回复并参与讨论，从而变为互动式的思想政治教育过程；有些学生虽然不参与讨论也不进行灌水，但也是信息接受者。

五、QQ平台的作用

平台的广泛性有利于开展大学生思想政治教育课程。重视QQ平台在大学生思想政治教育中的作用。大学生处于青年时期，容易接受新事物，学习新知识，在较短的时间内就能掌握网络技术，对平台进行熟练操作；而作为思想政治教育主体的教师有的则对网络和平台持否定和怀疑的态度，不愿意主动使用QQ平台，这不仅使思想政治教育主体不能适应网络时代思想政治教育工作的要求，而且对提高思想政治教育的效果也极为不利。因此，广大教育者对利用新媒体进行大学生思想政治教育的重视程度还有待进一步提高。这就要求教育者要潜心学习互联网知识，学习运用新兴媒体与大学生进行交流，了解大学生的思想发展状况、心理状况，以便有针对性地开展思想政治教育活动。思想政治教育者要高度重视QQ平台这一网络工具，充分发挥其便捷、快速、功能强大、易操作、深受大学生喜爱的特点，把思想政治教育内容有机地融合在日常使用QQ平台中，使大学生受到潜移默化的影响，提高思想境界，最终树立正确的世界观、人生观、价值观。

提高利用Q0平台进行大学生思想政治教育的能力。马克思指出："教育者本人一定是受教育的。"毛泽东也强调："教育者必须先受教育。"思想政治教育者素质的高低与思想政治教育工作能否顺利开展直接相关。网络的发展对其素质提出了更高的要求，教育者不仅要具备较高的思想政治教育素质、良好的道德素质、精湛的知识素质、健康的身心素质，还应掌握网络技术，提高运用网络技术的素质。因此，教育者必须通过自己学习、向学生学习、向同行请教等多种途径加强自身学习：通过自己开通QQ账号，进入QQ界面，熟悉QQ的各项功能，挑选出能够承载思想政治教育信息的功能加以利用；根据QQ功能的不断升级，不断挖掘新的功能服务于思想政治教育；加强与同行之间的学习，交流使用QQ平台的经验、注意事项、受教育者对用QQ平台进行大学生思想政治教育的反响等，不断提高个人利用QQ平台进行大学生思想政治教育的能力。

构建QQ群丰富思想政治教育载体。QQ群是腾讯的一项附加功能，群主享有管理群的权利和允许其他人加入该群等的权利，群主还可以选择三个群成员作为普通管理员，代替群主行使管理群的权利。普通群的人员上限是100人，如果要开通超级QQ群就必须是VIP会员。这样，高校班主任或者辅导员可以根据班级管理规模来决定应该建立普通群还是高级群。由于QQ群功能强大、影响范围广、使用方便快捷，因此，班主任或辅导员可以通过构建QQ群，挖掘群的群社区、群共享、群相册、群讨论组等功能，从而加强大学生思想政治教育。

群社区是一个虚拟的公告社区，在这里群成员可发表新鲜事、查询群聊天记录、群讨论、上传资料等等。其中，群讨论具有BBS的功能，群成员可以发帖、跟帖。思想政治教育者可以挑选一些社会热点问题，学生关注的学习、生活方面的问题，对教学、后勤服务等方面的意见等都放在群社区里讨论。这种讨论可以是一对

一、多对一、一对多、多对多中的任何一种方式，经过思想政治教育者与受教育者的平等交流、思想碰撞，得出正确结论，从而辨明是非，形成正确的舆论。针对某些同学持有不同意见但又不敢在群里公开表达的，可以通过私聊的方式进行单独交流，以便了解其真实想法，帮助其正确分析问题。

群共享是QQ群的另一个重要功能，方便地上传和下载功能使其具有独特魅力。在群共享里不仅可以上传日常班级管理的通知、文件、学习资料等信息，思想政治教育者还可以利用群共享的优越性上传一些党的路线方针政策、重要会议讲话、时政新闻、马克思主义经典著作、党的发展历史、形式政策方面的知识，供受教育者下载、学习，从而丰富思想政治教育载体。

群相册记录了群成员日常学习、生活的点滴。对大学生来说，不仅具有展现自我风采的功能，而且记录了他们参加集体学习活动、实践活动、科研活动、参观游览活动的照片，也深刻地体现着大学生的爱国情怀、积极乐观的心态、集体合作精神、创新精神、竞争意识等宝贵力量，这对于激发他们的爱国主义精神、集体观念、创新意识、竞争合作观念等具有潜移默化的作用。因此，应该鼓励把这些照片及时上传至群相册，同时，其他具有爱国意义、集体精神、创新意识的照片也可以上传至群相册，并鼓励群成员把自己喜欢的照片上传至群相册，使群相册变得更加丰富。当然，QQ群的其他功能有待思想政治教育者去挖掘和使用。

充分利用QQ空间加强大学生思想政治教育。QQ空间是腾讯公司于2005年开发出来的一个网络个性空间，与QQ群一样，是QQ的一个附属功能，但它具有博客（Blog）的功能，自问世以来受到众多人的喜爱和追捧，特别受到在校大学生的青睐。在QQ空间里可以书写日记、分享日志、上传照片、听音乐、写心情、送礼物、读书等，通过多种方式展现自己。除此之外，用户还可以根据自己的喜好和心情，设定空间音乐等，使自己的空间各具特色。一方面可以展现自我个性，另一方面还可以增加自身的魅力指数，吸引更多的好友关注其空间动态。由于QQ空间还可以只对QQ好友开放，具有半私密的特性，因此，思想政治教育工作者可以通过成为大学生的好友，利用上述QQ空间功能更好地了解他们，从而更方便地开展大学生思想政治教育工作。空间日志是大学生最常使用的模块之一，通过空间日志可以抒发自己的情绪，对某一事件的评论，写自己喜欢的事情，开心的不开心的。由于空间具有半私密的特性，使用者更喜欢把现实中不敢表达的观点通过日志表达出来，并且可以得到QQ好友的回复和评论，使自己的情绪得以释放。思想政治教育者可以通过观察大学生发表的日志来判断他们的情绪状况、思想动态、认识水平、心理素质等等。在这个过程中不难发现，他们各有各的特点，那些思想活跃的大学生经常会发表日志或评论别人的日志，有些则自己很少发表日志也从不评论别人的日志；有些宣泄的是情感经历，有些发表的是日常琐事，等等。

六、利用手机媒体拓展高校思想政治教育新渠道

随着移动数据通信和互联网的有机融合，手机用户的数量激增，手机媒介所特有的便携性、即时性和共享性等特点为大学生思想政治教育工作者利用手机载体开展思想政治教育活动带来了新的优势。作为一种日常通讯交流平台，手机媒介已渗透到大学生生活、学习、娱乐各个方面，对其思想、心理和行为产生了巨大的影响。因此，充分认识并积极利用手机媒介的优越性，趋利避害，探索大学生思想政治教育的新途径，更好地为学生服务具有重要意义。

1. 手机媒介的特点

手机媒介是以手机为视听终端、手机上网为平台的个性化信息传播载体。随着现代科技进步、产业发展，手机媒介实现了广播电视网、电信网与互联网的三网合一，影视、杂志、新闻、BBS等交流互动使得多种业务均能在手机媒介上完美实现，令大学生目不暇接，时尚的媒介观、媒介正以其独特优势进一步夯实在大学生中的使用地位，媒介的特点主要有以下三方面：

一是普及而广。随着智能手机的推广普及和各类手机供应商完成的市场布局，手机媒介凭借其传播速度快、传播成本低廉、传播内容丰富、功能强大等优势，满足了受众对个性化、分众化的需求，实现了普及面广的特点。

二是便携即时性。手机媒介凭借手机体积小、重量轻的平台优势，实现了携带方便，传播启动迅速、落点明确、接收信息及时、传播再延续性强的特点，加之手机视、录、听功能完善，可以随地即时摄制、编辑发送和传播各类信息。在重大突发事件现场，当与外部交流不便、传统大众传媒普遍缺位的情况下，手机媒介充分发挥了信息采集与交流的优势。

三是互动开放性。手机媒介克服了传统媒介单向输送信息，受众反馈信息滞后、延时等不足，做到了收发信息高度开放，消除了大众传播与人际传播的主从关系，实现了大学生通过手机媒介中"一对一""一对多""多对一""多对多"的方式进行交流互动的愿望。

随着互联网技术、移动通信技术和数字技术的迅猛发展，大学生成了使用手机媒介最广泛、最活跃的群体，手机媒介作为"第五媒体"悄然兴起，为大学生思想

政治教育提供了更多的机遇。

手机媒介的便携性和及时性，拓展了思想政治教育的时空。手机媒介在信息传播时的便携性、即时性和共享性，使得信息传播范围更广，扩大了思想政治教育的影响面；思想政治教育工作者借助手机媒介，通过通信讯号，以短信或互联网的形式实现远距离的思想政治教育，扩展思想政治教育的时间和空间，实现随时随地开展思想政治教育的目标。如设计以思想教育为主题的手机报、手机校园，建立相应的管理平台，有利于提高思想政治教育的工作效率。

媒介的开放性和互动性，提升了思想政治平台教育的亲和力。手机媒介使得高校思想政治教育中的主客体发生了改变，使得高校思想政治教育主体从传统的主导者、权威者转化为引导者、参与者，成为学生信息处理的组织者，学生从被动的教育客体转化为自我管理和自我教育的主体，不仅能在教学活动中主动获取信息，也能成为信息的发布者、评论者和反馈者，实现了双方沟通地位的平等，使得大学生思想政治教育工作过程充满互动性和融合性。

手机媒介的普及性和多样性，增强了思想政治教育的效果。手机媒介的普及性和多媒体特性（文字、图片、声音），使平时的信息传播做到了覆盖面广、图文并茂、声情兼备，让大学生在宽松和谐的氛围中，获取知识、训练技能、激发情感，从而使大学生思想政治教育更具针对性、实效性和感染力。我们可以通过手机下载QQ、微信、微博等多种软件，及时了解受教育对象在思想、学习、生活中出现的问题，并采取有效措施加以防范和解决。

高校思想政治教育工作者应充分认识手机媒介的优势，有效应对手机媒介背景下的思想教育工作的新形势，把手机媒介作为新时期思想政治工作的文化阵地，进一步做好大学生思想政治教育工作。

加强学习和培训，提升思想政治教育者的信息素质。一是培养思想政治教育者敏锐的信息意识。思想政治教育工作者应对各种信息时，应保持高度的敏感度，及时有效地捕捉、分析、判断和吸收手机媒介中的新信息，同时与传统教学方式相结合，拓宽学生视野，增加其学习的主动性、积极性，启迪其思维，促进大学生正确"三观"的形成。

提高思想政治教育工作者使用信息技术的水平。作为高校思想政治教育工作者，要积极主动地了解手机媒介，不断提高使用手机媒介的能力，积极有效地利用各种交流软件，如飞信、微博、手机QQ、微信等，使之成为掌握思想动态，与学生进行思想交流、信息沟通的平台。

利用手机媒介的信息服务平台开展日常服务与教育。一是要利用手机媒介的信息服务平台制作一些防诈骗、防传销的小案例,通过短信、彩信等形式不定期发送给大学生;在节假日期间通过手机短信提醒学生返校时间及做好假期安全准备,统一搜集本校所能提供的勤工助学岗位信息,提供给家庭经济困难的学生;统一定制学生生日提醒,在学生生日当天通过短信平台送上祝福,温暖学生。二是建立信息发布和引导平台,通过短信平台、红色主题,开展手机文化建设,强化大学生自律意识。第一,引导学生科学合理使用手机,树立自律意识。思想政治教育者借助日常政治教育活动,以渗透式教育指导学生要切实提高独立思考、鉴别和道德自律能力,使其客观认识手机媒介,严格规范地使用手机,培养学生健康、文明、积极的手机短信意识,以自觉的态度进行自我监督、自我调节和自我批评。

第二,开展以手机文化为内容的校园活动。高校可以积极利用知识资源的优势,开设与手机媒介技术知识相关的讲座和培训,帮助学生加深对手机文化的认识。可以利用手机的多媒体功能开展形式多样的手机文化活动,如手机文学大赛、手机DV作品大赛、手机短信大赛等,排挤学生用手机玩游戏、上网的时间,引导学生自觉参与到健康的活动中去,使他们正确定位和挖掘手机媒介的正确功能。

第三,培养学生养成健康、合理地使用手机媒介的习惯。思想政治教育工作者应采取措施鼓励学生积极参加学校组织的各项活动,开拓其视野和提高其社交能力,在活动中使他们的生活重心从手机媒体上转移,重新找到生活的乐趣,逐渐改变依赖手机媒介进行情感交流的状态,摆脱对手机的依赖,养成健康、合理地使用手机媒介的习惯。

第三节 多方位多角度的教育路径

改革开放以来,我国的高等教育飞速发展,大学生的思想政治教育也在我国全方位的改革中不断探索、不断创新,并取得了显著的成效;但我们在总结思想政治教育工作成绩和经验的同时,也应该清醒地看到,当前在校大学生所表现出的行为修养和道德素质等方面的问题仍很突出,加强和改进大学生思想政治教育需要有效的途径和方法。

高校思想政治教育内容体系存在的问题。当前思想政治教育的内容主要包括政治教育、思想教育、道德教育、法制教育和心理教育等五个方面,应该说这样的教育内容已经较为全面；但我们结合教学实际和学生当下的思想状况仔细分析，就会发现这样的教育内容实际上存在诸多问题。特别是教育内容及其传授进程中重理论轻实践、重知识灌输轻情感培育、重政治思想教育轻生命健康教育的"三重三轻"现象尤为突出。这样的教育内容与教育方法最终导致学生信仰的缺失、道德的滑坡，甚至于出现轻视生命的行为。应该承认，造成现今这种局面的原因是多方面的，但是现今思想政治教育内容存在的问题带来的负面影响也是客观存在、不容置疑的。如果不能很好地解决这些问题，就会影响到大学生思想政治教育的效果。为此，高校要结合大学生成长、成才的规律和心理发展的规律，用马克思主义理论在中国发展的系列重要思想为指引，用科学发展观构建大学生思想政治教育的内容体系，坚持思想政治素质教育、伦理道德教育与生命健康教育内容的和谐统一，注重在实践中领悟政治思想教育的内容，才能真正实现育人的根本任务。

加强和改进大学生思想政治教育是一项贯穿于中华民族伟大复兴事业的战略任务。自中共中央、国务院《关于进一步加强和改进大学生思想政治教育的意见》颁布实施以来，无论是从探索与努力的程度上，还是从实施的内容体系上来看，思想政治教育工作都取得了令人可喜的成绩，大学生的综合素质尤其是思想政治素质有了显著提高，思想主流保持积极向上的良好态势。但从大学生整体行为表现上和思想政治教育的效率上来看，仍有许多值得我们反思与进一步努力的领域，仍需要我们去探索新形势下的教育途径和方法。"培养专门人才、科学研究、服务社会"是我国高等教育的三大目标，要实现三大目标，都离不开培育学生的社会主义核心价值观。培养专门人才，就是培养我国社会主义事业高素质的接班人，合格的接班人必须具有社会主义核心价值观，"科学研究、服务社会"都是为社会主义事业开展的，必须以社会主义核心价值观为指导，大学生的社会主义核心价值观教育具有重大深远的意义。如何有效开展这项工作，是高等院校需要完成的任务。

高等院校该如何来承担这个任务呢？首先需要改变教学观念，改变单一"灌输"的说教方式，以引导为主，让大学生们自觉地养成社会主义核心价值观。党的十六届六中全会通过的《中共中央关于构建社会主义和谐社会若干重大问题的决定》（以下简称《决定》）提出，我们要构建的社会主义和谐社会必须坚持以马克思列宁主义、毛泽东思想、邓小平理论和"三个代表"重要思想为指导；以民主法治、公平正义、诚信友爱、充满活力、安定有序、人与自然和谐相处为总要求；以解决人民群众最关心、最直接、最现实的利益问题为重，走共同富裕道路。这为当前加强和改进大学生思想政治教育指明了新的方向，提出了新的要求和原则。它既是和谐社会建设的指导思想，也是高校思想政治工作的指导思想。它要求高校思想政治教育的内容安排既要全面，又要突出重点；既要重视理论学习，更要重视实际问题的解决。

一、结合教育活动，高等院校对大学生培养社会主义核心价值观的举措

毛泽东曾指出："一定形态的政治和经济是首先决定那一定形态的文化的，然后，那一定形态的文化又才影响和作用于一定形态的政治和经济。"思想政治教育作为一种思想上层建筑，无疑是建立在一定的经济社会发展的基础上的。新世纪以来，随着我国的社情、国情和教育对象精神世界所发生的重大变化，以及以人为本的科学发展观、建设社会主义和谐社会等马克思主义中国化最新理念的提出，必然要求我们重新审视思想政治教育，推动思想政治教育与时俱进地走向本真的思想政治教育。"以人为本"的含义从学校教育的角度来说，是指以学生的发展为本，这无疑是正确的。但是在教育实践中，许多教师往往盲目地将大量的内容以各种各样的方法与途径灌输给学生，以为这样就能够培养出一个全面发展的人。这实质上是一种以人为对象的雕塑，最终仍把人当作了物来对待。

"以人为本"，其内涵应包括两层含义。其一，学生是学习的主人，学生所需的内容应由学生根据自身的需要和存在的问题主动获得，进而形成解决相关问题的能力。这种能力既包括解决实际问题的能力，也包括解决思想问题的能力。其二，"以人为本"是要求教育内容安排要全面、科学、正确、合理，以有效促进学生自身的和谐发展。这是我们要达到的具体要求。以往的教育内容更多或过于强调人与社会的和谐，强调人对社会的作用，强调社会本位的价值观，而忽视人自身的成熟与发展，导致学生在思想意识、身心健康方面出现了较大问题，进而也影响了社会的稳定与发展。人在社会发展中起着核心的作用，离开了人的发展来谈社会发展与和谐显然是片面而行不通的。

高等院校作为教书育人的场所，其教学活动不仅仅指课堂教学，还包括校园的社团活动、学生的社会实践、教师的素质培训甚至包括学生的校园日常生活。建立"三位一体"的管理模式，大学生的管理和教育不单纯是学生工作者的事，任课老师和家长也有积极配合的责任与义务。只有形成辅导员、任课老师和家长三方的统一协作，才能达到最佳的教育效果。辅导员是思教的主体，要承担起主要的责任，要全面掌握学生的思想动态，同时要积极主动地与任课老师、家长沟通联系。任课老师接触学生时间长，而且在课堂上是零距离接触，能够第一时间掌握学生们的学习状态和精神状态。如果辅导员能够与任课老师建立良好通畅的沟通渠道，获取他们

掌握的第一手资料，就能够更准确、更便捷地找到解决问题的切入点，使思想教育更具针对性、有效性。

家长是大学生思想教育不可忽视的力量，他们最了解孩子、最牵挂孩子、最盼孩子健康成长。辅导员一要定期与家长互通情况，交流学生们的基本信息；二要在出现苗头性问题时及时向家长反馈，听取家长的意见和建议，形成校内校外互通互补的"三位一体"的管理模式。社会主义核心价值体系作为政治思想的一部分，是高度抽象和概括的，具有理论性、难于全面把握的特点，这给大学生的社会主义核心价值观培养带来了困难。要把思想政治教育的内容转化为行动的知识，需要在加强理论教学的同时，在学习和生活的方方面面对受教育者进行熏陶，"以润物细无声"的方式将思想转换为行动的指导，整合时政教育资源。目前高校实施的是教育部统一下达的四门课程，即《马克思主义基本原理》《大学生思想道德修养与法律基础》《毛泽东思想、邓小平理论和"三个代表"重要思想概论》和《中国近现代史纲要》。这四门课程围绕大学生的生活实际、思想实际和学习实际，重点加强大学生的世界观、价值观和理想信念教育，以及政策教育、国情教育。如果单纯以这四门课为指定内容，相继开设或并列授课，从课本到课本，势必会因内容的抽象性、交叉性，而导致大学生们的厌学情绪，进而产生厌学行为。如果我们在授课的同时，以专题的形式，就某一社会热点、焦点、难点问题，就党和国家的中心工作和重大政策，采取报告、解读、讨论等方法，与四门课程有机结合起来，使我们的理论教育不抽象，实际问题好理解，因此我们需要创新社会主义核心价值观的教育模式。

提高社会主义核心价值观教育的课堂教学效果。学界对思想政治教育几十年的研究已经为进一步研究思想政治教育积淀了丰厚的思想理论资源，但这并不意味着"思想政治教育"的问题已经全部得到澄清。高校思想政治教育内容必须按照民主法治、公平正义、诚信友爱、充满活力、安定有序、人与自然和谐相处的总要求加以安排。

从《决定》的指导思想可以看出，和谐社会的总要求是民主法治、公平正义、诚信友爱、充满活力、安定有序、人与自然和谐相处。这在一定程度上决定了高校思想政治教育内容的取舍和增删。它也是我们处理人与社会、人与人、人与自然的基本准则。儒家文化中"天人合一"的观点体现了人与自然的关系。"人我合一"的哲学命题则更是体现了"和为贵""和而不同"的思想，强调人与人之间应仁爱，应互相尊重、平等对话。面对一个多元并存、差异显著的社会，只有"和而不同"，全体人民才能各尽其能、各得其所，世界万千群类也才能维系至天长地久。我们必须努力追求人与人之间、人与社会之间、国家与国家之间的民主平等、和谐共处。因为一旦这种和谐被打破，就会造成社会冲突和战争。

马克思主义指出，对于人类的一切文明成果，其最有价值的地方不在于它得出了什么样的结论，而在于它提出了怎样的问题。著名哲学家黑格尔也认为，提出问题的深度标志着对问题理解的深度，也就孕育着对问题如何解决的全部思考。反观现有思想政治教育的论著，人们几乎都是从"思想政治教育是什么"的角度切入问题的。这种追问"思想政治教育是什么"的方式，从研究者的目的看，是企图寻求那个变幻不定的现象背后那个确定不移的"本质"，以便在"科学"的名义上给思想政治教育下一个公认的定性或者定论，从而期望得到所有人对定性的认同或肯定。但是这种人们孜孜以求的"本质"究竟是什么呢？自柏拉图以来一直到黑格尔，哲学家们都认为本质是藏在现象背后的那个使这一事物区别于其他事物的恒定不变的东西，本质并不直接显现，更不可实地观摩。因此要把握事物的"本质"，就需要一种非常特别的思维、特别的眼光。"即透过现象看本质，从感性上升到理性，再从理性到实践"。由此我们不难推出：人们如何"看视"，如何"思维"就决定着事物本质的显现方式和品质。我们也可由此认为，事物的本质并不取决于事物本身，而是决定于思维者、研究者"看视"事物的方式和角度，这样说到底也就只不过是思考者对事物本质的一种人为的建构。也就是说，某物之所以是某物，并不在于事物自身，而在于认识者的认识能力和需要。在这个意义上，本质只不过是研究者的一种欲求，一种对自身欲望的反映。按此逻辑，思想政治教育的本质并不像以往研究者所认为的那样是恒定不变、一以贯之的；相反倒是可能随着人的实践活动和认识能力变化而发生根本的变化。这样，我们越是想寻求"什么是思想政治教育"，实际上我们离思想政治教育本身越远；我们越是想揭开思想政治教育的面纱，实际上我们就越是遮蔽了思想政治教育的本真。马克思主义认为，永恒的变化发展是客观世界万事万物的本性。因此，开拓思想政治教育新境界，推动高校思想政治教育不断与时俱进的庄严使命迫使我们我们必须转换切入问题的方式，由追问"什么是思想政治教育"转向寻求"思想政治教育之何以可能"，只有这样，我们才能冲破已有的藩篱走向完成光荣任务的可能。

二、提高课堂教学效果，就是要尝试把新的教学方法不断引入到教学中来

优化思想教育氛围。青春时期是一个人一生中的黄金时期，是大学生的自然优势，这一时期他们除了对知识的渴望，对理想的憧憬外，他们还有着活跃的思想和

广泛的兴趣。当前的大学生思想教育应该因势利导、"投其所好",有针对性地改革思想政治教育工作的僵硬模式。首先是要创造实践机会,做好实践这篇文章,增加他们与社会接触的机会,鼓励他们在寒暑假期间,自行组团、自拟调查课题,采取旅游、实习、打工、社会调查等多种方式进行社会实践,并通过一些读书会、报告会、主题班会等活动,鼓励他们多读史书和中国著名作品,了解中华民族五千年的文明史,了解东西方文化的差异,从而认识中华民族能够屹立于世界民族之林的根本原因,增强作为一个中国人的自豪感;然后有效开展青年志愿者活动,让学生走出校门,涌入社会,培养他们关心他人、互帮互助、尊老爱幼、诚信礼让的良好品德;强化他们关心社会、服务社会的公民意识。

提高教育工作者的自身素质。作为高校思想教育工作者"打铁需从自身硬",要加强学习,提高自身的综合素质。一要提高对本职工作重要性的认识,本着对学生终身发展负责的态度,怀着推动国家教育事业发展的赤子之心,矢志不渝、痴心育人,甘当铺路石,传递正能量。真正做到为了学生的一切,一切为了学生;二要在工作中"充电",与时俱进。不断学习新的知识、先进的理念、科学的方法。采取正确、恰当、有效的工作方法,达到管理育人、科学育人的目的;三要转换角色,变师生为朋友,从交友到交心,使学生们排除管理者与被管理者之间的地位戒心,放下心理包袱,更主动更愿意与我们交流。只有这样,我们才能及时了解到他们的真实想法,才能准确把握他们的心理动态,使我们的思想政治教育工作有的放矢,达到事半功倍的效果。社会主义核心价值观的教育理论性较强,比较适合讲授法授课,但教学效果难以提高。为了改变这种状况,需要把理论教育与时间教育结合起来,尝试采用角色扮演法、项目教学法、任务驱动法、案例教学法、兴趣小组教学法等教学方法,改进教学模式,提高教学效果。

三、提高教育工作者的素质

《教育部关于加强高等学校辅导员班主任队伍建设的意见》指出,加强辅导员、班主任队伍建设,是加强和改进大学生思想政治教育的重要保证和长效机制,对全面贯彻党的教育方针,把大学生思想政治教育的各项任务落到实处,具有十分重要的意义。高校政治辅导员在高校管理育人的工作中起着举足轻重的作用,作为面向学生第一线的思政工作者,他们和学生接触时间最长,联系最广泛,关系最密切,是开展大学生思想政治教育的主力军,是大学生健康成长的指导者和引路人。一名合格的辅导员要具有过硬的思想政治素质以及较强的业务素质等,只有综合素质不断提高,才能更好地开展大学生思想政治教育工作。

1. 政治素质

政治素质就是指辅导员应具备坚定的马克思主义信念、坚定的社会主义理想,能牢固树立马克思主义世界观、人生观、价值观,自觉抵制资产阶级自由化、拜金主义、享乐主义、个人主义思想侵蚀,具有无产阶级的政治思想觉悟。政治素质是高校辅导员必备的素质,高校政治辅导员必须坚持以邓小平理论、"三个代表"的重要思想为指导,坚决拥护党的改革开放的路线、方针和政策,思想上始终与党中央保持高度的一致,时刻关心国家大事。只有拥有坚定的政治方向、政治立场,才能保持清醒的政治头脑,才能具有较高的政治敏锐性、政治鉴别力,才能在具体工作中坚持原则。当代大学生朝气蓬勃,思想活跃,接受新鲜事物的能力强,但意志薄弱,思想不稳定、波动大,自主意识强烈,喜欢自我表现,以自我为中心,容易受外界尤其是西方思想的影响。针对当前大学生的这些特点,高校政治辅导员必须坚定政治立场,以过硬的政治素质耐心细致地做好学生的思想政治教育工作,对学生进行社会主义、爱国主义和集体主义教育,使学生的世界观、人生观和价值取向不偏离正确轨道。特别是在面对西方反华势力对我国当代大学生进行腐化和渗透的关键时刻,政治辅导员一定要坚定对党和国家的信念,站稳立场,明辨是非,能熟练运用马列主义和唯物辩证法去分析和解决问题,这样才能真正成为大学生政治思想上的导航者和领路人。

学生政治辅导员是学生思想政治工作的主力军,是党的路线、方针、政策的传播者,肩负着培养当代大学生成为社会主义建设事业合格建设者和可靠接班人的重任,这就要求辅导员自身必须具有坚定的政治方向、高度的政治觉悟和良好的政治理论修养,用马列主义、毛泽东思想、邓小平理论、江泽民"三个代表"重要思想及科学的发展观等科学理论去引导和教育学生,高举党的旗帜,站在政治理论的高度为学生释疑解惑,义无反顾地捍卫政治理论的先进性和纯洁性,才能引导大学生追求真知,适应新形势,承担新任务,创造新成绩。

学生政治辅导员除具有坚定的政治方向、坚实的政治立场、高度的政治觉悟外,还要努力学习思想政治工作的专业理论知识,努力探索学生思想政治工作的一般规律。

2. 广博的理论知识

高校政治辅导员面对的是思想活跃、求知欲望强烈的大学生,没有一定的理论知识是很难胜任的。高校政治辅导员除了要掌握一定的专业知识和专业技能,还必须懂得一定的教育学、社会学、伦理学、心理学等学科知识。广博而丰富的理论知识不仅使他们能从容地解决学生在学习和生活中遇到的问题和难题，而且便于他们与学生进行近距离的交流。随着信息化进程的加快，当代大学生从网络、电视以及其他媒体等多渠道获得了新知识，开阔了视野，增强了求知欲。然而，社会上的不良现象也通过媒体传入到高校，致使高校大学生旷课、逃学现象经常发生，出现的心理问题、精神问题也逐渐增多，这就要求辅导员进行教育与疏导，及时缓解学生的心理、精神障碍，正确引导学生走出误区。

3. 道德素质与修养

高校政治辅导员在个人道德素质上，应该诚信、公正、无私、正直、善良、宽容、热情、勤奋、廉洁、谦虚、守纪，以高尚的道德情操、良好的道德品质、崇高的道德风范去影响学生，感化学生。在个人行为上，应做到言行一致、实事求是、求真务实。在工作上要勤勤恳恳、任劳任怨、兢兢业业、一丝不苟。在生活行为上，要注意仪表端庄、谈吐文雅、朴素大方、举止得体、文明礼貌。

"学高为师，身正为范"，思想政治教育者是塑造和净化人类灵魂的工程师，是社会道德规范的示范者。俄国著名教育家乌申斯基说过："在教育工作中，一切都应当建筑在教师人格的基础上，因为只有从教师人格的活的源泉中才能涌现出教育的力量。任何规章、任何教学大纲、任何人为的机构，不论设计得多么奥妙，都不能在教育工作中代替人格的作用。"思想政治教育不只是传授学术知识、技术而是通过教育者以灌输说教、道德示范、人格感染等手段向受教育者传递相应的思想观念，以期塑造受教育者的思想、品德，影响其行为的教育过程。高校政治辅导员只有时时处处严于律己、宽以待人、诚实守信、真诚质朴、虚怀若谷、襟怀坦荡、通情达理、平易亲和，勇于开展批评与自我批评，勇于修正错误，才能赢得广大学生的拥护和信赖；只有率先构建完美的道德品质，以身示范，才能以自己高尚的道德情操去影响学生的人格，垂范于学生。在润物细无声中，用自己潜移默化的道德风范和人格魅力去滋润和浇灌每一位学生的心田，使他们的道德心灵在风和日丽、风调雨顺、相互信任、融洽和谐的育人环境中得到净化和升华。

因此，辅导员要苦练"基本内功"，以自尊、自重、自爱、自强的精神检点自己、鞭策自己，使自己成为在大学生面前极具楷模和示范意义的人。

4. 职业素质

职业道德是一个职业人做好自己职业最基本的素质，对于高校教师讲就是做到敬业爱生，为人师表。敬业，是对所从事的教育事业有强烈的使命感和责任感。爱生，是一种发自内心的真诚，是一种自我牺牲、依依不舍的道德情感。古今中外的优秀教育家，都把敬业爱生看作是教师毕生最基本的美德和永恒的职业操守。俄国著名的文学家、教育家托尔斯泰曾说过："如果一个教师仅仅热爱教育，那么他只能是一个好教师；如果一个教师虽然读过许多书，但却不热爱事业，也不热爱学生，也就算不上一个好教师；如果教师把热爱事业和热爱学生相结合，他就是一个完善的教师。"敬业爱生是教师最基本的职业道德，是由教师职业的特殊性所决定的，学生政治辅导员更应是敬业爱生的模范执行者和带头人。如果学生政治辅导员对自己从事的岗位没有巨大的热情和奉献精神，那么他将一事无成。这是因为教师是人类灵魂的工程师，从事的是一种培养人、教育人的事业，是阳光下最令人羡慕的事业之一，这一事业对社会的物质文明、精神文明、政治文明的进步发展有着不可替代的推动作用。

高校政治辅导员应自觉地将师德原则、师德规范内化于心，坚持操守，并最终达到乐此不疲的思想境界，忠诚于人民的高教事业，热爱学生，循循善诱，诲人不倦，关爱每一个学生的成长和发展，具有爱满天下的博大胸怀，时时处处关注学生、亲近学生，把每一位学生当成一本多彩的书，努力读懂、读通，成为大学生政治营养的培护者、心理苦闷的解脱者、生活困难的帮助者、就业选择的指导者、人生道路的设计者，成为大学生思想成长和政治成熟的导航路标，成为大学生遨游知识海洋和搏击人生风雨的良师益友。学生政治辅导员要勤思维、勤实践，要体现以人为本、求真务实的工作理念，体现人文关怀，体现人性化管理思维，坚持科学的发展观，确保每一位学生的可持续发展，关爱每一位学生的成长和进步，要经常深入到大学生中去，坚持到班听课，经常到学生宿舍走一走、看一看，及时了解他们的所思所想、所爱所恨，有针对性地做好思想政治工作，在平凡的岗位上体验人生价值实现的成就感。

5. 掌握新形势下高校大学生思想政治工作的能力

信息传递多样化、网络信息的多元化冲击着高校思想政治工作。随着高新技术的兴起，特别是网络技术的迅猛发展，信息传递速度加快，信息量日新月异，大学生获取知识、信息的方式更加多样化。他们在接受大学里传统思想教育的同时，也不能排除国内外一些腐朽思想和不良文化的渗透与影响，资本主义的腐朽思想在网络上进行精神污染，西方国家利用网络向不同意识形态的国家推销自己的政治观、价值观和道德观，这每时每刻都在动摇着当代大学生既有的生活方式和行为准则，打破了原有的思想政治工作的主体导向，造成了部分学生价值标准混乱；心理和精神上的困惑，也严重地动摇着高校学生的人文理性和人文精神，导致高校校园出现人文精神的荒废、人际关系的冷漠、学术氛围的淡化、自私自利的增长。高校政治辅导员要针对不同情况、不同问题进行深入细致的了解，经常与学生沟通，正面引导与鼓励学生。通过谈话与调查，找出原因并解决问题，让学生树立正确的世界观、人生观、价值观。

随着高等教育管理体制的改革和招生规模的不断扩大，就业形势日趋严峻化。传统就业观是终生"吃皇粮"，这是计划经济体制下的产物。随着市场经济的不断深入，社会就业形势也在不断发生新的变化。大学毕业生面向市场、双向选择、自主择业、不包分配等新的就业方式已经取代"上了大学就等于有了铁饭碗"的传统就业模式，人才流动和再就业已成为普遍现象。就业难度和就业矛盾逐步显现，就业出现了新问题、新情况，在校的大学生中很多学生主观方面感到前途渺茫，因此直接导致大学生的学习积极性不高，政治热情下降。所以，辅导员要教育和引导学生转变传统观念，认识到职业是可以变化的，就业就是一个动态的过程，树立动态的就业观。"先就业，后择业；先生存，后发展"，克服一些不切实际的想法，不要让其成为就业的障碍。

6. 展望

教育部《关于加强高等学校辅导员、班主任队伍建设的意见》的出台，标志着我国高校辅导员队伍进入职业化建设阶段。各高校应建立和完善辅导员培养机制。按照"选拔、使用、管理、培养、提高"相结合的原则，像培养教学业务、学术骨干那样，培养高水平、高素质的学生思想政治教育和管理工作骨干。应制订培训计划，积极开展有针对性的培训，建立分层次、分类别、多形式和重实效的培训体系。加强分类指导，坚持先培训后上岗，岗前培训、日常培训和骨干培训相结合，系统地进行马克思主义理论与思想政治教育、管理学、教育学和心理健康教育、职业指导、学生事务管理等方面的培训。特别要注重培养辅导员解决实际问题的能力，支持辅导员参加社会实践、挂职锻炼、学习考察等活动，鼓励他们参加校外考察或实践活动。学校应划拨相应的经费，支持辅导员开展大学生思想政治教育课题的立项、申报，并做好科研的组织、监督、验收和推广工作。这样一来，高校政治辅导员的综合素质会进一步提高，工作也会与时俱进、开拓创新。

在社会实践活动中开展社会主义核心价值观教育。社会实践是学生在掌握了一定的知识和技能后运用所学、认识社会的一种方式。随着高等院校教学改革的不断深入，学生的社会实践得到越来越多的重视，在大学生的社会实践活动中融入社会主义核心价值观教育应该作为一种重要的方法。思想政治教育的目的就是改造思想，让思想来指导行动，只有通过社会实践，才能检验教学的效果。

根据构建和谐社会的思想理念和指导思想，我们提出了高校思想政治教育内容的三条主线：即人自身和谐的内容，人与人、人与社会和谐的内容，人与自然和谐的内容。改革开放30多年来，高校思想政治教育内容已然形成了科学全面、功能互补和相对稳定的课程结构体系。这里无意要打破原有的课程体系，旨在对原有课程体系进行新的梳理，使内容更具有针对性，使原来泛政治化的内容具有更人本化的特征，进而为社会、自然和谐发展服务。用这三条主线联结政治思想教育中的具体内容，能使内容更具条理性、现实性和可接受性。将三条主线贯串于教育内容，对整个思想教育内容构成要素进行合理配置，把教育内容的内部结构调整到最佳状态，使思想政治教育内容系统整体功能增值、放大，以达到最佳育人目的。为此，我们将思想政治教育内容要素进行重新整合，形成了以生命健康教育为基础，以社会主义核心价值体系为核心，以公民意识教育为重点，以实践为本质的新的教育内容体系。

没有生命与健康，一切均无从谈起。生命教育既是一切教育的前提，同时还是教育的最高追求。事实上，我们看到很多学生突遇一点挫折、打击，就选择结束生命作为唯一的解决方式，究其原因，除了学生心理脆弱之外，还跟社会、学校、家庭对学生缺乏生命教育息息相关。为此，我们要教育学生树立正确的世界观、人生观和价值观，加强生命教育。

2004年，党中央、国务院针对加强青少年思想道德建设提出了明确要求，先后出台了8号文件和16号文件，要求把生命教育作为思想道德建设的重要载体，科学有效地实施生命教育活动，并将生命教育纳入全民素质教育内容中。生命教育应该成为指向人的终极关怀的重要教育理念，它符合人性的要求，是一种全面关照生命的多层次的人本教育，是促进人自身和谐、人与自然和谐的基本内容。生命教育不仅包括对个体生命与健康的关注，珍爱自己与他人，乃至自然界一切生物的生命，而且还应包括对生存能力的培养和生命价值的提升，积极创造生命的价值。但高校现有课程教材中的生命教育内容几乎空白，对学生生存能力的培养，缺乏有效的操作性指导。虽然有些学校开设诸如职业定向、选择等方面的内容，但效果很不理想，对校内外丰富的生命教育资源缺乏系统的有机整合。因此，必须加快学校教育的改革，从生理、心理和伦理等方面对学生进行全面、系统、科学的生命教育，引导学生善待生命，帮助学生完善人格、健康成长。

生命教育的最终归宿是让学生学会调节自我身心内外的矛盾，以达到人自身内部的和谐统一。当前在高校现有的思想政治教育内容中，还没有完全突出对学生的人格教育内容，虽然有些学校也开设了相关的课程，但课时却很有限。高校配备的辅导员和成立的心理辅导室、咨询室也未能起到应有的作用。需要说明的是，生命教育的内容如果只限于关照人类自身，那是远远不够的。我们具有人定胜天的思想精神不是坏事，它能带给我们勇气和力量。但我们更应该敬畏自然、敬畏生命，树立"天人合一"的和谐思想。人类总是与自然共存，不离不弃的。我们的教育内容在这方面也相对缺乏，一味要求掌握科学知识去解决自然界的任何问题，却不曾想到我们应该怎样与自然和谐共处，致使学生极度缺乏与自然共存的知识和能力。高校思想政治教育内容中亟待补充和强化"天人一体""天人合一"、敬畏自然、保护自然的知识与理念，追求人与自然的统一和谐。

以社会主义核心价值体系为高校思想政治教育内容的核心。马克思指出："价值这个普遍的概念是从人们对待满足他们需要的外界物的关系中产生的。"从中可以理解，任何一个国家、民族、社会或个人在长期的社会实践活动中，由于需要的不同，必然形成对待满足需要的态度不同，进而形成不同的价值观。从传统走向现代的进程中，古今中外均有不同的核心价值理念存在，事实也证明了这一点。舍勒认为："现代性的问题首先是人的实存类型的转变，即人的生存标尺的转变，个体的生成可以被视为现代性的标志。"该论断反映了两层意思，一是人的生存标尺（满足生存需要的尺度）是会变的，时代不同，则尺度不同；二是现代人有现代生活、生存的尺度标准或需要才称之为现代性。同样可以归结为一点，那就是不同的历史时代，不同国家、社会具有不同的价值理念。目前，我国的社会主义改革和发展如火如荼，经济体制、社会结构、利益格局、生活方式发生的深刻变化，必然给人们的思想价值观念带来空前的活力，也造成巨大的冲击。人们的思想活动的独立性、选择性、多变性和差异性不断增强，人们的价值观念也呈现出多样化趋势。在这种思想大活跃、观念大碰撞、文化大交融的时代背景下，建设社会主义和谐文化，特别是建设社会主义核心价值体系，更具有极强的现实意义。

社会主义核心价值体系是党的十六届六中全会首次明确提出的一个科学命题。社会主义核心价值体系在中国整体社会价值体系中居于核心地位，发挥着主导作用，决定着整个价值体系的基本特征和基本方向。只有通过社会主义核心价值体系的引领和主导，才能取得全社会广泛而深刻的价值认同，使人们超越民族、城乡、地域等方面的差异，消除彼此之间的分歧和隔阂，增强社会成员的归属感和向心力，促进社会共同体的团结和稳定。社会主义核心价值体系包括四个方面的基本内容，即马克思主义指导思想、中国特色社会主义共同理想、以爱国主义为核心的民族精神和以改革创新为核心的时代精神、以"八荣八耻"为主要内容的社会主义荣辱观。这四个方面的基本内容相互联系、相互贯通，共同构成辩证统一的有机整体。要培养社会主义建设者和接班人，培养具有高政治素养、高思想素养的大学生，无疑要将社会主义核心价值体系作为高校思想政治教育的核心内容。在贯彻学习这一核心内容时，我们特别要注意：第一，防止"泛政治化"倾向，把思想政治教育完全政治化。遮蔽现实生活世界，脱离人的现实生活，企图把人塑造成为只符合政治需要的单面人是错误的，也是完全行不通的。第二，要防止纯理论化，脱离时代、脱离实践，将理想和现实割裂。要知道没有现实基础的理想只能是乌托邦。第三，要注重社会价值理念与个人价值理念的整合。说到底，社会价值体系是社会对个体成员所需要的思想政治品德方面的要求，而人们往往从其实际地位、利益关系出发，去认识、理解、选择或抛弃社会价值体系中的某些观念。对价值观念的认识、理解和选择不同，则其对待事物的态度和所付出的行为就不同。所以，在教育内容的处理上，应着力解决和整合好个人价值观念和社会价值观念体系的矛盾与冲突，从而形成社会向心力。

公民意识教育与生命教育一样，在高校政治思想教育中处于被忽视的地位，既没有相应的课程也缺少相关的系统内容。虽然我们在高喊要培养学生民主、权利、自由、公平、正义、责任等意识，但却极度缺乏相关的具体教学内容，以至于落入形式主义的圈套之中，而无一点实际效用。现在一些大学生对政治冷漠，缺乏责任心、缺乏诚信，与社会发展格格不入的现实是公民意识缺乏的集中体现。所以，加强对学生的公民意识教育理应成为高校思想政治教育的重要内容。中国几千年臣民教育积淀下来的"臣民意识"已经不能适应现代社会的要求。马克思曾说："人们的观念、观点和概念，一句话，人们的意识，随着人们的生活条件、人们的社会关系、人们的社会存在的改变而改变。"中国社会的成功转型有赖于造就一大批具有现代公民意识的"新人"。中共十六大报告提出，要"健全民主制度，丰富民主形式，扩大公民有序的政治参与"；十七大报告强调，要"加强公民意识教育，树立社会主义民主法治、自由平等、公平正义理念"。这说明党和政府已经强烈意识到公民意识教育的重要性与必要性。北京大学出版社教育出版中心主任周雁翎指出，公民意识除了主要包含权利意识和责任意识两个方面之外，还包括公民道德的内容，如仁爱、宽容、感恩、友谊、尚礼、诚信、责任、尊严、合作等主题，这些都与中国传统的优秀的道德观是共通不悖的。最近有学者研究指出，在东亚国家，公民意识被认为还应该包括人与自然的关系，这一点与西方的公民意识不同。西方的公民意识更加强调公民是"政治人"。郑州大学公民教育研究中心教授王东虓认为，公民意识教育的主要内涵应包括国家与民族意识教育、平等与公正意识教育、自由与法治意识教育、道德与文明意识教育。

纸上得来终觉浅，绝知此事要躬行。思想政治教育内容停留于口头或书面语言上，是远远不够的。重要的是如何体现在行动上，落实于现代实际生活中，解决具体矛盾和问题。在高校学生思想政治教育过程中，一些教师强调学生记忆理论知识、忽视知识的理解内化、轻视学生身体力行的做法违背了思想政治教育的初衷。践行的前提是信心，基础是理解。通过在校的思想政治教育，要充分激发大学生的自我意识和自我觉悟，通过学生自身的内心体验和感悟形成正确的价值理念和人生观，提高自身的伦理道德、法制观念，掌握科学辩证的思维方法和实践技能，树立建设共产主义的远大理想和建设社会主义和谐社会的必胜信念，从而自觉主动地投身于建设祖国的大潮中，持之以恒地践行社会主义荣辱观和科学发展观，为构建社会主义和谐社会贡献自己的力量。毛泽东在总结马克思主义的普遍真理和中国革命的具体实践相结合的经验时，对实事求是的含义作了新的界定："'实事'就是客观存在着的一切事物，'是'就是客观事物的内部联系，即规律性。"在高校思想政治教育中，我们要时刻把握时代发展和社会发展的主旋律，深入了解现今大学学生的思想动态、处事方式，仔细研究市场经济、现代传媒及全球化趋势给大学生的思想和心理带来的冲击，积极寻求解决当下矛盾和冲突的思路和方法，提供学生能理解、接受并利于付诸实践的内容。

在价值取向上，由社会哲学视野中的外在价值、工具价值转向马克思人学视野中的内在价值、目的价值。马克思主义认为，人是一种具有高度自觉意识的目的性存在物。人的行为结果在其成为现实以前，便早已经在人们的头脑中观念性地存在了，这是人区别于其他动物行为的根本特征。人的全部行为实践和思想理论活动都是如此。思想政治教育作为一项人的有意识的社会实践活动，也必然预设满足某种需要的意图、目的和价值，这不仅是思想政治教育得以存在的前提，也是人们进行思想政治教育研究和实践的最初原。众所共知，思想政治教育是随着无产阶级的革命运动孕育而生的，紧紧围绕无产阶级的革命活动开展思想政治工作是其一贯作风和基本要求。在中国共产党领导中国人民争取国家独立和人民解放的新民主主义革命中，我们党把思想教育定位在服从、服务于"打仗、建立革命根据地、组织动员群众参军参战"等三个方面，是完全符合当时革命斗争需要的。进入新世纪以后，我国进入了一个既是战略机遇期也是各种人民内部矛盾的凸显期。这时仍然以满足社会需要为宗旨,紧紧服务于革命、经济社会建设的传统思想政治教育越来越脱离国内外的社情民意和当代大学生的实际情况,其远离人、压抑人、束缚人的弊端也日趋严重。随着经济社会发展向"以人为本"转向,坚持以人为本、促进人的全面发展是当今时代的心声,保障人权、尊重人性、培育人的创新精神、构建人的精神家园成为不可逆转的时代潮流。思想政治教育只有与时代精神相结合,从服务于"政治"转向"人本身"的建设,坚持以人为本,注重人文精神的教化,建构人的精神世界,提升人的精神品质,努力使人们成为一个身心和谐、充满生机与活力的真实之人。

思维方式是构成一定文化系统最深层的本质因素,是一个文化体系与另一个文化体系相区别之关键。历史唯物主义认为,思维方式是人们在实践活动基础上形成的,是人们的实践活动方式通过一系列中介环节内化的结果。恩格斯强调,"物质生活的生产方式制约着整个社会生活、政治生活、精神生活的过程,不是人们的意识决定人们的存在,相反,是人们的社会存在决定人们的意识"。人们生产、生活的方式造就与之相应的思维方式。思维方式一旦形成并定型化,就会成为一种相对独立的、巨大的精神力量,对人们的思想、行为发生一定的调控作用,影响着社会的政治、经济、文化和科学技术的发展。可以说,有什么样的思维方式,就会导引出什么样的实践理念、实践活动方式,最终构造出与之相应的社会发展模式与态势。由此就要求我们在审视思想政治教育的过程中必须适时检视和顺势转换思想政治教育研究和实践中的思维方法、思维方式,努力增强思想政治教育主体对自己的理论思维和实践思维自觉性。在20世纪80年代思想政治教育一开始就被实体本体论思维方式所笼罩,在这种思维模式下,人们认识的根本目的就是要把握藏匿在纷繁复杂、千变万化现象背后的那个永恒不变的本质,找到千变万化事物的规律。这种思维方式推动了自然科学自近代以来的大发展、大繁荣。但是正像马克思所说的,真理再往前一步就是谬误,实体本体论思维方式一旦越界到思想政治教育等这些人文社会科学中,那就不再是人类的福音而是灾难的开始,因为它把受教育者当作一个被动的客体,当作物来培养,当作了一个占有政治一维性的单面人,把人看成是可以"预设的"。

将思想政治教育仅仅理解为是为了实现一定政党和社会集团的任务,而不是为了最终服务于人的全面发展,使人作为人称之为人。恩格斯明确指出:"在社会历史领域内进行活动的,全是具有意识的、经过思虑或凭激情行动的、追求某种目的的人;任何事情的发生都不是没有自觉的意图、没有预期的目的的。"因此我们必须追问:

"人为什么要接受思想政治教育,思想政治教育对人的生存和发展来说究竟意味着什么?"而这种追问恰好就是实践生成思维方式的提问方式。所谓实践生成思维范式,指的是从完整的人的现实存在、现实生活出发,去理解和解决人自身以及与之密切相关的问题。具体地说,就是把意识与物质、主体与客体的对立,视为人类生活实践本身或感性对象性活动内在环节。在这种实践思维方式下,教育包括思想政治教育就不外乎是人类对其生存困境的应答方式,教育的目的不是提供一套精致的知识,而是要对人以及对人的生存的"关怀",思想政治教育不应满足于"再现过去社会状态",应着眼于"预示某些新的社会状态"。正如德育专家鲁洁教授所言:"教育的根本目的就是在通过对已有文明的传授……去改造、去发展现存的世界以及现存的自我。为此,教育的着眼点不在于使人接受已有的,而在于适应的基础上去改造和超越。"思想政治教育作为一个以人为核心,以人的全面发展为终极追求目的而育心、育德、育人的过程,自然也应该成为生成现实的完整的人的一个过程。

在校园文化的建设中融入核心价值观教育。校园文化建设包括三个方面,即物质、精神和制度文化的建设,其中精神文化建设是最高境界,也是高校校园文化建设的核心。高校校园文化建设具有重要的育人功能,它包括校风建设、教风建设、学风建设、学校人际关系建设等方面,对学生思想层面有着潜移默化的影响,改变着他们的观念、价值取向和行为方式。

自然性、社会性和精神性在人类或个体发展中,具有渐次生成、发展和不断递进、辩证否定的性质。精神性是自然性、社会性真正成为人的自然性、社会性的内在原因。但是由于各种复杂的原因,人们多用两分法的形式谈论人性,认为人性就是自然属性与社会属性的统一。加之中国传统文化的影响,这种人性论成了思想政治教育的主流,即认为人性就是人的社会性,思想政治教育只是满足社会需要的手段。但正如有的学者指出的那样:"人作为精神存在物,他不再服从自然律,而是遵循道德律,这才是人的真正的'自由王国'。"因此我们不但要看到人性的自然性和社会性,而且还要认识到人在社会生活中的自主性、能动性、创造性等精神属性;不但要看到人的社会价值,更要重视人的主体性和自我价值。特别是在以人为本、构建和谐社会的今天,面对我们日益严重的物欲泛滥、精神空虚、信仰缺失的社会现实,我们必须清醒地认识到:现实生活世界中的人都是自然属性、社会属性和精神属性的有机统一。只有坚持这样的人性观,我们的思想政治教育工作才能真正以人为本、尊重和理解每一个现实的人,切实从他们的实际生存现状出发,更加注重思想政治教育内容、形式、方法的人性化、人本化。急他们之所需,利他们之所求，不断满足受教育者的精神物质文化生活需要。思想政治教育无疑要"培养人，建设人"，但是思想政治教育不同于其他教育的特殊之处就在于它是对人的精神世界的教育，精神世界的关怀。"如果一个正在构建自己精神世界的人，不曾读过动人心弦、激荡心潮的书，不曾有自己百读不厌的优秀书籍，不曾为人类的智慧惊叹不已，不曾从书籍那里广泛地汲取人类智慧和精神力量，不曾从书籍中得到一种雄浑博大的崇高气质的感染，那么，他就没有受到地地道道的、货真价实的教育，难以想象会得到智力和精神的充分和谐的发展，会有充实、丰富、纯洁的内心世界。精神教育是现代思想政治教育的根本内容，它关涉着个体对"形上"的追问、对未知的思考、对未来的策划和对希望的向往。人之所以为人，之所以把自己与其他动物区别开来，就是因为人有意识、有思想、有信仰。人不仅是一种生物存在、社会存在，而且更是一种精神存在。在人的精神生活中，不懈地超越、无限地圆满，是人的"精神超越性"的主要表现。

在师德师风建设中融入核心价值观教育。师德是教师职业素养的综合表现，它主要包括教师的思想政治素养和职业道德、职业技能、职业理想四个方面。当前我国的师德教育还存在一些缺陷，主要体现在：缺乏主流引导思想，教师职业道德的养成不同步与师德评价指标观不完备等，其中缺乏主流引导思想是最主要的问题。教书育人是师德建设的出发点和切入点。教师的作用在于教育学生，引导学生学会生存、生活、做人和与人合作。因此，在平时工作中就应将社会主义核心价值观融入教书育人的实践中，只有这样才能真正体现出在社会主义核心价值观指导下进行的师德建设成果。

思想政治教育是通过生产、传递社会主流精神文化从而使受教育者成为全面发展的人的一种精神性教育活动。它所关注的是人生存发展中的价值意义、理想信念、终极关怀等内在性、终极性、超越性的精神意识问题；实质是教育者和受教育者通过在人生的价值意义、理想信念和终极关怀等方面的精神文化交流、契合，最终实现每个人的自由而全面发展。思想政治教育作为一种特殊的教育，无疑要培养人，但是思想政治教育对人的培养、塑造不可能是全方位的，思想政治教育既不同于技术教育也不同于其他的人文社科教育的特殊之处，就在于思想政治教育本质上是一种从思想性、精神性上把握、塑造人，构建人的精神世界的精神性活动。现代思想政治教育要想走出困境，取得实效，最关键的就是要通过彰显人生的意义、理想信念和终极关怀，引导人思考自身、发展自身，实现人之所以为人的精神性的飞跃。用雅斯贝尔斯的话说就是"通过现存世界的全部文化导向人的灵魂本源和根基，而不是导向由远处派生出来的东西和平庸的知识"。面对我国日益严重的技术化和物欲化趋势，思想政治教育在服从服务于经济社会建设的同时，应更多地关注对人的精神世界的引领，注重人的精神生活的丰盈和精神信念的生成，这是走出唯功利主义误区的必要选择，也是思想政治教育重新发挥自己"生命线"价值的现实需要。

社会主义核心价值观的教育目标与当今互联网时代的高度融合，互联网时代为高职思政课教学带来的机遇。首先，使思政课的教学资源更加丰富。互联网的发明和创造为高职思政课的教学提供了丰富多彩的教学资源，教师可以利用互联网上提供的丰富的资料，突破教材内容的限制，搜集对课堂教学有帮助的各类资源来丰富教学内容。同时，教师还可将搜集到的资料在网上进行共享，学生可以随时随地对这些资源进行查阅和利用，教学效率明显提高。其次，使高职思政课的教学方式发生了很大的变化。教学方式由原来的单向传播变成了双向互动及一对多式的传播，教育方式更加开放。传统的思政课教学由教师、学生和教学内容三部分组成，在整个教学过程中，教师始终处于主体地位，其主要过程就是教师通过讲授，在教学媒体的辅助下，将教学内容灌输给学生。教师处于主动地位，学生是被动的接收者即灌输的对象，教学媒体是辅助教师向学生进行知识灌输的工具。在这样的教学模式下，高职的思政教育是通过权威机器的强制力来实现的。社会功能、政治功能和资本功能三位一体的传媒体制为思政课的开展提供了保障。而在互联网时代背景下，学生获取信息的渠道越来越多，思想也愈来愈开放，同时在教学过程中，也不再是单纯的一对一传播，而转向双向互动的教学模式，学生由被动的接受者变为主动的参与者和质疑者。兼之在互联网这个平台上，每个人都可以在虚拟的环境中自由发表个人见解，表达自己的看法，教师和学生摆脱了教材的束缚，原本枯燥乏味的课堂变得生动有趣。

互联网时代给高职思政课教学带来的挑战。首先，互联网时代对高职学生的思想认识深度带来挑战。互联网的开放性与虚拟性使高职学生在扑面而来的大量信息面前显得手足无措，他们不会对信息进行分析、思考和鉴别，往往不加鉴别全部接收，碎片化阅读逐渐呈上升趋势，而深度阅读能力和自主阅读能力却在逐渐下降。在网络这个虚拟世界里，各种不健康信息大行其道，其中包括一些色情、暴力等内容的文字、图片、视频等信息给心智发展尚未成熟的高职学生带来冲击。这些内容不健康的信息不仅削弱了高职学生的道德意识，还严重影响到他们的人生观和价值观，甚至影响到他们的行为方式。尤其是西方资本主义国家借助互联网这个平台，加紧对我国实施"西化""分化"的图谋，高职学生在铺天盖地的信息面前，缺乏甄别能力，导致其认知模糊、行为失范等。其次，导致师生之间及同学之间的距离拉大。在网络世界中人与人之间不再是面对面的交流，师生之间、同学之间的交流和沟通逐渐变少，学生也越来越不重视教师对自己的引导作用。他们宁愿通过网络进行信息的交流也不愿意在现实生活中与教师和同学进行沟通，使得师生之间、同学之间的情感交流越来越少，从而导致他们的距离越拉越远。

在互联网时代，教师利用网络开展思政课教学应遵循以下原则。可行性原则。教师在利用互联网这一媒体进行教学时，首先必须要考虑的就是可操作性。能否使用互联网进行教学由多方面的因素决定，如教学设备是否完善、学生是否拥有电脑等，要充分考虑到人、财、物等各个方面的制约因素。趣味性原则。传统的课堂教学侧重于教师的讲授，学生的主体地位得不到体现，整个课堂枯燥而乏味。利用互联网开展教学，将会使教学的趣味性大大提高。互联网环境下的教学是通过将图画、声音、文字等元素融入课堂中，将教学内容声情并茂地展现在学生面前，极大地增强了教学的趣味性。导向性原则。教师利用互联网进行辅助教学，必须要对网络上那些虚拟信息进行有效的控制。网络的虚拟性决定了它的难控性，思政课教师在进行教学的过程中，一定要把握好学生的思想动态，不能偏离原有的教学目标，以突出自身的导向作用。辅助性原则。利用互联网进行思政教学的目的就是要有效发挥互联网这一媒体的辅助功能，使其服务于传统的思政教学。互联网对教学的辅助性主要体现在两个方面——教学手段和教学内容。首先，多媒体教学手段的使用极大提高了教学的效率；其次，网上教学资源的共享极大地丰富了教学内容。思政课教师在教学过程中要充分利用互联网的辅助功能为自己的教学服务。

构建互联网视角下高职思政课实践教学的路径。改革思政课教学方法、课程结构和实践方式。首先，适应互联网条件下高职学生的心智特点，改革教学方法，让学生成为思政课课堂上的主体，使学生在课堂教学中也能找到一种"虚拟的精神满足"的成功体验，代替网络虚拟感受，从而使他们重新回归课堂，给课堂上的被动"灌输"增加一个主动的"吸附力"。其次，适当改革思政课的课程结构，把课程内容与学生在互联网上普遍遇到的实际困惑有机结合起来，思政课教师在课堂中要给出学生正确的是非判断，帮助学生明辨是非，树立正确的世界观、人生观和价值观，降低互联网带来的负面效应，使学生更加信任课堂、信任教师。再次，满足互联网条件下高职学生的实践体验学习，提高他们解决问题的能力，提升他们参与实践的主动性。要适当增加实践课程比重，增加实地参观、模拟社区、模拟企业等实践体验性内容，使学生由单纯的旁观者变为当事人，学会运用所学到的理论知识去指导实践，提升他们独立解决问题的能力，掌握安身立命的本领。

为思政课的顺利开展营造积极向上的网络文化。为了切实规范师生对互联网的正确访问和使用，学校必须要强化网络信息的监控，引导师生正确使用互联网。充分发挥互联网在信息传递中的主渠道作用，使学校的发展、建设、管理工作等信息能够通过互联网及时向广大师生传递，并获取他们的理解和支持。同时，互联网已经成为思想政治教育工作的主要阵地，学校必须要为互联网营造积极向上的网络文化，充分发挥其育人效能，帮助学生坚定中国特色社会主义信念，努力践行社会主义核心价值观，使其成长成才。

充分利用网络这个交流平台实现师生之间的交流和互动。要恢复并强化传统思政教育模式中人与人之间的互动体系。对于互联网的过度依赖，使得课堂外的师生、同学之间人际互动频率大大降低，现实的榜样、示范作用也在逐渐淡化，思想政治教育的效果也在逐渐下降。因此，要充分运用互联网这一新技术，使师生之间、同学之间能够在互联网这个平台上充分进行交流和互动；在互联网这个平台上，师生之间、同学之间可以对一些思政问题发表个人的见解，教师也可以通过虚拟的网络环境，为学生答疑解惑，使我们的教育从虚拟的网络走向现实世界。

社会主义核心价值观的教育需要加强网络道德建设。网络道德是一种社会意识形态，是人们行为的潜在标准和规范，是人的价值取向。网络道德是由网络行为引发的道德关注。网络行为是网络社会所特有的交往行为，同现实社会中的交往行为相比较，网络行为处在一种虚拟的现实中。这种虚拟的现实是由计算机、远程通信等技术构成的网络虚拟空间。在这个虚拟的空间里，存在着虚拟的一切，不仅有虚拟人、虚拟社会、虚拟共同体，而且有虚拟全球文化。虚拟的环境产生了虚拟的情感，进而衍生出虚拟的伦理道德。网络道德并不是脱离现实社会的一种新的道德形式，它实际上是现实社会生活的延伸，是现实生活中人与人之间关系的折射。

据调查，传播谣言、散布虚假信息，制作、传播网络病毒，"黑客"恶意攻击、骚扰，传播垃圾邮件，论坛、聊天室侮辱、谩骂，网络欺诈行为，网络色情聊天，窥探、传播他人隐私，盗用他人网络账号，假冒他人名义；强制广告、强制下载、强制注册，炒作色情、暴力、怪异等低俗内容等网络十大不文明行为常有发生。互联网"黄、假、坑、俗"等不道德现象大量出现，影响了网络的正常秩序，放大了网络的负面作用。而网上的不文明行为已经对大学生的责任感、义务感、道德感的养成构成了极大威胁。

网络的匿名性很容易削弱人们的责任意识和诚信品质，在网络空间，大学生网络成瘾者由于不必与其他人面对面地打交道，从而缺少现实社会中以教师、家长为核心的人际关系对他们行为的监督，他们在网上自由任性，在无拘无束中放纵自己，为所欲为，在道德上出现迷失，容易导致自我约束力的下降。据资料显示，有31.4%的大学生并不认为"网上聊天时撒谎是不道德的"，有37.4%的大学生认为"偶尔在网上说脏话没什么大不了的"，还有24.9%的人认为"在网上做什么都可以毫无顾忌"。

同时，网络是虚拟的开放空间，少了许多现实世界的条条框框。一些网民滥用自由，在网上不是乱发牢骚，就是侮辱谩骂他人，甚至不理智地引导狂热民族主义情绪或者别有用心地散布谣言和小道消息，损害国家声誉甚至是危害国家安全。更为重要的是，一些开通博客的网站基于点击率的考虑，盲目放任一些博客的出位行为，有时甚至是通过鼓励或恶炒的方式将恶俗博客的消息从虚拟世界扩散至现实世界。虚拟世界和现实世界并非天然隔绝。这些极端的、不负责任的、低俗的东西会通过每一台电脑终端流入人们的脑际，影响人们的思想和行动。大学生正处于自我道德判断力养成的重要阶段。网络信息良莠并存，多元的信息对免疫力不强的大学生极易产生冲击，并让他们在网络提供的虚拟世界中陷入非理性的状态，造成他们责任观念淡漠、判断力缺乏。网络的虚拟性和隐蔽性容易消解大学生对现实社会的道德责任感，如果长期沉迷于网络，失去了外在舆论和传统习惯的制约，大学生的道德自我评价能力可能迟钝，造成他们在现实社会中道德取向的迷失。

网络把我们的生活变成了两个世界，一个世界是真实的世界，另一个是虚拟的世界，大学生网络成瘾者过度地沉溺于网络中虚拟的角色，容易迷失真实的自我，将网络上的规则带到现实生活中，造成角色的混乱。尤其是当大学生在现实社会中与人交往受到挫折时，就会转向虚拟的网络社会寻求安慰，消极地逃避现实。

网络经过迅速发展已深入到人们生活的每个角落，因其具有的无障碍性、快速性、隐秘性和极大的参与性，使得在这个虚拟社区活动的网民可以置传统的道德约束于不顾，随心所欲。网络上的每一个主体都是道德的主宰者，在猎奇心态和网络隐蔽性的影响下，相互保持一定的距离和尊重就很容易被忽略掉。就如"犀利哥"的出现，最初只是满足了一些人猎奇调侃的需要，而另一个红透网络的"凤姐"其心理缺陷也被无限放大。这种猎奇嘲讽的心态，在一定程度上助长了社会的不良风气，让一些低俗文化大肆传播，创造了一个不好的社会氛围，由此滋生的"网络暴力"也开始挑战传统社会的道德和法律底线。

社会主义道德建设需要人的社会行为具有统一性，社会的发展也具有连续性，因此互联网的道德就成了社会道德的一个延伸。而大学生接触最多的媒介是网络，超过了其他传统媒体，但相当一部分大学生在对来自网上的信息的选择上有时缺乏判断，抵御来自各方面的不良文化的警惕性不高。网络如同一柄双刃剑，给人们带来强大信息传播途径的同时，虚假信息以及色情、淫秽小说、图片、视频等垃圾信息通过网络蔓延，又带来了很多负面影响。网络行为使很多学生丧失了责任意识和现实中的道德行为规范，沉溺其中，把网络当作极度自由世界，摆脱现实的拘束。从近几年通过论坛、博客暴露他人隐私，到现在某些人为了成名，索性自暴隐私、上传个人丑闻和淫秽图片，吸引眼球，不以为耻、反以为荣，并引得不少人纷纷效仿。长此以往，网络的负面作用会越来越大，不仅会失去公众的信任度，扰乱正常的社会秩序，还会使人们渐渐失去是非观念和羞耻感。如果没有必要的教育和防范措施，网络上的消极东西对高校思想道德建设将带来严重的负面影响。因此，积极主动地搞好网络道德建设，提高大学生的网络道德水平，促使网络健康发展，是落实以德治国方略的要求。

思想政治教育的需要。大学生是国家十分宝贵的人力资源，是民族的希望，也是祖国的未来。在网络时代，抢占网络这个阵地来搞好大学生思想政治教育，才能主动地融入科教兴国和人才强国的洪流中来。有了阵地意识，才能确保我们国家在激励的国际竞争中始终立于不败之地，才能加快推进社会主义的宏伟目标，确保中国特色社会主义事业兴旺发达，后继有人。而且，国际敌对势力与我们争夺下一代的斗争更加尖锐和复杂，现代信息传播技术已成为西方敌对势力在意识形态领域实施侵略和渗透的重要手段。如果不加以警惕，网络文化就会在不知不觉中通过潜移默化的方式影响大学生"网民"的政治倾向、人生观、价值观。大学生由于好奇心强，求知欲旺，接受新事物快，容易受到这种"西化"的影响，迷失了前进的方向。而一部分大学生中不同程度地存在政治信仰迷茫、理想信念缺乏、艰苦奋斗精神淡化、团结协作观念较差、心理素质欠佳等问题。因此，提高大学生的网络道德水平，是新时期开展思想政治教育的重中之重。

加强高校网络道德建设的几点对策。在充分认识到网络环境给大学生思想道德工作带来的挑战的前提下，我们必须制订切实可行的措施，抢占大学生思想政治教育网络阵地，为大学生的健康成长创造有利的条件，对策有如下几点。

加大网络监控管理力度，加强互联网络的法制建设，建立行之有效的社会监督机制。学校虽然是德育的主渠道，但仅靠学校自身力量是远远不够的，家庭、社会各方面都应当承担起相应的责任，因此必须协同家庭、社会各方共同促成网络道德教育体系的形成。政府及有关部门有必要通过法律、行政、技术等手段同各种网上信息犯罪做斗争，加强对网络的信息监控和信息过滤，为高校开创道德建设工作新局面创造良好的外部环境。加强网吧管理，在提高网民自律性方面采取相应措施。要借助各种宣传媒体，利用各种宣传阵地，采取多种形式，大力倡导积极健康的网络行为，帮助青年学生提高辨别是非的能力和自身思想道德素质，提倡网络道德观念。对于利用网络传播色情、淫秽内容、实施诈骗、破坏安定团结等违法犯罪活动坚决予以打击，为青年学生提供一个良好健康的网络环境。各高校的网络管理部门要加强信息网络的监控和管理，防堵有害信息侵蚀大学生思想。利用课堂及开展活动大力推广和普及有关网络方面的法律、法规，规范所有上网者的网上行为。依法管理、依法惩处才是切断网上犯罪和网上不良信息的关键所在。

大力建设校园网，倡导健康向上的校园文化。重视开发利用网络的德育功能，把网络作为德育的有效手段，全面加强校园网的建设，使网络成为弘扬主旋律、开展思想政治教育的重要手段。丰富校园网虚拟社区的信息资源，加大信息传播的力度，为学生提供优良的信息服务，把传统的校园文化与虚拟社区的文化建设结合起来，融思想性、知识性、趣味性、服务性为一体，满足学生在学习、休闲、游戏、交友等方面的需求，使德育更具实效性。同时要进一步加大对校园网的信息管理和技术防范力度，过滤网上的有害信息，加快规范网络新闻的进程，避免虚假信息的发布，净化校园网络。

运用网络平台加强大学生心理健康教育。网络成瘾者因长时间的人机对话，会产生感情冷漠。有研究表明：花费过多时间上网，会导致孤立、焦虑感，使抑郁和孤独等负面情绪增加，从而减少了社会生活的参与度，使人格的发展受到影响。作为思想政治工作者必须顺应时代的要求，以网络为载体，充分利用网络自身功能与特点，进行网络心理教育，辅助平日的谈心等工作，对症下药。在工作中不仅要强调主流的价值观念，还要立足于个体成长发展的需要，关注大学生的情感需求，通过向大学生们提供各方面信息和多种选择方案，让他们在选择中学会独立思索，使青年大学生们自主地选择与社会发展相一致的价值观念和政治信念。

培养网络思想教育工作者，成为当务之急。新形势下的思想道德建设工作，要求思想教育工作者既要具有思想政治教育的理论与实践经验，又要掌握计算机网络的基本理论并能熟练进行网络操作；既要具有较高的思想政治素质，又要具有一定的科技意识和创新能力。思想教育工作者也应密切关注和研究信息网络发展新动向，自觉抓紧学习网络知识，充分利用网络了解学生的思想动态，促进大学生思想道德工作的深入、有效的开展，引导学生自己去掌握道德概念、道德评价、道德判断和提高自我教育能力，不断提高对网络文化的识别、自律、抗诱惑能力。网络的发展对于大学生思想政治教育工作而言，是机遇和挑战并存。网络是思想道德教育的新阵地，且这块阵地正以前所未有的速度膨胀。作为思想政治教育工作者应与时俱进，及时转换教育观念，充分利用网络的优势，掌握思想道德建设工作的主动权，促进当代大学生身心的健康发展，成就更多社会主义建设的有用人才。

增强社会主义核心价值观在大学生中的认同感。社会主义价值体系是社会主义意识形态的本质体现，是当前我国各族人民团结奋斗的共同思想基础。大学生是建设和发展中国特色社会主义的重要力量，加强和改进大学生思想政治工作，推进社会主义核心价值观教育，对增强社会主义意识形态的吸引力和凝聚力具有重要意义。但是，社会主义核心价值观是否为大学生所认同，认同状况如何，如何以社会主义核心价值体系驭大学生思想政治工作等等，笔者以百色学院、右江民族医学院、广西民族大学三所在校本科生为对象开展了实地调查和访谈。

调查研究结果表明，当代大学生社会主义核心价值观的主流是好的、积极的、健康的，绝大多数学生能够正确地给自己定位，清楚自己的社会责任和历史使命，自觉坚持马克思主义的指导思想，坚定中国特色社会主义的共同理想，积极弘扬民族精神和时代精神，能以社会主义荣辱观作为自己的价值准则和行为规范。但是，也有相当一部分大学生不能正确认识和处理个人与他人、集体、社会的相互关系，究其原因主要是他们的价值追求多样化、功利化，过度张扬其个人的价值选择和价值意识，与社会主义核心价值观不一致，相矛盾，甚至相对抗。

大学生对马克思主义在中国特色社会主义建设中的指导作用认识得比较明确，但缺乏应有的理性思考。马克思主义是中国革命、建设和改革开放的指导思想。但是，西方国家一直强调其自由、民主、人权的政治优势，从未放弃其对社会主义国家进行"和平演变"的企图。因此，在意识形态领域内，马克思主义与西方国家鼓吹的各种非马克思主义存在着冲突。值得关注的是，认为西方学说"能取代"马克思主义的占5.56%，而9.03%的大学生则表示"不了解"。调查结果表明，在大学生中仍存在一定的思想认识误区，少数大学生的政治信仰模糊甚至有动摇倾向，说明加强大学生的马克思主义理论教育、不断提高政治鉴别能力和思想认识水平是一项迫切的任务。

社会主义核心价值体系这一重大理论已经作为大学生的重要学习内容进入了大学生思想政治理论课系列教材。在调查中发现，只有15.28%的大学生"了解"社会主义核心价值体系的基本内涵;"基本了解"的占40.97%,知道社会主义核心价值体系的内涵,但没有认真学习和研究;"不了解"的学生占41.67%;抱"无所谓"态度的有2.08%。其中,40.28%的大学生是通过思想政治理论课来了解社会主义核心价值体系,表明高校思想政治理论教育依然是加强和改进大学生思想政治教育的主渠道。总体上看,大学生对于社会主义核心价值观虽然已经有了初步认识,但还停留在较肤浅的层面上,提高思想政治理论课教学的实效性是摆在高校思想政治理论课教学中非常紧要的工作。

大学生对中国特色社会主义共同理想的认同感较强,但对集体主义价值观的认同感较弱。中国特色社会主义共同理想的着眼点是要使大学生认同并接受中国共产党的政治立场和政治信仰,切身体会到广大人民群众的利益与大学生本身利益的一致性,从而使其牢固树立中国特色社会主义共同理想。调查表明,68.05%的大学生明确把建设中国特色社会主义作为我们全社会的共同理想。另外79.31%的大学生有着坚定正确的政治信仰,愿意将共产主义作为一生的信仰去不懈追求;15.83%的大学生没有明确的信仰;4.86%的大学生则愿意将宗教作为自己的信仰。这说明少数大学生中存在信仰模糊的现实问题,在大学生中加强共产主义理想信念教育仍不能松懈。

当代大学生是中国特色社会主义的重要建设者和接班人,他们对中国特色社会主义共同理想的态度和认识自然是社会各界所关注的重要议题之一。大学生在理想和价值选择方面,他们更看重"幸福""实现自我"等,他们对人生、社会、理想的思考更加理性,价值取向更加趋向个体和自我。调查表明,只有23.75%的大学生认为"为振兴国家,服务社会做贡献"是"人生最大的成功";39.58%的人认为是"生活安逸、快乐";36.67%的人认为是"成为名人、有钱人",这说明他们对社会所应该承担的责任和奉献精神明显认识不足。

大学生坚持弘扬民族精神和开拓创新的时代精神,但存在一定的民族虚无主义倾向。以爱国主义为核心的民族精神和以改革创新为核心的时代精神是社会主义核心价值体系的精髓。爱国主义作为中华民族的优良传统、民族精神的核心,理应在大学生中具有强大的感召力和凝聚力。爱国主义依然是激励大学生为实现中华民族伟大复兴而奋斗的巨大精神力量,但是,在部分大学生中,对爱国主义的认识和态度仍有错位和模糊现象,有必要加强教育和引导。

在多元化背景下,西方国家的"西化""分化"图谋依然未变,且更加隐秘化、多样化,通过书籍、影片、多媒体等方式在青年学生中加以渗透,既能获取实际的商业利益,又能进行文化扩张和意识形态灌输,一些青年学生走入了"一切都是西方好"的民族虚无主义的误区。在"中国不断地走向世界，我们应该怎样接受外来文化"这一问题上，89.58%的大学生选择了"根据实际情况取其精华，去其糟粕"的选项，说明大学生对改革开放及其成果持充分肯定的态度。

大学生基本上能明荣辱，辨是非，对社会道德认知比较准确，但知行分离比较明显。社会主义荣辱观是社会主义核心价值体系的基本内容之一，其重点在于帮助大学生将个人行为与社会道德统一起来，学会做人、学会做事。调查统计表明，70.14%的大学生认为现阶段加强社会主义荣辱观教育很有必要。另外在市场经济与道德建设的关系方面，71.53%的大学生讲求二者之间的协调和统一；但是部分大学生道德意识模糊、是非辨别力不强、行为举止不雅、道德"个人化""功利化"现象比较严重。比如，45.83%的大学生认为大多数人的思想追求是"主观为自己，客观为别人"；37.5%的人认为是"利己主义、功利主义、拜金主义"。在社会主义市场经济条件下，大学生的价值观、道德观发生了一定的变化，在"知、情、信、意、行"方面存在脱节现象，在思想观念层面基本上认同集体主义、提倡利他主义和奉献精神，在实践层面则趋向个人、家庭，注重自我、功利、实用。这就说明，当代大学生具有一定的理性、灵活、宽容的态度，同时也暴露了他们道德践履的缺乏、思想道德外化不足等问题。

大学生作为中国特色社会主义事业的建设者和接班人，其政治信仰、理想信念、道德观念正确与否直接关系着中国特色社会主义事业的成败与否。因此，思考与探索社会主义核心价值观教育的新途径和新方法，增进大学生认同社会主义核心价值观，是当前面临的重要任务。

人类社会发展的历史表明，一定社会虽然可以有各种各样的思想价值体系并存和发展，但必然有一个具有指导性的价值观，这是社会健康、稳定、协调发展的思想保证。在大学生思想政治教育当中，我们要引导大学生对各种价值观予以客观评价，科学分析，不能全盘否定或全盘肯定，必须认识到多元价值观存在的理论渊源和现实根基，大胆介绍和研究其他价值体系，增强大学生的价值选择和识辨能力，让他们明白我国倡导的主导价值观，对各种社会问题做出合理的评价，在多元价值体系中做出正确的价值选择。

"以人为本"作为一种教育理念，它凸显了学生的教育主体地位，学生是教育的出发点也是教育的归宿。传统大学生思想政治教育过多强调政治功能，缺乏人文关怀，已无法满足现代大学生思想政治教育实践的需要。若要将社会主义核心价值体系贯穿到大学生思想政治教育的全过程，必须首先转变观念，坚持以人为本的原则，促进大学生的全面发展；树立"育人为本、德育为先"的新观念，倡导"以学生为本"的新理念，创造一系列人性化的教育方法，较好地发挥大学生在思想政治教育中的主动性、创造性，增强大学生思想政治教育的感染力、说服力。

隐性教育是通过无意识的、间接的、内隐的教育活动使受教育者不知不觉地受到影响的道德教育。它具有教育作用的无意识性、教育影响的间接性、教育方式的内隐性、教育范围和内容上的广泛性等特点。其作用表现在认识导向、情感陶冶、行为规范等方面。按照隐性教育的自身特点和作用，大学生思想政治实践中必须要创造一系列新的思想政治教育隐性教育方式，通过有意地设置一定的生活环境和文化氛围，巧妙地借助语言、文字、体育、艺术等工具，开展丰富多彩的群体活动，倡导优良的班风和学风，对大学生进行熏陶和感染，使他们在一种不知不觉的氛围中，自我感受和领悟"学什么"和"怎么办"，使大学生的思想政治教育达到"润物细无声"之功效。

掌握社会主义核心价值观的理论内容是大学生认同社会主义核心价值观的前提和基础。思想政治理论课是大学生的必修课，是帮助大学生树立世界观、人生观的重要途径，应该成为教育和引导大学生社会主义核心价值观的主渠道。高校思想政治教育应"在继承党的思想政治教育优秀传统的基础上，积极探索新形势下大学生思想政治教育的新途径、新办法，努力体现时代性，把握规律性，富于创造性，增强实效性"，改革教学内容、改进教学方法、改善教学手段，努力增强思想政治教育理论课的吸引力和感染力。在课堂教学中，要重视教师与学生之间的互动，以便能够有针对性地开展教学活动。同时，教学需要做到理论联系实际，一方面要努力在课堂上用生动、具有时代性的现实案例来帮助学生对理论知识的理解；另一方面也要引导学生在课后多思考、多实践，用所学的理论知识来分析和思考现实中的问题，鼓励他们敢于提出新思想、新观点及解决问题的新方法、新途径。只有充分发挥思想政治教育主渠道作用，通过高质量的课堂教学，才能让大学生不仅从感情上，更能从世界观的理性高度接受和认同社会主义核心价值观。

受各种因素的影响，大学生的价值观呈现出价值趋向多元化、价值主体自我化、价值目标现实化、价值选择矛盾化等特征，这就要求我们必须不断加强马克思主义理论和社会主义核心价值观的灌输教育。正确的灌输教育有助于自我教育能力的培养和发展，而自我教育能力的发展反过来又促进大学生更好地、更自觉地接受教育的影响，从而有助于教育目的的实现。所以，在教育过程中，我们要把灌输教育与自我教育很好地结合起来，使大学生对社会主义核心价值体系由感性认同升华到理性认同，增进大学生对于社会主义核心价值体系认同的效果。

在价值问题上，价值理论学习与价值实践过程是辩证统一的。一方面，要注重加强大学生的价值理论学习，使当代大学生明白何为价值，以及人生价值何在，应该树立什么样的世界观、人生观和价值观；理解和掌握社会主义核心价值体系的基本内容及其精神实质，内化为自己的价值信念，形成思想认同，并最终外化为良好的行为习惯，形成行为认同。另一方面，要加强对大学生的价值生活实践教育，在实践活动中深化价值认知，进而形成并强化价值认同。价值生活实践教育就是通过参加具有一定价值内涵和价值意义的实践教育活动，如劳动教育、社会服务活动、参观革命遗址等，鼓励大学生参加社会实践，就是一种很好的途径和方法，使受教育者在实践活动中接受价值教育，形成正确的价值判断，从而深化对社会主义核心价值体系的理解和认同。

总之，对大学生进行社会主义核心价值观教育是事关能否把大学生培养成为中国特色社会主义的建设者和接班人的一个重大问题。提高大学生社会主义核心价值观教育的认同，要求从当前大学生价值观的现状出发，通过各种方式，使当代大学生能够明辨是非，有力地抵制各种错误思潮的影响，使社会主义核心价值观为大学生所认同和接受，并内化为自觉追求，使他们真正地成为社会主义事业合格的建设者和接班人。

第七章 "微时代"背景下的高校思想政治教育方法的机制构建

第一节　促进与社会主义核心价值观的融合

一、优化思想政治教育的经济环境

良好的经济环境是开展思想政治教育的基础条件。大力优化经济环境，为思想政治教育顺利进行创造好的经济条件，是新时期思想政治教育的重要任务。首先，要全面深化改革，大力发展生产力，不断提升我国的综合国力。这是从宏观上优化思想政治教育经济环境的根本举措，因为生产力是我国社会全面发展和人的全面发展的基础，也是开展思想政治教育的基础。因而要坚持全面深化改革，加快发展社会主义市场经济，为新世纪思想政治教育奠定稳定的经济基础。其次，要建立社会主义市场经济新秩序。良好的经济秩序是经济又好又快发展的必备条件，也是思想政治教育有序进行的前提。在混乱的经济环境中，人们的经济行为必然是无理性的，其思想道德素质也容易出现多方面的问题。因此，必须加强市场经济建设，建立统一开放、竞争有序的市场体系，理顺各种经济关系，努力营造建立在法制基础上的市场经济新秩序，为我国经济活动的良性运行以及经济伦理乃至整个道德的生长创造良好的条件。最后，要坚持效率优先、兼顾公平的分配原则，在全社会建立和谐的利益关系。物质利益与人的思想品德紧密相关，人们在社会生活中的行为及其支配行为的思想，受到物质利益很深的影响。在分配不公、收入差距突出的社会里，教育对象的思想问题必然日趋严重，思想政治教育也将困难重重。因此，必须坚持以人为本，加大社会保障制度建设，大力协调利益关系，努力缩小收入差距。优化经济环境主要依靠社会宏观管理部门和全社会的努力，但思想政治教育本身对此也负有责任，可以大有作为。思想政治教育通过调动广大群众的积极性、主动性和创造性，使其更好地参与社会主义现代化建设，以促进生产力的发展；通过提高广大群众的思想素质，规范其经济行为，更好地促进社会主义市场经济新秩序的形成；通过帮助人们正确处理国家、集体和个人之间的利益关系，促进合理的利益关系的形成，等等。思想政治教育不能消极坐等好经济环境的出现，而应以自己特有的方式参与优化经济环境的活动，从而从一个方面推动思想政治教育的环境。

二、优化思想政治教育的政治环境

政治环境对教育对象的思想品德和思想政治教育的影响突出,优化政治环境对思想政治教育具有至关重要的意义。从长远来说,优化思想政治教育的政治环境,就是要加强社会主义民主和法治建设,全面推进建设法治社会。当前要重点抓好以下几方面工作:一是坚持和完善社会主义民主制度。要坚持和完善人民代表大会制度、共产党领导的多党合作和政治协商制度,扩大公民有序的政治参与,保证人民依法参与民主选举、民主决策、民主管理和民主监督,尊重和保障人权。

只有这样,才能从制度上保证人民的主人翁地位,为思想政治教育创造根本的政治条件。二是坚持依法加强社会主义法治建设。要"在中国共产党领导下,坚持中国特色社会主义制度,形成完备的法律规范体系、高效的法治实施体系、严密的法治监督体系、有力的法治保障体系,形成完善的党内法规体系,坚持依法治国、依法执政、依法行政共同推进,坚持法治国家、法治政府、法治社会一体化建设,实现科学立法、严格执法、公正司法、全民守法,促进治理体系和治理能力现代化",从而为人们法治意识的树立和思想政治教育的发展创造良好的法制环境。三是推进政府机构改革。要转变政府职能,改进管理方式,精简机构,提高效能,建设一个行为规范、运转协调、公正透明、廉洁高效的行政管理体制。机构合理的政府及高效廉洁的政府行为,既是经济又好又快发展的基本条件,也是思想政治教育顺利进行的基本保证,必须按照党中央的要求大力推进政府机构改革,加强廉洁政府建设。四是加强反腐倡廉和党政干部思想道德建设。要采取多种措施加大反腐败斗争的力度,遏制腐败的蔓延;要加强党政干部思想道德建设,提高党政干部的思想道德素质,使其以模范行为影响社会成员,从而形成良好的党风、政风,进而在全社会形成良好的社会风气。五是妥善处理各种社会矛盾,保持社会的稳定和发展。要提高政府应对突发事件的能力,及时稳妥地处理各种突发事件和纷繁复杂的社会矛盾,维护社会安定团结,促进社会发展,使思政教育在健康稳定的政治环境中顺利进行。

三、优化思想政治教育的文化环境

文化环境对人们具有潜移默化的影响,人们往往在不知不觉中受到其熏陶和感染。这一特点要求我们加强文化环境的优化,以使其对人们产生更积极的影响。优化思想政治教育的文化环境,一是要在文化建设中坚持社会主义核心价值体系,即坚持马克思主义的指导思想，树立中国特色社会主义共同理想，弘扬以爱国主义为核心的民族精神和以改革创新为核心的时代精神，倡导社会主义荣辱观，使社会主义文化建设始终保持正确的政治方向，发挥公民思想道德素质的作用。这是对思想政治教育文化环境最根本的优化，只有这样，文化环境才能发挥强化思想政治教育影响的作用。二是要努力促进各项文化事业的发展。各项文化事业是文化环境的重要因素，在满足教育对象的精神文化需求的同时，必须大力发展各项文化事业，努力提高其水平，从而营造健康的文化环境，为思想政治教育创造良好的文化条件。三是要在社会主义核心价值观指导下加强群体文化环境建设。企业文化、校园文化、乡镇文化、社区文化、军营文化等群体文化是社会主义文化的重要组成部分，是一种亚文化环境，对生活于其中的人们有着直接的重要影响。必须大力加强企业文化、社区文化等群体文化建设，为思想政治教育营造良好的小环境。四是要抓好文化市场的建设和管理，优化文化市场环境。我国的文化市场在丰富人民群众的精神文化生活、促进社会主义精神文明建设方面发挥了重要作用。但目前也存在一些突出问题，如黄色书刊和音像制品泛滥，对电子游戏厅、录像厅、歌舞厅的管理不规范等，这些问题损害了青少年的身心健康，对思想政治教育造成了一定冲击。因此，要大力加强文化市场的建设和管理，如制定和完善有关政策法规，规范文化市场行为；大力扶持健康的文化产品和文化服务，完善文化市场；坚持"扫黄打非"，净化文化市场等，从而为思想政治教育营造良好的文化市场环境。总之，加强社会主义文化建设，营造良好的文化环境，既是社会主义精神文明建设的迫切要求，也是优化思想政治教育环境的基本内容。

四、优化思想政治教育的大众传播环境

大众传播环境是思想政治的重要的环境因素，对思想政治教育的影响起着强化或者削弱作用。近年来，我国大众传播在塑造人们的精神面貌方面发挥了积极作用，但也存在一些不容忽视的问题，对思想政治教育造成一定的干扰。因此，必须采取措施优化大众传播环境。加强大众传媒的建设与管理，使其成为弘扬主旋律的坚强阵地，各级党委和政府应加强对报刊、广播、电视等大众传媒的监管，使其始终弘扬主旋律。坚持"用正确的舆论引导人""用高尚的道德塑造人"，加强正面宣传，树立先进典型，倡导新的风尚，以形成积极的舆论环境。大众传播要加强对舆论的评析和监管。大众传媒根据社会发展要求旗帜鲜明地宣传社会主义先进文化，倡导什么，反对什么，应明确清晰，毫不含糊；要敢于剖析现实生活问题和矛盾，实行

舆论监督；要引导人们理性地看待社会现实，不断增强受教育者的精神免疫力。采取有效措施优化网络及新媒体环境。制定有关网络及新媒体的法律法规，依法加强对网络及新媒体的管理；建立网络及新媒体道德规范，积极开展网络及新媒体道德教育，引导和规范人们的网络行为；要建立健全"红色网站"，开辟思想政治教育新阵地，使其作为思想政治教育的重要手段；要运用技术、行政和法律手段，坚持不懈地开展网上"扫黄"工作，严防有害信息在网上传播，等等。只有这样，才能优化网络和新媒体环境，使网络和新媒体环境成为思想政治教育的促进因素。引导媒体加强自律。这一工作的关键环节，是要加强媒体从业人员尤其是把关者的思想政治教育，提高思想政治素质，使他们具有较强的"教育者"角色，为人们提供健康的精神食粮，努力避免舆论导向偏离社会要求和公共利益的倾向。这是从源头上优化大众传播环境的举措，必须下大力抓好。

五、优化思想政治教育的家庭环境

优化家庭环境可从多方面进行，这里着重从家庭环境的主导者——家长的角度进行论述。一是要提高家长的思想政治素质，增强其责任感。家长的世界观、人生观、价值观会通过日常言行举止潜移默化地影响孩子。因而家长必须不断提高自己的思想道德素养，树立正确的世界观、人生观和价值观，为孩子树立榜样，对孩子施加良好的影响。二是家长要特别重视子女的思想品德教育。目前不少家长只盯着孩子的学习成绩，而忽视孩子其他方面的发展，因此形成的家庭环境不利于孩子的健康发展，应给予纠偏。立人先立德，家长应关心子女的全面成长，不仅要关心孩子的智力发展，更要重视孩子世界观、人生观、价值观的培养和良好行为习惯的养成。三是要倡导民主、科学的家庭教育方法。目前不少家长管教子女的方法存在严重问题，有的家长对孩子期望过高，为达到自己的期望，往往采取强制、粗暴打骂等方式管教孩子，其结果是在精神上摧残子女，易引起孩子的逆反心理；有的父母对孩子过分溺爱，要求不严，在某种程度上损伤了孩子自立、自主、自强的精神和能力。针对这种情况，应加强对家长的教育，引导他们从孩子的特点出发，有针对性地对孩子施教，尊重孩子，与孩子平等沟通，宽严适度，为子女的成长创造一个民主、和谐的家庭氛围。

六、优化思想政治教育的学校环境

学校是青少年活动的主要场所，优化学校环境对于加强青少年的思想政治教育，促进其健康成长具有极其重要的意义。一方面，要加大投入，美化校园物质环境。学校物质环境与学生的学习和生活紧密相连，对学生人格的形成和良好行为习惯的养成具有重要作用，应加大其建设力度。要按照实用性、艺术性、思想性相统一原则，加大资金投入，加强学校硬件设施建设，绿化、净化、美化校园，营造整洁、美观、舒适的校园环境，为思想政治教育的开展创造有利的外部条件。另一方面，更要采取有力措施，加强校园精神文化环境建设。一是营造良好的课堂教学环境。教师要精心备课，创造性地开展课堂教学，营造对学生具有吸引力的课堂教学环境，充分发挥课堂思想政治教育主渠道的作用。二是树立全员育人意识，营造积极向上的育人氛围。要帮助教职员工树立教书育人、管理育人、服务育人的意识，引导他们自觉将本职工作与培育"四有"新人紧密联系起来，以形成全方位育人方式。三是加强班风、校风建设，营造有利于学生健康成长的班风校风，强化学校思想政治教育的影响。四是大力开展丰富多彩的第二课堂活动。要根据学生的要求和特点，广泛开展学术报告会、辩论赛、科技竞赛、文体竞赛等课外活动，营造浓厚的校园文化氛围，使学生在活动中健康成长。

优化思想政治教育的社会组织环境。优化社会组织环境，最重要的是要创造民主、公平、具有凝聚力的工作环境，最大限度地发挥员工的工作积极性、主动性和创造性。组织领导者要具有民主意识，发扬作风，注意发挥员工在单位决策、执行及监管中的作用，使员工对组织产生较强的归属感，积极工作，充分发挥自己的聪明才智；在涉及员工切身利益特别是职务晋升、工资、福利等事项上，应做到公开、公平和公正，严格按照程序办事，做到在规章制度面前人人平等。要在党组织领导下，充分发挥工会、共青团和妇联的作用，广泛开展多种活动，营造富有凝聚力的工作环境。

七、优化思想政治教育的社区环境

自20世纪90年代以来，社区在加强城市管理、服务人民生活、促进社会进步方面的作用越来越突出。要大力优化社区环境，更好地发挥其促进社区居民健康发展、推进社区思想政治教育的作用。一是加强社区党组织和居委会建设，使其成为社区发展的核心，成为优化社区环境的基本建设。二是坚持开展以文明家庭、文明居民为主题的精神文明创造活动，使社区居民在创建活动中感受文明、净化心灵、升华思想，从而在社区形成积极向上的浓厚氛围。坚持贴近实际、贴近生活、贴近群众的原则，从居民的需要出发，多为居民办实事、办好事，讲文明，让居民感受到温暖，从而增强社区的向心力。努力开展丰富多彩、健康有益的社区文化活动，拓宽居民的知识面，提高居民的文明素质。总之，要采取切实措施优化社区环境，以促进教育与环境、教育对象与环境、教行者与教育对象的和谐互动，从而提高思想政治教育的实效性。

八、优化思想政治教育的同辈群体环境

同辈群体对青少年成长的影响既有积极的一面，又有消极的一面，学校应采取措施加强对同辈群体的引导，优化同辈群体环境。首先，重视并积极引导青少年同辈群体，创造条件满足青少年的成长环境。如有的独生子女感觉孤独、无聊，因而在同龄群体中寻求支持；部分青少年因在学校中无法满足发挥自身特长的需要，而自行结成各种兴趣团体。因此，思想政治教育要高度重视同辈群体，加强对青少年同辈群体的引导，使其积极健康地发展，以满足青少年的成长需求。要帮助青少年树立正确的交友意识，培养其社交能力，鼓励其积极主动地与同龄人进行交流，引导他们学会用批判的态度去分析和评价活动于其中的同辈群体对自身发展的意义，促进青少年在共同的学习生活中交知己之友，交知心之友，交志同之友，交德高之友。其次，加强对同辈群体的分类指导。在现实生活中，存在着不同性质、不同类型的青少年同辈群体，因而需分类指导。应鼓励同辈群体积极发展，并创造条件充分发挥其作用，以促进青少年成长；对于中间型群体，要注意发展其健康因素，抑制其消极因素，引导其不断向积极型群体转化；对那些传递反文化的破坏型群体，尤其是青少年犯罪团伙，要用法律手段加以制裁，同时加强对他们的教育、引导和改造，使其回归正常社会。再次，加强对同辈群体核心人物的教育引导。同辈群体的核心人物对整个群体的性质和发展有重大影响，因而应对核心人物进行重点教育，帮助他们树立正确的世界观、人生观、价值观，从而带动同辈群体向社会要求的方向发展。最后，家庭、学校、社会应相互配合，共同促进同辈群体健康发展。家长要关心子女的交友状况，引导子女交好友、参与健康的同辈群体活动。学校要培养青少年正确的世界观、人生观、价值观，积极引导青少年的群体行为，使其形成亲社会行为，从而促使青少年同辈群体健康发展。社会应加强对青少年同辈群体的教育管理，如建立各种业余学校和心理咨询机构，以满足青少年的多层次需要；有关方面要为青少年开展健康有益的同辈群体交往创造机会与条件，特别是学校和社区，要通过组织各种兴趣小组、社团活动，建设各种青少年学习活动场所，为青少年的健康发展创设良好的环境空间。

第二节 实现理论与实践的创新机制研究

　　思想政治教育内容应具有强烈的政治性。思想政治教育内容必须与社会发展的方向相一致，体现一定社会发展的目标并为达到这一目标服务；必须反映统治阶级的根本利益和意志，为统治阶级服务。在我国，思想政治教育是党和国家事业的重要组成部分，是通过培育"四有"新人为中国特色社会主义建设服务的，因而其内容一定要与党的路线、方针、政策相一致，充分体现党和人民的意志，要坚持马克思主义的指导地位，坚持用中国特色社会主义理论体系教育人民，注重社会主义共同理想的培育、民族精神与时代精神的弘扬以及社会主义荣辱观的教育。

　　思想政治教育内容应具有明确的目的性。思想政治教育的目的决定思想政治教育的内容，思想政治教育内容是思想政治教育目的的具体体现，明确的目的性是确定和实施思想政治教育内容的基本要求。思想政治教育的根本前提是人们的思想道德素质促进人的全面发展，思想政治教育内容的确立和运行，都必须符合和体现这一根本目的，为达到这一根本目的服务。

　　思想政治教育内容应与时俱进，不断革新，始终体现先进性。思想政治教育内容的确定和实施不仅要考虑教育对象的思想实际，应具有较强的现实针对性；而且要考虑教育对象精神世界发展和社会发展的长远需要，具有明确的导向性。确定和运用思想政治教育内容，一定要立足现实，面向未来，充分考虑社会的发展对未来新人的期望和要求，与社会发展趋势相一致。

　　由于受到家庭、学校、社会、大众传播环境等外部因素的影响和自身认识能力、知识、经验等内在因素的制约，思想政治教育对象的思想和行为千差万别，呈现出具体多样性特征。教育者一定要把握这一特征，针对教育对象的个性特点、思想实际、知识水平、接受能力等，确定和实施思想政治教育内容，以确保思想政治教育内容的可接受性。首先，要从教育对象的内在需要出发，选择最佳"突破口"和适宜的教育时机确定和实施教育内容。进行思想政治教育，最根本的是要满足教育对象精神世界发展的需要，促进其全面发展，因而思想政治教育内容的切入点要准确，既要贴近教育对象的思想实际，也要关注其长远的发展需要，有助于促进其健康成长。其次，要从教育对象现有的个性发展水平出发，针对其心理发展水平确定思想政治教育内容。思想政治教育内容如果超出教育对象的心理发展水平，就会使他们失去努力的基础和动力；反之，如果落后于教育对象的心理发展水平，就起不到引领其发展的作用，因而教育内容一定要与教育对象的心理发展水平相适应。最后，要从教育对象的思想成熟度出发，确定思想政治教育内容的起点和基调。要以最近发展为目标，提出略高于教育对象现有的发展水平、教育对象通过努力可以达到的目标要求，以更好地促使教育对象将教育内容转化为个体意识，激励其努力向这一目标迈进。

随着社会的发展和教育对象的变化，思想政治教育内容在不断地变化发展，其时代性特征突出。确立和实施思想政治教育内容应与时俱进，紧紧把握时代的发展脉搏，及时反映社会发展实际和人的思想实际，不断增强教育内容的时代性。思想政治教育内容应富有时代感，要顺应时代发展新要求，解答时代发展新课题，使教育内容体现时代精神；要善于运用充满时代气息的思想和精神来教育、说服和激励教育对象，向教育对象传达新信息，传授新知识，传递新观念，传播新思想。思想政治教育内容应注重现实性。只有敏锐地、及时地反映鲜活的现实社会生活，思想政治教育内容才能具有生命力和说服力。因而应根据国内外形势发生的深刻变化，在教育内容中有针对性地融入全球化、信息化、市场化等现实内容，有计划地拓展新的教育内容如全球意识、经济伦理、生态伦理，使之始终与时代发展保持一致性；要坚持贴近实际、贴近生活、贴近教育对象的原则，注意结合教育对象在学习、工作、生活等方面遇到的现实问题开展教育，问答他们关注和关心的问题，帮助他们解决迫切需要解决的问题。

注意运用系统论方法不断优化教育内容结构。系统论方法是指用系统的观点研究和改造客观对象的方法，这一方法要求人们从整体的观点出发，全面地分析系统中要素与要素、要素与系统、系统与环境、此系统与他系统之间的关系，从而把握其内部联系与规律性，以达到有效地控制与改造系统的目的。

运用系统论方法对思想政治教育内容进行整体构建，优化思想政治教育内容系统结构，要遵循以下原则：

整体性原则。整体性原则是指在确定和实施教育内容时，必须使思想政治教育内容系统各要素相互联系、协同作用，使教育内容成为具有良好功能的系统。整体性是就思想政治教育内容的总体而言的，即教育内容系统必须是涵盖各种内容要素的一个整体，不能有要素缺失。整体性原则是针对教育对象的多样性及其思想的复杂性要求的。教育对象的多样性要求思想政治教育内容必须广泛地适合对所有教育对象进行教育，必须是一个由多种要素协同作用的有机整体。同时，教育对象的思想往往是复杂多变的，任何一个教育要素都不能涵盖其思想的全部，都难以解决其复杂的思想问题;要有效地解决其复杂的思想问题,全面提高教育对象的思想道德素质,就必须运用多种内容要素,发挥"合力"作用。这也要求思想政治教育的内容必须以整体的形态存在。

思想政治教育内容系统由不同具体要素所组成,但其功能并不等于各个要素功能的机械相加。各个要素通过合理的排列组合方式,可使思想政治教育内容系统整体的功能大于各个要素本身功能机械相加的总和,使其产生某些要素未有的新功能。因此,在确立和实施思想政治教育内容时,要树立结构思维,从整体着手进行综合考察。不仅要考虑哪些要素是符合要求的,更重要的是要使教育内容系统各要素结构合理,从而优化教育内容系统结构,最大限度地发挥思想政治教育内容系统的功能。

协调性原则。协调性原则是指在确定和实施思想政治教育内容时,必须充分注意教育内容系统各要素之间以及内容系统与外部环境之间的相互联系和相互作用。思想政治教育内容系统各要素之间是相互联系、相互作用的,只有使各要素之间相互促进、协同发展,才能使其各自的功能及内容系统的功能得到更好的发挥。例如,在进行思想政治教育时,世界观、政治观、人生观、法治观、道德观教育及其具体教育内容不能相互抵触,而应相互补益相互促进;各教育阶段教学内容应注意合理衔接和有机协调,避免教学内容的无序。同时,关于教育内容系统是开放的,它通过与其所处的环境因素的相互联系、相互作用而发挥其特有功能。因此,确定和实施教育内容,一定要注意使教育内容与各种环境因素密切联系,协同作用,从而将其有效地传导给教育对象,充分发挥其作用。

层次性原则。层次性原则是指在构建思想政治教育内容系统时,要注意到其层次性;在开展教育时要根据不同受教育者的具体情况实施不同的教育内容。思想政治教育内容系统由不同层次的要素所构成,世界观、政治观、人生观、法制观、道德观教育等组成思想政治教育内容系统,同时它们各自又由一些具体要素所构成。如人生观教育包括理想信念教育、人生价值观教育、生命价值观教育等;这些具体要素有的又包括更小的要素,如生命价值观教育包括认识生命的教育、尊重生命的教育、生命意义教育、人生幸福教育、死亡教育等。这种体现内容及其要素领属关系、从属关系和相互作用的结构形式,就构成了思想政治教育内容系统的层次性。坚持层次性原则,就是要把握这种层次性,有重点、有针对性地对不同教育对象实施不同层次的教育内容。只有这样,教育内容的整体功能才能得到更好的发挥,思想政治教育也才能取得更好的成效。

进行理想信念教育,就是要引导人们特别是共产党员和先进分子树立共产主义的远大理想和坚定信念。第一，要使人们认识到实现共产主义是历史发展的必然趋势。共产主义理想不是乌托邦，不是凭空猜测，而是建立在对人类社会历史发展规律特别是资本主义社会基本矛盾运动规律的科学分析基础之上的，反映了历史发展的必然趋势。第二，要使人们认识到共产主义的实现是一个漫长而曲折的历史过程。马克思指出："无论哪一个社会形态，在它所能容纳的全部生产力发挥出来以前，是决不会灭亡的；而新的更高的生产关系，在它的物质存在条件在旧社会的胎胞里成熟以前，是决不会出现的。"社会主义社会的充分发展和向共产主义社会过渡需要很长的历史时期，当代资本主义的灭亡和向社会主义、共产主义的转变也是一个长期的过程。第三，要引导人们在建设中国特色社会主义的进程中为实现共产主义而奋斗。共同理想是实现最高理想的基础和必经阶段；实现共同理想，必须以最高理想为根本方向。共产主义远大理想与中国特色社会主义共同理想辩证统一于人民为实现共产主义而奋斗的全部历史过程之中。我们必须始终坚持远大理想与现实奋斗相统一，既要树立共产主义远大理想，以高尚的思想道德要求和鞭策自己，更要从社会主义初级阶段的实际出发，脚踏实地为实现中国特色社会主义的共同理想不懈努力。

第三节 提高思想政治教育工作者的理论水准

新媒体的泛化性和多向性将信息权威在教育者身上得以弱化，带来了高校思想政治教育工作者的"权威危机"。传统的大学生思想政治教育模式是以信息的可控性为前提的，教育信息一般通过教育者进行严格的筛选和整理后灌输给大学生，按照教育者的意志预先设计模式进行，这种教学方式具有明显的单向性，教育主体一直扮演着权威者的角色。但是，在新媒体平台上，信息具有多向性，这使得学生和老师可以同步获得所需信息，有的学生可以借助新媒体轻松地获得比课堂教学更全面、更丰富，更有趣的知识，这就使得大学生对教师的知识依赖程度大大下降，给思想政治教育工作增加了难度，对思想政治教育工作者的素质提出了更高的要求。而很多教师往往处于信息劣势的境地，存在新媒体技术意识淡薄、缺乏接受新鲜事物的敏锐性、观念更新不够等不足之处。对瞬息万变的海量信息，往往会感到力不从心，从而失去宣传、教育、解释的优先地位。以高校思想政治理论课教师为例，有些教师对新媒体的接受和学习程度较差，不能在教学中引进全新的新媒体观念，还是习惯于将马列主义、爱国主义、社会主义等教学内容枯燥乏味地灌输给学生而忽视了学生对新媒体的内在需求，从而影响思想政治教育的效果。

新媒体时代对高校思想政治理论课教学理念的影响主要体现在两个方面：第一，现代技术本身的特点对教学理念的影响。以互联网为例，互联网自诞生之日起，就以其时间的无限性与空间的延伸性彰显着一种开放、自由以及平等的创新精神和技术理念，这种理念必然延伸到高校思想政治理论课的教学之中。第二，新媒体的广泛使用对大学生思维特点、价值观念以及行为方式产生巨大影响，这种影响进一步对高校思想政治理论课教学理念的创新发挥巨大作用。因此，大学生思想政治理论课理念创新应体现在以下几个方面：

一是虚实互补理念。虚拟社会的形成与发展不断丰富人类自身的发展内涵，使人类虚拟发展成为人类本质的必然组成部分。因此，正确处理好虚拟社会与现实社会的关系成为重大的理论课题。虚拟社会与现实社会是人类生存与发展的必然组成部分，这两大社会的和谐发展促进人类本质的实现。我们不能因为人的基本生存和需要离不开现实社会，就以现实社会取代和压制，甚至否决虚拟社会，因为虚拟社会已经不可置疑地成为一个客观存在的社会场域；同时，我们也不能以虚拟社会取代和消解现实社会，更不能远离现实社会，因为人的物质需要、情感、亲情等需要在现实社会中完成。再加上虚拟社会只有在现实社会基础上才能健康有序地发展，那种离开现实社会追求在虚拟社会生活的人，不仅不能发展自己，反而会限制自己的发展，导致自己畸形地发展。高校思想政治理论课教师在利用新媒体技术与手段时必须正确把握虚拟与现实的关系，将虚拟与现实的和谐互补作为高校思想政治理论课教学的首要理念贯穿于高校思想政治理论课教学的各环节。

平等交互理念。新媒体使教师的权威地位开始动摇，传统教学中教师与学生的不平等地位以及单向灌输式教学理念受到极大挑战。这种挑战主要基于两方面依据：第一，现代信息技术的发展突破时间与空间的限制，使大学生的思维能力、创新能力得以提升。大学生通过网络等载体可以自由获取大学科学文化知识以及其他各种信息，这导致在某些情况下教师与学生观念的冲突甚至教师的信息量不及学生；第二，新媒体上的资源作为一种公共资源具有共享性，任何人都有在新媒体平台上进行构建和创新的机会。面对这一挑战，高校思想政治理论课教学工作者必须与时俱进，树立平等交互理念。

双主体理念。双主体理念是在现代建构主义教学观与现代信息技术相结合的基础上提出的一种高校思想政治理论课教学理念。

现代建构主义强调学习的主动性、社会性和情境性。现代建构主义教学观强调，教师不单是知识传授的载体,不是知识权威的象征;教师应该以学生学习为中心,重视学生对各种现象的不同理解和看法,并以此为依据对学生的做法进行调整,这时教师便由知识灌输者变为学生学习的组织者与指导者。这种建构主义教学使学生的主动性、积极性和创造性得以充分发挥。新媒体技术为现代建构主义教学理论的落实搭建了良好平台,其中最典型的就是网络教学。它游离于传统教学的物质空间之外,减少了传统教学对学生的肉体与精神的束缚,增加了更多的虚拟因素。

"它强调以学生为主体,通过多样丰富的媒体呈现真实的环境创设、不受时空限制的沟通交流,正在改变传统教学中教师和学生之间的关系,使学生能够真正成为知识信息的主动建构者,从而呈现出常规教学所没有的优势。"教师在现代建构主义的指导下,利用现代信息技术的优势,可以科学合理地进行课堂教学内容、方式的创设与选择,从而有利于学生的自我学习。

个性创新理念。高校思想政治理论课教学个性创新理念的提出是基于新媒体技术对大学生产生的影响的积极回应。高校思想政治理论课教师要积极响应这一趋势,树立个性创新的理念。第一,高校思想政治理论课教师必须尊重大学生的个性意识与创新精神,努力发掘他们内心深处的思想火花。第二,高校思想政治理论课教师须对大学生的个性意识与创新精神进行积极正面的引导。第三,高校思想政治理论课教师必须积极探索适应新时期大学生个性特点的教学内容和教学方法,使教学内容具有选择化,学习方式具有多样化以及学习形态具有多维化。

巧思妙想制订方案。一是方案制订过程更趋便捷化。高校思想政治理论课方案的制订过程是资料的获取、选择和重组的过程;是高校思想政治理论课教师把握学生思想动态和思想疑惑的过程;是教师根据所占有的资料和学生的思想问题进行目标确定和方法选择的过程。新媒体技术的应用在很大程度上克服了传统的教学方案制订过程中的时空限制、经费不足、图书资料有限以及资料陈旧等问题。教师可以利用电脑的易操作性去实行网上备课,可以利用网络信息资源以及网络图书馆花较少时间和精力去获取最新信息,还可以通过手机等新型交流工具及时了解学生的思想动态,从而大大提高了教学方案制订的效率,使教学方案制订更趋便捷。

方案涵盖内容更趋合理化。高校思想政治理论课教师在选择方案的内容时必须达到以下要求:第一"全",即教师所选取的内容不能零散,残缺不全,而应该是围绕既定目标形成体系;第二"准",即方案的内容必须具备客观性,既符合高校思想政治理论课教学的规律和特点,又符合社会和大学生发展的客观需要;第三"精",即方案所涉及的内容抓住主要矛盾,突出重点,具有针对性;第四,"快",

即所选内容必须及时有效地反映现代信息技术的应用，为高校教师达到以上要求提供了前所未有的机会。教师可以利用网络搜索相关的网络书籍和资料，尤其是前沿的知识；可以获取社会热点问题以及学生关心的诸多焦点问题；可以及时了解学生的认知结构与认知需求，从而使自己的教学更具突出性；现代信息技术的反馈功能也使教师及时根据反馈信息去调整、丰富自己的教学内容。

如果将现代信息技术的交互性、灵活性、开放性、共享性以及协作性与高校思想政治理论课方案实施相结合，从而可以产生更具时效性的方案实施模式，主要有以下几种：

一是基于多媒体教室的课件型教学实施模式。这种教学实施模式是以教师为主导以课件为前提的演示式教学实施模式，也是当前被教师普遍采用的一种教学实施模式。教师在教学之前利用丰富便捷的网络技术，通过多种网络软件把思想政治理论课的教材内容制作成教学课件。课件的内容与传统的备课一样必须包括教学目标、教学内容、教学难点和教学案例分析、教学阅读书目以及教学课后思考题等。同时，这种课件要求集图文声影于一体。在具体的课堂教学中，教师利用计算机和学生进行交互，多媒体与教学内容的结合给学生呈现出一幅生动活泼的画面，有利于激发学生的参与意识和学习意识。

二是基于传统媒介与现代媒介有机结合的混合型教学实施模式。在传统的思想政治理论课教学中，教师利用板书向学生传递教育信息。为达到较好的教学效果，教师必须具有真实的现场感投入，必须通过板书、仪表、手势、语言、声音等艺术去活跃和丰富课堂教学。但是传统教学中信息传递量小，而且教师也不可能时刻想出新花样去吸引学生的眼球。新媒体的应用，可以在很大程度上克服这一弊端。现代媒体通过图文声影的合理配合，不仅为学生创设了一个图文并茂、图像并举、能动会变、形象直观的教学情境，而且可以根据学生的喜好和课堂教学的需要及时调整多媒体的呈现方式，把学生的积极性和主动性充分地调动起来。网络教学并不是没有弊端，网络教学使学生和教师、学生和学生之间的隔离成为可能。这样就缺少了人与人之间的情感投入、情感互动以及情感交流。因此，传统媒体教学和网络媒体教学是非替代性的关系，必须使两种教学密切结合，有效整合传统教学模式和网络化教学模式的优长，建构一种混合型教学模式。

虚拟课堂型教学模式。在虚拟课堂型教学模式中，师生无须见面，教师和学生人手一台电脑，通过网络介质进行知识的传授和讲解。学生可随时根据自己的观点去向老师提问并就相关问题和老师进行探讨。同时，学生可以在接受这一教师的教学时接受其他课程的教育和学习。以 QQ 教学为例，教师通过创建一个 QQ 群把选修这门课程的学生添加为成员。教师通过语音、视频以及发送文字的形式去教授这门课程，学生可以在 QQ 群里发表问题和看法，也可以通过 QQ 与老师进行一对一的交流互动而不打扰其他同学的学习和思考。教师通过邮箱把思考题以及考试考核重点群发到各个学生邮箱中。学生则在规定的时间内把教师规定的作业发到教师的邮箱。这种教学使教师和学生都处在平等的地位，教师成为教学的主导者，学生成为教学过程的主体者，从而使双方的参与意识相对提高，教学效果得以充分的体现。

基于新媒体通信工具个别辅导教学实施模式。新媒体技术的发展和普及，为高校思想政治理论课个别辅导教学模式的建立和实施提供了契机。比如，现在有很多大学通过 QQ 进行个别辅导教学。教师通过 QQ 就可以深入了解每个学生的学习情况和学习问题。教师可以以"朋友"的姿态在 QQ 上和学生进行一对一交流，了解学生的家庭情况、生活学习以及面临的种种困惑，从而使问题的解决更具针对性。教师还可以就国内外或国家政策和学生进行探讨，对学生进行积极引导，这比单纯地灌输教师的观点更具时效性；同时，教师和学生可以通过发送节日贺卡、动漫以及电影；通过微博相互关心关注；通过微信进行全方位沟通交流。

第四节 积极构建和谐的教育氛围

新媒体的快速发展，极大地影响着人们的思维方式、交往方式和生活方式，也从根本上改变了大学生们的认知方式，对高校现有的思想政治教育模式提出了巨大挑战。传统的"一支粉笔、一块黑板、一本书"的面对面灌输式思想教学模式存在着时空有限、教育对象和信息有限、教育形式单调等诸多弊端，内容陈旧呆板，方法单一，与日新月异的社会脱节。教育者所讲与学生平时的所见所闻相差较远，甚至脱节，而且教育者不重视学生的自我体验和情感调动，能打动大学生的地方比较少。在新媒体环境下，学生的主体意识会被极大地调动起来，他们大胆进行交流，毫无顾忌地表达着自己的内心情感和所思所想，具有很强的主体意识与表达愿望，他们不再只是单方面地接受思想政治教育工作者的外部灌输，而是渴望平等、双向地互动交流，自然而然也要求教育模式向更加民主和自由的方向发展。这对高校传统的以单向灌输的教育模式产生十分激烈的碰撞，形成了巨大的冲击与挑战。

和大家分享两个案例：

南昌某高校女大学生李某，长得挺漂亮。她有许多网友，大家都聊得很好。渐渐地，她发现和其中一个男生特别投机。一次不太在意的见面，却让女孩更加心仪，因为她发现男孩比想象中好很多，从此网恋就变成了现实中的恋爱。长时间相处后，女孩发现男孩有许多像她这样从网上骗来的女朋友，男孩一直在欺骗她。这仿佛晴天霹雳，李某心里接受不了这样的事实，没有心思做任何事，甚至要割腕自杀。

专家分析：女大学生的这种网络心理障碍属于情景性忧郁，她把自己真实的感情给了一个并不真实的人，真正相处以后，发现他根本没有网上那么优秀，感觉也不像在网上那么好，只是虚有外表而已，更没想到男孩是一个专在网上欺骗女孩感情的人，因此造成心理障碍甚至想要自杀。而从男孩的角度来看，这也是一种网络心理障碍。他经常欺骗网上的女孩，说明他在平时生活中就存在着自卑心理，这样的人特别希望得到关注。他们虚有一个好的外表，在网上把自己说得天花乱坠，其实是一无所有。网络是虚拟的，它可以让人们随意幻想，有些男孩把自己想成白马王子，女孩想成白雪公主，过度的幻想就产生了病态心理。不难看出，新媒体的"互动性"和"虚拟性"容易引发大学生心理信任危机和人格障碍，确实是一个值得我们关注和警惕的问题。

第二个案例是有个学生来自某市农村，父母都是普通农民，该生家庭条件比较差，性格也比较内向孤僻。入学后，我用"沟通小纸条"的形式收集了每个学生的爱好、兴趣和内心需求，对该生的了解是其敏感、希望在大学四年学有所成，将来回报家庭和社会。在开学的前几个月里，这名学生学习表现较好，能够按时上课、完成老师布置的任务。但是渐渐地，他开始不按时到课，出勤率越来越差，即便出现在课堂上，也常常是哈欠连天，精神萎靡。问他原因，他只说环境不适应，身体不舒服。我向同学和班干部了解，大家普遍反映这位同学不爱与人交流，对集体活动非常不热衷，对班级没有归属感、荣誉感。老师对他提要求，他往往答应得比较好，但是很少付诸行动；班干部和老师几次与他面对面交流谈心，他都爱理不理，言不由衷，没有收到什么效果。在这种情况下，我听说他比较喜欢上网，很多时间都用在QQ聊天上，因此也耽误了学习与班级活动。我决定从他的爱好入手，尝试用网络聊天来改变他。我首先向其室友打听到他的QQ号码，并在发送请求信息时写出了自己的真实身份，却不料他久久没有通过好友验证。我知道这是他对我心存抵触，不愿意与我交流。但我并没有当面揭穿他，而是用QQ和他的室友们经常进行沟通交流，使他知道以这种方式和我交流可以无拘无束地分享他们生活学习中的任何困难与问题，并得到我的真心理解与帮助。过了两个星期，该生主动要求加我为好友。最初的几次聊天，我没有和他过多地深入交流，只是关心他的身体状况，提醒他天气变化注意增减衣物，多给家里打电话报平安等；接下来的几次交流，我把自己的大学经历包括现在工作中的一些心得向他进行了介绍。他很惊讶地发现我并不是学生们眼中那个高高在上、无所不能的"完人"，而只不过是一个普普通通、有血有肉、有感情和思想的普通人，一个可以做他们良师益友的人。慢慢地，他与我深入交流了很多问题，包括他的家庭、他的学习成长历程、他在大学里遇到的不顺心及不适应等，我都耐心地进行了倾听、安抚与解答。后来，他和我坦诚，他之所以最近心情不好，常常逃课，是因为他喜欢上了网上的一个女孩，但是他怕女孩不喜欢他，又不敢和人家表白。原来，这才是他的心结所在。我告诉他，每个人在青春时代都会有感情的萌动，这是再正常不过的现象，老师也曾经有过，而且不止一次。此时，这个学生给我发来了害羞、惊讶加调侃的表情，并对我表示理解。接下来我进一步告诉他，你刚刚进入大学，身体和心理都还不成熟，所谓的恋爱其实只是对异性的一种倾慕之情，而且网络具有很大的虚拟性和不现实性。你在网络里认定的"女神""神仙姐姐"可能在现实生活中并不是你理想的对象，只是由于网络把她过度美化甚至神化了。但是生活总是不完美的，我们要正视这一点。我们要热爱生活，真诚地与人交往，融入集体，找到自己的位置和归属感，最重要的是要搞好学习，早日成才。等到自己学有所成的时候，也成了一个成熟、有魅力、有担当的大男人，那个时候，你的举手投足都会迷倒很多优秀女孩，你也会最终发现真正适合你的另一半。他听了我的话表示需要静下心来想一想。一个学期后，这名男生仿佛换了一个人，上课精神十足，班级及院系活动积极参加，并且他是一个运动健将，还代表我班参加了校级运动会并取得了不错的成绩，得到了全班同学的赞扬和敬佩，这也更增加了他的信心，使他能够更加勇敢、自信地完成自己的大学生活乃至今后的人生。

第八章 "微时代"背景下的高校思想政治教育的影响

第一节　对高校思想政治教育的影响与启示

　　人生观、世界观、价值观形成的重要时期就是大学阶段，大学生乐于接受新鲜事物，但是也容易被社会上一些不良的思想影响，容易迷失方向。微博微信是大学生进行交流思想、宣泄情感的一个平台，但基于网络时代的信息真假难辨，大学生很容易接收到错误的信息。

　　高校教师在之前的传统思想政治教育中的地位是至高无上的，是绝对权威的，但是微环境把教师从绝对至高无上的地位变成了另外一种地位。信息时代思想政治教育工作者工作方式和教学内容已经跟不上时代的发展，也缺少网络上面最先进的信息和热点。这样教育者也就没有原来具有的优势了，所以思想政治教育者一定要适应时代的发展，不断适应大学生的变化需求，提高素质，随时准备应对新时期的挑战。

　　微博微信的出现对传统的思想政治教育工作方式是严峻的挑战，仅仅靠着马克思主义理论课以及传统的教学内容的教学方式显然已经不能面对新的形势。微时代的信息传播迅速，大学生可以根据自己的兴趣关注网站，进行自我教育，也可以互相对话进行交流。大学生已经不再被动地接受教育者的灌输，自觉主动地学习。利用微时代的优势，创新工作方法，适应新时代的发展是思想政治教育首要解决的问题。

　　在新媒体条件下，高校思想政治教育工作受到诸多因素影响，呈现出多样性和复杂性的特点。因此，要加强新时期大学生思想政治教育就必须充分分析、深刻认识目前大学生思想政治教育的现状与机遇，总结归纳其存在的问题与面临的挑战，特别是要对新媒体对大学生思想政治教育的影响进行深入分析与进一步明确，这样才能有的放矢，有针对性地做好新媒体时代的大学生思想政治教育工作。

一、新媒体时代大学生思想政治教育的影响

　　在新媒体环境下，大学生思想政治教育在主体化和客体化、国际化和民族化、社会化和主体化、科学化和现代化及生活化和民主化等诸多方面的发展呈现出纷繁复杂的新趋势。

1. 主体化和客体化双向互动

高校思想政治教育就是教育者对受教育者有目的地施加影响，受教育者能动地接受教育的过程，在这个过程中，主体与客体之间是一种相互影响、相互作用、相互推动——双向互动的过程。

一方面，这是个主体积极教育的过程。高校思想政治教育的主体就是从事思想政治教育的教师。主体的职责和作用是从事思想政治教育，并起到塑造人格和培养受教育者科学思维的作用。邓小平同志指出："一个学校能不能为社会建设培养人才，培养德智体全面发展、有社会主义觉悟的有文化的劳动者，关键在教师。"在思想政治教育过程中，教育者处于矛盾的主要方面、占主导地位、发挥主导作用。教育者（主体）必须根据社会所要求的思想体系、政治观念和社会道德规范对受教育者（客体）进行思想政治教育。而思想政治教育能否顺利进行并达到预期的目标，很大程度上在于受教育者（客体）积极性、主动性的发挥，而这个积极性和主动性的发挥又取决于主体——教育者的积极引导和努力激发以及科学地调动，所以，主体积极教育的过程就是教师积极引导、努力激发和科学调动大学生的主动性、积极性，并由此达到教育目的的过程。

另一方面，这也是一个客体能动地受教育的过程。思想政治教育的客体就是指接受思想政治教育的对象或人，即高等院校的大学生，而高校的大学生所接受的教育和影响，既具有教育者所施加的正面的、积极的影响，又会受到社会上消极的、负面的信息影响，所以，对于受教育的客体来说思想政治教育是大学生在选择上一个充满积极与消极、干扰与抗干扰的复杂的、矛盾的过程。这就制约着他们的舍取，使他们不会简单地、原封不动地把外在社会要求移植于自己的头脑之中，而是能动地对教育主体所施加影响的内容进行分析、评价，并根据自己的生活经验、认知能力、心理环境、内在需要以及其他因素有选择地接受。客体自身的矛盾在教学过程中又引发了与主体的矛盾，怎样才能解决矛盾，这就需要把前两个过程有机地统一起来。而在新媒体条件下，双方矛盾互动的过程表现得更加激烈。主要原因在于，传统思想政治教育注重灌输，学生处于被动的受教育状态。而新媒体环境下高校思想政治教育与传统思想政治教育在学习空间、交流方式、活动方式、学习体验等方面都存在很大差异，具有时空分离、师生分离、虚拟性和隐匿性的特点。大学生和教育者都是平等主体，通过新媒体设备，以互动的方式与教育者进行对话、交流和沟通，使得高校现有的思想政治理论课教育模式受到影响，甚至处于非常尴尬的境地。如何提高"抬头率"，如何确保思政课"进头脑"，这样的难题，如今已经赫然摆在了每一个大学思想政治教育工作者面前。北京理工大学马克思主义理论教研部副主任李林英教授说："在新技术的使用方面教育者的脚步落后于受教育者。在新媒体环境的影响下，在庞杂的信息流冲击下，高校思想政治理论如何在教学实践中提升说服力和感染力，让思想政治理论课入脑入心，成为学生真心喜欢、终身受益、毕生难忘的课程，是摆在高校思想政治理论课教师面前的一个重要的课题。"当前的思想政治理论课教育教学初步实现了系统化、科学化、专家化，但在通俗化、学生化、时代化方面还有待进一步加强，需要我们认真反思。

2. 国际化和民族化双效互动

伴随着经济全球化、信息国际化的趋势，大学生的视野不断开阔，国际化观念普遍增强，其行为和观念跨越民族国家的边界，融入紧密的整体性的国际联系之中，且大学生思想政治教育观念呈现国际化的发展趋势。但大学生思想政治教育国际化的发展观念不可能替代其民族化观念，新媒体环境下大学生的思想政治教育一定要重视民族性和全球性的统一，既要保持本民族的传统，又要获取人类共同的文明成果。但要牢记保持民族化观念是基础，在此基础上才谈得上推行国际化。

在思想政治教育的过程中，新媒体环境开创了现代思想政治教育国际化和民族化互动发展的新局面。大学生思想政治教育获得了一些较为先进的技术和经验，拓宽了发展视野，提高了开放程度，增进了社会活力，思想政治教育思想民族化也得到继承和发展。大学生思想政治教育主客体借助便捷、开放的网络新媒体，张扬强化民族国家文化，弘扬民族精神，借鉴吸收国外先进文化，实现了本国和他国合作融合、相互交流、互惠共赢，实现了国际化与民族化的结合。这种结合，既立足本国，又面向世界，既相互开放，又相互吸收，既继承传统，又面向未来，它是民族性和时代性的统一，又是国际化与民族化的双效互动。

3. 社会化和主体化双向互动

思想政治教育社会化是指思想政治教育中的统一整体与外界环境发生交互作用、与社会发展相融合的过程。思想政治教育的社会化就是思想政治教育主体的社会化，教育者与受教育者与社会成为和谐的一体，这有益于个人和社会健康发展；思想政治教育的主体化，是指受教育者本身，在目前不断扩大和深化的经济与人文环境的熏陶下，已经或正在形成鲜明的自主、自立、自我负责的独立意识和能动、创造精神。思想政治教育的主体化就是要发挥人的主观能动性，弘扬和培育人的主体性，适应和推动现代社会的发展，思想政治教育的主体化推动了社会化。同样，社会的每一次大发展都是主体意识的觉醒与强化，思想政治教育的社会化推动了主体化。

两者相辅相成，互为补充，密切联系，缺一不可。这就是社会化与主体化的双向互动，是现代思想政治教育的发展趋势之一。

马克思在《德意志意识形态》中指出："人创造环境，同样，环境也创造人。"随着新媒体的发展，大学生思想政治教育环境发生了巨大的改变。全方位开放的社会环境使大学生可以从广阔的领域获得各种信息，充分发挥主观能动性，这必然推动思想政治教育的主体化进程；同时，新媒体环境对人的思想与行为产生影响的因素增多，也推动了思想政治教育社会化趋势。即：新媒体环境下大学生思想政治教育社会化与主体化双向互动，两者相辅相成互为补充，密切联系，缺一不可。社会化保证了人类的延续和文化的传承，主体化使得个人具有超越现实的独特性和创造性，社会化和主体化是双向互动的。

4. 科学化和现代化协同并进

思想政治教育科学化是指在思想政治教育理论和实践中贯穿和体现的真理性、规律性。其工作方式从经验型向科学型转变，其预见性、主动性、超前性研究逐步加强；思想政治教育现代化是一个全面、深刻变革和整合运行的过程，面对信息化社会，运用网络技术和大众传媒载体等现代化手段，有效发展自身，适应社会发展需要的观念、载体、体制、方法现代化。

发展增进了网络技术和大众传媒载体的运用进程，也使大学生思想政治教育的环境发生了巨大变化，推进了其科学化和现代化的趋势。在新媒体环境下，大学生思想政治教育理论、理念、内容、手段科学化和现代化趋势更加明显，关系更加密切。教育者与大学生运用现代化的新媒体技术进行交流和沟通，实现了由局限于课堂固定时间、空间的教育向不受时空限制的自由教育转化，这推进了大学生思想政治教育科学化的进程；与此同时，思想政治教育的观念、载体、体制及方法也日趋现代化。

二、新媒体时代大学生思想政治教育的启示

"新媒体技术是新时代下的产物，为大学生所接受，同时也为我们开展思想政治教育工作提供了难得的机遇。""新媒体技术以其传播便捷、海量信息等优势拓展了思想政治教育的内容和空间，丰富了思想政治教育的手段和方式，并且使思想政治教育的针对性和实效性得到了增强。"

1. 新媒体信息传播的开放性为大学生思想政治教育提供广阔平台

"高校大学生思想政治教育的过程，是信息获取、选择、传播的过程，是用丰

富、正确、生动的信息，影响、熏陶大学生的思想观念、价值观念和精神状态的过程。"可见，信息的获得是大学生思想政治教育的重要基础，对大学生思想政治教育的成功开展、取得实效意义重大。而新媒体作为依托数字技术、计算机网络技术和移动通信技术形成的庞大网络体系，具有开放性强、信息量大、资源丰富、传输快捷、覆盖面广及形式多元等优势，较之以往任何一种传播技术和交流工具，意识形态工作对一个国家、民族来说，等同于一个看不见硝烟的重要战场。一直以来，意识形态、舆论导向的斗争在国际、国内都愈发激烈。我国国家领导人一直非常重视对意识形态、舆论导向主动权的掌握，在多个场合提出：要牢牢把握舆论导向，永立时代潮头。2013年8月在全国宣传思想工作会议上，习近平总书记强调："能否做好意识形态工作，事关党的前途命运，事关国家长治久安，事关民族凝聚力和向心力。我们必须主动适应国内外舆论环境变化，因势而谋、应势而动、顺势而为，不断提升新闻宣传工作水平，牢牢掌握舆论工作主动权和主导权。"

在传统媒体时代，各国只能在相对封闭的状况下对国民进行政治意识形态灌输，外来意识形态的冲击相对较弱。新媒体时代改变了这一局面。由于其平台的开放性、共享性，使各种意识形态都可以借助这一平台向世界各国传播，尤其是西方发达国家利用新媒体技术设备的先进、资金的雄厚、传播技巧的娴熟，有组织、有计划地对我国大学生实施意识形态"革命"，利用新媒体的途径大肆传播腐朽落后的资产阶级思想文化，影响着大学生的思想观念和道德认知，导致其理想信仰迷失、价值观念混乱，无形中削弱了社会主义意识形态的控制力，对高校思想政治教育工作造成了不可低估的负面影响。可以说，在新媒体环境下，我们正面临着文化上新殖民主义的挑战，这是对我们传统思想政治教育的严峻考验。此外，一些媒介传播者因商业利益驱使和媒介素养的缺失，不断传播一些不良信息，如色情、暴力和赌博，还有一些虚假信息、淫秽信息和流言蜚语等借手机短信在校园流传开来，败坏了学校风气，误导学子，引起校园秩序的混乱。由于大学生生活阅历有限，难免会在一些不健康思想的传播中迷失方向，受到一些消极、极端、反动信息的影响，形成不健康的人生观和价值观，有害其身心健康，甚至由此而产生的大学生不道德行为和违法犯罪案件也逐年增多。可见，在新媒体时代下，传统社会高校舆论导向正面临着严峻的挑战。舆论导向的控制权牢牢掌握在党和政府及高校思想政治教育工作者手中的局面正受到前所未有的威胁信任危机和人格障碍。

手机短信、博客等新媒体上的交流具有很强的互动性、虚拟性、平等性，能够带给大学生愉悦感，但是这种愉悦的体验很容易重获得，致使大学生在享受新媒体带来的便捷与有趣时,渐渐忘记了时间、责任和使命,同时对新媒体产生了依赖,甚至沉迷和上瘾,这其实就是过度使用新媒体、过度依赖新媒体而造成的一种心理异常。这种心理异常起初只是表现为烦躁,随后会发展至生理上的不适,比如食欲不振、精神倦怠等。而且,新媒体具有明显的虚拟性,在这些平台里很多人都以匿名的方式进行交流,在沟通过程中大家面对的不是一个个活生生的人,而是一行行文字或一张张图片,人与人的交流,更容易以面具的方式出现,并以工具化的态度对待他人,自然就造成了人与人之间的情感疏离,导致现实交往中对他人真诚性的怀疑和自身真诚性的缺乏,进而影响自己与他人良好人际关系的建立与发展。而一旦在新媒体中经常性的表现逐渐固定下来,并与现实具有很大差异时,就会出现个体的双重人格或多重人格现象。现实人格与虚拟人格如果频繁地转换,必然会出现心理危机,导致人格障碍再加上有关部门对新媒体的管理不够规范,人们的媒介素养普遍较低,造成很多信息都是虚假的、色情的、暴力的、不负责任的乃至违法犯罪。但大学生普遍处于生理和心理的双重发育期,具有强烈而浓重的好奇、猎奇心理,使得他们天然对权威的"说教"、科学信息有一种质疑、抵触、反感情绪,而那些不良信息似乎更加容易吸引他们的兴趣与注意。不少大学生开始受到这些信息的影响,开始沉迷于网络游戏、暴力、色情等无法自拔,甚至有的借助"新媒体"进行不择手段的所谓"自我炒作",触及社会道德及公众价值观底线,也由此引发了不少社会问题。

2. 新媒体信息传播的"无屏障性"影响部分大学生的价值观

虚拟社会应该遵循什么样的价值观念,争议颇大。有人认为,虚拟社会的游戏规则应跟实体社会一样,以市场经济法则为依据。也有人认为,虚拟社会应该张扬人性,不以追求效益最大化为发展标准。但是,一个不可争辩的事实是,新媒体深入影响大学生的生活方式、思维方式和思想观念,这对于思想政治理论课的教学手段、教学效果都构成了严峻的挑战。

北京理工大学马克思主义理论教研部副主任李林英分析认为,这种挑战根源于新媒体信息传播的"无屏障性"。新媒体时代的校园信息化在某种程度上说是处于一种信息传播的"时间无屏障""空间无屏障"和"资讯无屏障"状态,信息的发布和使用空间更加自由。一方面,学生可以不受拘束,在网上随意发表观点,甚至传播有害观点。另一方面,网络信息鱼龙混杂、泥沙俱下,有的信息是虚假的、黄色的、反动的,现有的技术条件对这些信息的发布、传播和接收难以有效地控制,这对是非辨别力不高、人生观和价值观正在形成的大学生影响很大。

第二节 高校思想政治教育是当代高校学生素养提高的必然选择

进入 21 世纪以来，在新媒体日趋开放的信息环境条件下，其重要性和影响力正不断加强，逐渐成为大学生思想政治教育的一个重要传播载体。然而，新媒体是一把双刃剑，它在带给思想政治教育日趋丰富的教育内容以及全新的教育方式的同时，对其的负面影响也是显而易见的。因此，新媒体时代大学生思想政治教育的创新势在必行。这就要求思想政治教育工作者坚持高校思想政治教育的优秀理论，创新科学发展的教育理念，顺应信息时代的变革，正视大学生主体的需求，消除新媒体可能带来的消极影响，充分利用新媒体的积极作用，提高思想政治教育的实效。

一、创新高校思想政治教育的理论依据

创新高校思想政治教育，有其紧迫的现实背景，也有着深刻的理论依据。从前辈哲学家、教育家的优秀教育理念入手，我们发现，新形势下高校思想政治教育工作的创新其实是一个自然而然、与时俱进、适应人类自身发展的过程。

1. 马克思主义关于人的全面发展论

马克思主义是从现实的个人出发来关注人的全面发展，并且从不同侧面研究了人的全面发展的丰富内涵，具有深刻的指导作用。

"人的全面发展"理论内涵，指个人的能力（包括体力和智力的）的充分自由发展。马克思将能力理解为"人的身体即活的人体中存在的、每当人生产某种使用价值时所运用的体力与智力的总和"，"是人从动物界上升到人类并构成人的其他一切活动的物质基础的历史活动"。所以，只有通过社会生产的发展，创造出高度发达的生产力，促进社会关系变革进而使社会关系全面生成和丰富，才能保证"人的体力和智力获得充分的自由发展和运用"。

人的才能的多方面发展。在马克思、恩格斯的论述中，人的才能的自由发展具有重要的地位。人的自由发展程度受到各种客观条件的制约，既有自然界和社会条件的限制，又有来自于人类本身体力和智力发展的制约。人只有具备充分自由发展的条件，才会有个人的全面发展，所以"为所有的人创造生活条件，以便每个人都能自由地发展人的本性"。

人的社会关系的丰富和发展。人既是自然界长期演变发展的产物,具有自然性;又是社会发展的产物,具有社会性。马克思把社会关系的丰富发展作为人的全面发展的重要内涵,认为"必须推翻那些使人成为受屈辱、被奴役、被遗弃和被蔑视的一切关系",以利于人们突破地域个人与社会的协调发展。个人与社会的协调发展,是构成人的全面发展的基本条件。个人的发展与社会的发展互为前提和基础。一方面,社会是由人的关系和活动构成的社会,离开了人的发展就没有社会的发展。另一方面,社会发展为个人发展提供手段和条件,"一个人的发展取决于和他直接或间接进行交往的其他一切人的发展"。因此,个人与社会应互相协调发展,共同促进人和社会全面发展。

人的全面发展是大学生思想政治教育追求的目标。马克思主义从"现实的个人"出发来探讨人的全面发展。在他看来,"社会——不管其形式如何,都是人们交互活动的产物","历史不过是追求着自己目的的人的活动而已"。所以,要想实现大学生思想政治教育目标,积极地促进大学生全面而自由的发展,就应该以各种活动为载体开展思想政治教育,提高其实效性。

大学生思想政治教育对大学生全面发展有促进作用。思想政治教育属于全面发展教育中的一部分,它关系的是人的发展的方向性问题。在人的全面而自由的发展过程中,思想政治教育对人的全面发展起着导向、促进作用。面对国际国内的新形势、新情况,特别是我国经济建设正面向工业化、信息化、市场化和社会化,需要"得到全面发展、能够通晓整个生产系统的人",就要求大学生思想政治教育整合和渗透全面发展教育的其他方式,特别是要充分借鉴和运用新媒体条件下的各种新型教育资源及方式,坚持育人为本、德育为先、能力为重、全面发展,着力增强学生服务国家、服务人民的社会责任感、勇于探索的创新精神、善于解决问题的实践能力

2."教育即生活"理论

约翰·杜威作为20世纪最有影响的哲学家、教育家之一,借鉴吸收其教育思想中积极先进的成分,对于在新媒体条件下创新我国思想政治教育具有重要意义。

"教育即是生活"。杜威认为真正的教育目的内在于教育历程,即人的本能、冲动、天性和兴趣等。因此,他批判那种呆板的、外插式的教育目的论,主张教育既是生活,而不是将来生活的预备。他反对把外在的教育目的当作控制教育的观点,因为那样就会扼杀个人现实潜在的能力和个性趋向。

"学校即社会"。杜威在教育既是生活这一命题的基础上提出了"学校即社会"的说法。他认为"学校主要是一种社会组织,是社会生活的一种形式",校内学习

应该与校外学习紧密连接在一起，学校不应该是孤立于社会之外的组织，而应具备社会生活的典型条件，成为一个具有活力的社会机构。

"以学生为中心"。一方面，杜威批判传统教育观以教师为主体的观点，因为它过于强调单一、僵化的知识灌输，忽视了学生的兴趣和能动性；过于强调学校、教师对学生的约束，而忽视了学生自律、自主、自由的权利。另一方面，他也批判以教材为主体的教育观，在中国演讲时，杜威对中国传统教育的弊端大加批评，引起了很多人的反思。

一百余年过去了，杜威教育哲学的意义依然充溢着思想与智慧之光。借鉴、吸收其教育思想，对我们在新媒体条件下创新高校思想政治教育工作很有裨益。

借助新媒体信息平台，实现思想政治教育内容社会化。杜威认为"知识只有在提出被置于社会生活背景中的材料的明确形象和概念时，才是名副其实的有教育性的。"也就是说，只有实现了教育内容与现实生活接轨，将理论与生活实际相结合，才能使学生在生活中学习，在学习中感悟，在感悟中明理，形成忠于自身又符合社会要求的道德规范。反思我国思想政治教育的现状，教材内容多以抽象的理论为主，与社会生活脱离、滞后；教师在授课中习惯于使用传统方法，缺乏与学生交流、互动，使学生无法产生兴趣。对此，作为思想政治教育工作者，要在积极接触、熟练掌握和使用新媒体手段，收集大量第一手社会信息和资料，养成良好的媒介素养的基础上，与学生进行前沿性、社会性的深入交流，使学生的所思、所感、所想与我们的教育产生强烈共鸣。

二、更新思想观念，强调学生的主体地位

在传统的思想政治教育过程中教师处于主导的地位，这样的师生关系容易使教师在教学过程中向学生传播自己的或特定的价值观念和生活方式，并以自己的教师身份和知识经验强制学生接受和顺从，完全忽略了学生的需求，最终导致思想政治教育的低效。杜威全面批判了传统教育"以教师为中心"的教学过程；也和前面提到的新媒体条件下，大学生思想政治教育面临的挑战、需要进行的深思与变革不谋而合。因此，在新媒体时代，我们应转变思想观念，强调以学生为中心，重视学生在教育过程中的主导地位，借助众多的新媒体手段，为学生提供一个平等开放、真诚互信的平台，与学生展开真诚的沟通，在学生开放自己的思维、锻炼自己的能力基础上，对其进行巧妙的引导，提高思想政治教育的实效性。

高校是培养人才的重要领地，必须把培养中国特色社会主义事业的建设者和接

班人作为根本任务，这正是对我国高校办学性质的定位。这种性质决定了新时期我国高校思想政治教育必须坚持育人为本、德育为先、多方面促进大学生全面发展。特别是在新时期、在新媒体条件下，更要与时俱进地发展我们的高校思想政治教育理论。

高校思想政治教育定位与取向，是培养社会主义事业的合格建设者和可靠接班人，但更应体现以人为本和大学生的主体地位。大学生是国家宝贵的人才资源，是民族的希望、祖国的未来。使大学生成长为中国特色社会主义事业的合格建设者和可靠接班人，这是当前思想政治教育目标定位的重要依据。高校的思想政治教育目标定位必须以此为依据，体现这一重要要求。但对这一重要目标，不应片面地理解为单纯的政治素质要求。社会主义社会是以人为本、是人全面发展的社会，特别是在新媒体时代，高校思想政治教育的目标定位更应体现大学生的主体地位。首先要充分考虑大学生的内在心理需要，对其进行科学的目标定位，根据其内在心理需要组织设计和开展教育活动，因势利导，使其自觉地接受思想政治教育，在受教育中汲取营养，提高自身的思想政治素质；其次要考虑大学生的个体差异，要把培养和发展大学生形成丰富多彩的综合素质列为高校思想政治教育的重点教育目标，让大学生充分发挥其独特的个性优势，形成独立高尚的品格。

立足增强大学生的国家与民族意识，但更应增强学生的国际意识和民本意识。高校思想政治教育要弘扬中华民族的传统美德和文化，增强大学生的使命感和责任心，增强大学生的民族自豪感；要树立大学生的民族意识，树立实现中华民族伟大复兴的信心；要加强对大学生的基本国情教育，引导大学生树立艰苦奋斗的思想，培育大学生的社会主义、爱国主义和集体主义思想，在涉及本国本民族利益时，能坚决地捍卫本国本民族的利益。但同时也要认识到：在新媒体时代，经济全球化背景下，在加强基本国情教育的同时，也要加强国际经济形势与政策方面的教育，培养大学生的国际意识与全球视野；在抵制西方腐朽思想文化侵蚀的同时，也要汲取西方文化思想中的精华；在抵制西方政治特权的同时，西方民主政治法制建设、和谐社会与社会建设的经验使当代大学生以开放的姿态迎接未来，兼收并蓄，促进民族经济文化的发展，实现中华民族的伟大复兴。

立足把主流意识形态和政治素质作为首要目标，但更应关注大学生的全面成长。在多种文化思潮激烈碰撞的时代，高校要把当代大学生培养成合格的社会主义事业接班人，就需要用科学的思想理论进行指导，并积极借助新媒体平台的力量和优势，有针对性地对大学生进行主流意识形态的引导，这一点在任何时候都是毋庸置疑且必须坚持的。但不应把政治素质的提高与完善作为高校思想政治教育目标定位的唯一内容，而应把大学生的全面成长纳入高校思想政治教育目标定位的视野，将思想政治工作与推进学生素质教育结合起来，把完善大学生的智能结构、创新精神、实践能力作为高校思想政治教育的重要目标，在高校推进大学生素质拓展计划、社会实践、学术创新、校园文化活动，使大学生的政治素质与其他素质协调发展，并使高校思想政治教育向纵深发展并且能收到良好的效果。

三、高校思想政治教育的任务与特点

2004年，中共中央、国务院发出《关于进一步加强和改进大学生思想政治教育的意见》，明确了加强和改进大学生思想政治教育的主要任务。以理想信念教育为核心，深入进行树立正确的世界观、人生观和价值观教育。要坚持不懈地用马克思列宁主义、毛泽东思想、邓小平理论和"三个代表"重要思想武装大学生，深入开展党的基本理论、基本路线、基本纲领和基本经验教育，开展中国革命、建设和改革开放的历史教育，开展基本国情和形势政策教育，开展科学发展观教育，使大学生正确认识社会发展规律，认识国家的前途命运，认识自己的社会责任，确立在中国共产党领导下走中国特色社会主义道路，实现中华民族伟大复兴的共同理想和坚定信念。同时，要积极引导大学生不断追求更高的目标，使他们中的先进分子树立共产主义的远大理想，确立马克思主义的坚定信念。

以爱国主义教育为重点，深入进行弘扬和培育民族精神教育。深入开展中华民族优良传统和中国传统教育，开展各民族平等团结教育，培养团结统一、爱好和平、勤劳勇敢、自强不息的精神，树立民族自尊心、自信心和自豪感。要把民族精神教育与以改革创新为核心的时代精神教育结合起来，引导大学生在中国特色社会主义事业的伟大实践中，在时代和社会的发展进步中汲取营养，培养爱国情怀、改革精神和创新能力，始终保持艰苦奋斗的作风和昂扬向上的精神状态。

以基本道德规范为基础，深入进行公民道德教育。要认真贯彻《公民道德建设实施纲要》，以为人民服务为核心、以集体主义为原则、以诚实守信为重点，广泛开展社会公德、职业道德和家庭美德教育，引导大学生自觉遵守爱国守法、明智诚信、团结友善、勤俭自强、敬业奉献的基本道德规范。坚持知行统一，积极开展道德实践活动，把道德实践活动融入大学生学习生活之中。修订完善大学生行为准则，引导大学生从身边的事情做起，从具体的事情做起，着力培养良好的道德品质和文明行为。

以大学生全面发展为目标，深入进行素质教育。加强民主法制教育，增强遵纪

守法观念。加强人文素质和科学精神教育，加强集体主义和团结合作精神教育，促进大学生思想道德素质、科学文化素质和健康素质协调发展，引导大学生勤于学习、善于创造、甘于奉献，成为有理想、有道德、有文化、有纪律的社会主义新人。

大学生是当代中国社会中一个独特而耀眼的群体。他们年龄一般都在二十岁上下，素质较高，精力充沛，是社会中最活跃的一个群体，对外界充满热情与活力，也承载了更多的社会责任与家庭责任，因此，探究影响当代大学生思想特点与成长成才规律很有必要。

当代大学生的主要思想特点一是思想主流积极向上，但也有一些消极倾向。表现在当代大学生政治意识较高，关注国家大事，爱国意识强烈。他们不仅仅局限于自己生活的小圈子中，而是更关注外部世界，具有较高的政治认同感，特别是在涉及国家荣誉、民族根本利益和前途命运的重大事件时，他们表现出强烈的爱国热情和社会责任感。在香港、澳门回归的伟大时刻，他们欢呼雀跃；他们也分享着中国加入世贸组织和北京申奥成功的喜悦；他们也思索着如何和平解决台湾问题；西藏打砸抢事件以及维护奥运圣火传递事件引起了他们的高度关注；北京奥运会的志愿者中有很大一部分就来自于大学生，他们用自己的积极行动来表达对国家的热爱，为国家的繁荣昌盛贡献自己的力量。在中日钓鱼岛、中非南海问题不断升级时，我们的"90后"大学生又表现出高度的关注与强烈的愤慨。

同时，大学生具有较高的道德素质和社会责任感，但也受到了不良社会风气影响。大学生的人生态度积极向上，追求学业有成、事业成功，不愿虚度人生，积极奋斗，努力实现自己的人生理想和人生价值。大学生也具有较高的道德素质，遵守社会公德，在个人品质方面也表现出较好的品性，努力把自己塑造成一个有益于社会的人，积极承担起社会赋予他们的责任。但大学生不是生活在真空中，其思想也受到了整个社会大环境的影响，受到了社会上一些不良风气的传染。比如现在一部分大学生诚信缺失的问题就已引起社会关注：考试弄虚作假、学术抄袭、简历注水、投机取巧等。受市场经济趋利思想的影响，部分大学生越来越注重实效和利益，表现出明显的拜金主义和功利主义倾向，过分追求个人利益，严重忽视对社会应尽的义务，"利己"思想明显。

逐渐接受西方思想观念，但受中国传统思想的影响仍根深蒂固。改革开放三十余年，当代大学生已经接受了西方自由平等、民主法治、公平竞争等一些先进的思想观点和价值观念，也使得大学生的积极性、主动性和创新性得到了充分的发挥，敢于追求自己的合理利益，注重自身能力的培养和综合素质的提高，同时主体意识不断增强。这些变化在婚恋、交友、择业等方面表现得非常显著。虽然当代大学生与世界接轨很快，与世界几乎不存在隔阂，但从最深层次而言，他们受中国传统思想的影响依旧根深蒂固，因为他们自小就受中国传统思想的熏陶，继承了中国传统思想中的精华，同时也受着消极因素的影响。中国社会自古以来就是一个"人治"的社会，向来讲究"人情味"，社会中有一张看不见的人情网，为了好办事，请客吃饭"走后门"，这些社会习气都或多或少地体现在大学生的身上。现在高校中大学生请客吃饭"好办事"的情况也普遍存在。

大学生社会认知比较全面、正确，但具体行动常常与认知相脱节。例如：大学生具有较高的个人理想与社会理想，特别表现在追求理想的完美化，但理想与现实脱节时，有的就会出现心理上的巨大落差，形成颓废思想、不思进取；有的会放弃原有的理想，选择更加切合实际的道路，追求所谓"实惠"。再比如，大学生具有较高的道德认知，无论是在社会公德还是私德上，他们都知道什么是社会所提倡的，什么是社会所摒弃的。他们唾弃社会上一些道德败坏、影响社会风气的事情，但一旦他们是事件的当事人，他们也会按照他们原来鄙夷的方法去做，同时会认为这是迫不得已，是社会逼迫他们这样做的。我身边不少学生在上学期间都追求社会公平与平等，注重公开竞争，批判社会中的"暗箱操作"，但一旦面临择业或涉及切身利益的重大问题时，很多人也会毫不犹豫地这样去做，原因就在于他们自己已成为此类事件的受益者。

大学生成长成才一般要经过两个阶段，是一个螺旋式上升的过程。第一个阶段为修身、学业、就业；第二个阶段为学历、能力、人格，这两个阶段既相对形成一个过程，又互相依存、补充、前后衔接、不断提升，形成一个螺旋式上升的体系。其中，前一阶段是大学生从适应大学生活开始，到毕业、就业的一个过程。这个过程是成长的基础，是大学生成才的逻辑起点。第二个阶段的学历、能力、人格构成了大学生成长、成才、上升的又一个阶段。与第一个阶段相比，这一阶段使他们认识更深刻，发展更扎实，影响更深远。

一是要适应好独立于社会的起始阶段。高考的压力，家庭的期许使他们在高中阶段把主要的精力全部放在埋头读书上。每一天，甚至每一小时都有人为他们安排，只为一个目标——考大学。埋头只读教科书，即使关心时事也是为了政治考试的需要。而迈入大学校园，一切都改变了。家长不在身边叮嘱，学校管理也比较宏观了，一切都可以也必须由自己来处理。如何应对生活，如何为人处事，如何规划、发展自己，这一大堆的问题不可避免地推到了大学生面前。社会大环境，学校小社会，社会上各种问题以不同的形式、从不同的角度折射到校园。善于思考、有一定能力的学生尚且感到茫然；对家庭、学校较为依赖的学生更是不知所措，还有少数学生根本无法适应大学生活。面对这一切，学校必须引导、培养他们的主体意识、独立精神，让学生在生活中学会生活，在探索成长规律的过程中逐步地成熟起来。

二是要适应好大学的学习生活。在大学曾经流传过这样一段顺口溜：一年级不知道什么是不知道；二年级不知道什么是知道；三年级知道什么是不知道；四年级知道什么是知道。但事实上，当高年级的学生"知道了什么是知道"的时候，已经失去了那么多"应该知道的不知道"。于是，不仅一年级的学生面对万花筒般的大学生活不知所措，就连一些在大学里生活了几年的高年级学生也在不断地反问自己：大学我到底学到了什么？毕业我该如何确定自己的发展方向？大学的人才培养目标，绝不是仅靠学校单方面的努力就能够实现的。作为个体的学生是学习和成才的主体，是矛盾的主要方面。只有把学生的自觉性、能动性和积极性激发出来，使学校教育和学生努力产生共鸣，人才培养的目标才能得以顺利实现。为此，作为教育者，我们必须与大学生一起探求什么是大学；作为一名大学生，使他们懂得应该如何安排自己的学习生活，在大学期间应该确立什么样的奋斗目标，如何才能实现自己的奋斗目标等一系列问题。要培养他们的学习能力、培养他们的思考能力和思考深度、培养他们的追求精神。

三是要实现从感性到理性的提升。一些大学生不同程度地存在政治信仰迷茫、理想信念模糊、价值取向扭曲的现象。他们学过不少政治理论，似懂非懂的少年时代就背了不少哲学、政治经济学和科学社会主义的道理，但这一切都似乎是为了考试。超前的教条式灌输使他们中的相当一部分人产生了抗体，而真正到了应该了解政治、确立理想、追求信念、选择价值取向的时候，他们反而变得十分冷漠。再加上社会各种负面现象的影响，思想、观念的碰撞，积极向上的主流思想在一些大学生中反而被边缘化了。以成绩论英雄，"哈佛女孩""高考状元"被捧上了天。面对高不可攀的被神化了的对象，加上加工过的不太真实的成长道路的描述，使一些学生产生的只能是自卑、失落和缺乏信心。诚信意识淡薄、社会责任感缺失，这不是大学生先天带来的缺陷。当代大学生，他们中间绝大多数是独生子女，即使出身于农村多子女家庭的，也受到各方面的优待。这样的环境犹如一个暖房，要使学生走出暖房去经风雨、见世面，必须把他们碰到的许许多多的问题上升到理性的高度，寻找其中带有规律性的东西，加以科学的指导，让他们在大学中得以成长。

第三节　全面提升思想政治教育文化涵养

开展高校思想政治教育，要依托新媒体平台将其渗透到其他活动之中，坚持教育目标的隐蔽性与内容的渗透性相统一的原则。具体而言就是高校要依托新媒体，比如论坛、微博、新闻评论等形式，对学生进行有意识的暗示和熏陶，激发学生的兴趣与参与意识，使其在不知不觉中接受潜移默化的感染与教育，当然这也要求教育者对新媒体手段有充分的了解和运用能力，同时保持足够的耐心，在认真选取好、核实好媒介与教育目标之后，逐渐教育、隐性暗示、逐步渗透。

坚持教育手段的非强制性与过程的长期性统一的原则。鉴于当代大学生接受事物的特点和认知的规律，我们在教育过程中，不能采取强制手段，也不能急功近利，奢望着立竿见影的功效。而是要坚持运用引导、感染、熏陶等方式，慢慢地、逐步地将教育理念、目标和正确的价值观念、行为方式等传授给学生。而且，要熟练运用网络语言和网络交流习惯。比如，现在的"90后"大学生，所钟爱的网络语言是所谓的"火星文"，时髦、动感还有些无厘头，可能我们对这些并不感兴趣，甚至并不赞同，但是这只不过是一种交流的语言形式。如果我们能够很好地理解并运用这样的文字形式、思维方式与大学生展开交流，那么，势必能迅速博得他们的好感与信任，很快地消除他们的抵触心理，同时对我们的教育欣然接受。有关研究表明，教育对象接受思想政治教育的时间与效率是成正比的，时间越长、影响越深、效果越好。所以，我们在进行教育的过程中，要有足够的耐心、恒心和毅力。

坚持教育方式的差别化和本体选择的实用性相统一的原则。新媒体背景下，我们对学生采取思想政治方面的教育，一定要注重载体选择的实用性和适用性。由于新媒体的种类繁多，我们在开展工作时，一定要善于根据学生的特点与新媒体手段的不同特性，精心选择适当的新媒体，细心构筑良好的教育环境，耐心创造合适的教育氛围，这不但有利于提高学生自主学习的意识，还有利于增强大学生思想政治教育的效果。

胡锦涛同志曾经说："思想政治教育说到底是做人的工作，一定更要坚持以人为本。"以人为本具有深刻的内涵，而具体到大学生思想政治教育工作中，就是我们的工作要为学生教育服务。

要通过新媒体及时了解学生在课堂内外的思想动态、生活难题及思想问题并给予及时解决，全面体现高校思想政治教育"想学生所想，急学生所急，服务于学生的学习，服务于学生的生活，服务于学生的全面成才"的理念，使学生不再感到自己是被管理者，而是充分享有关怀与服务、话语权与参与权、建议权的主体，这样不但能较好地满足学生自主与自学的需要，还有利于促进学生在自主的活动中将学校、社会所要求的思想观念和行为习惯内化为自觉的意识和行为。

在用新媒体开展大学生思想政治教育方面有不少成功的案例和人士值得我们学习、敬佩。我们可以共同学习一下泰州师范高等专科学校辅导员、2011年江苏高校"大学生最喜爱的辅导员"（十佳）、2012年全国高校辅导员年度人物提名奖获得者朱以财在这方面的成功经验与心得。

朱以财，男，汉族，中共党员，1983年2月生，本科学历。2005年8月起从事辅导员工作。在从事辅导员工作的8年多时间里，他获得60多项国家、省、市、校级表彰，被评为校优秀辅导员（3次）、优秀共产党员（2次）、先进工作者（3次）、新闻宣传工作先进个人（3次），培养省级先进班集体3个，市级先进集体6个，校级先进集体13个，所带学生有500余人次获国家、省、市、校级表彰，800多人通过自考获得本科文凭，20多人考取研究生。

朱以财特别注重给学生以思想的启迪，经常利用校园网、博客、外语家人校园论坛、微博等平台积极向学生宣传党的路线、方针、政策，推广心理健康及职业规划方面的知识。他通过博客把工作公开，让学生们换个角度思考问题，获得了学生的理解和尊重，与学生之间的沟通也更加直接、便捷、高效。在博客中，他还记录了儿子出生后的点点滴滴，发自内心的情感流露在学生中引起强烈的共鸣，学生也能够从另一面更深层次地了解充满人性与关爱的辅导员，更加理解和支持他的工作。每天早上6:00，学生都会准时收到朱以财发送的"阳光成长心语"。他说："这样做，一来可以督促学生按时起床，二来可以让学生在每天的第一时间了解、解决他们成长中的各种困惑，以积极的心态面对生活、学习。"

从2007年开始，他分别在腾讯、新浪、中国大学生在线开通了工作博客，结合自己多年的工作管理经验撰写了700多篇博文，他还积极发起并建立了全国高校辅导员联谊会，并先后创建"高校辅导员之家""江苏省高校辅导员工作论坛"等网络交流平台。目前全国共有700多名辅导员加入了联谊会，得到了中国大学生在线的部分领导和老师的支持，加强了辅导员的横向联系，促进了辅导员之间的学习与交流，并用自己的成功经验为其他辅导员做好本职工作提供了宝贵的参考与借鉴。

新媒体时代的到来对青年学生而言开阔了视野，拓展了知识面，丰富了交流方式，增强了自主性，但同时也对传统思想政治教育造成了一定的冲击，对思想政治理论课教学提出了新要求。

在我国高校普遍开设思想政治理论课，这是由我国社会主义制度的性质所决定的，是执政党的指导思想和执政理念在高校的传播和贯彻，是培养大学生树立科学的世界观、人生观和价值观的主渠道，因此，正确认识高校思想政治理论课的作用及意义十分重要。

这类课应该免修，甚至学费也应当少承担……一个人认为这些模糊思想的产生要作具体分析：高校思想政治理论课是执政党执政理念的主旋律，涉及上层建筑的意识形态领域于政治课，这是毋庸置疑的。但是高校政治理论课的教师不是承担一般的传道、解惑和授业职责，他传播的是执政党的指导思想，高扬的是马克思主义的伟大旗帜。在这旗帜下，每个人都是平等的。教师丝毫不具有天生的马克思主义面孔，或者是一副绝对掌握真理的样子。师生之间应当进行平等的对话，做到以理服人，以情感人，以教师自身丰富的知识和社会阅历，以扎实的理论功底和理性的思辨能力去获得学生的共同语言。

提高大学生的政治素质是一项系统工程，思想政治理论课只是其中的一个重要环节。其实学校的众多社团活动如暑期实践、党团组织、辅导员工作等，都对大学生的世界观、人生观和价值观的转变起到了积极作用。

是感悟的启迪。鲁迅说，即使是一个天才，他的第一声啼哭也不会是一首好诗。一个人的成长过程，也是不断感悟的启迪过程。这里的家长、各级学校、社会条件甚至一段生活阅历都会起到积极作用。大学生时代是即将走上社会的最后学习时期，但给予积极的感悟并没有结束。思想政治理论课教师应该以自己的人格魅力、品德修养、社会阅历去启迪人生。

是知识的传授。感悟毕竟是经验的，经验必须要有理论作为支柱，否则就像天上的白云，飘忽不定。目前的大学生所学的4门必修课，各自有自身的理论特点，尤其是原理课，是从整体上概括的马克思主义的基本原理，是科学的世界观和方法论。原理本身虽然比较抽象，但它由一系列的知识点、概念和范畴组成，具有内在的、严密的逻辑性，认真教授这方面的知识是十分重要的。这就要求具有深厚的理论根基，较强的科研能力，还要有高超的授课艺术。这三者是统一的。

是信念的确立。大学生是具有激情、富有理想、朝气蓬勃的群体，但他们没有走入社会，人生经历不丰富，一方面对另一方面又会感到不理解和困惑。尤其是当今社会上一些负面的价值观念和理想判断，经常影响着学生们的日常学习和生活，大学早已不是一块纯净的世外桃源。这并不是一件坏事，它有助于大学生毕业后走上工作岗位时，能够积极面对各方面的挑战。在大学时代，通过教师的一系列教学活动，让学生们在比较中选择，在困惑中认清，逐步确立各自的理想信念很重要。我们不可能期望大学生都具有整齐划一的信念，但我们可以积极引导大学生们确立不同层次的理想信念。例如当看到社会上的一些消极现象和阴暗面时，一些学生喜欢高谈阔论，似乎境界很高；但就是不把自己放进去，遇到个人的行为和处理生活小事时，却又失去了方向。

是行动的引导。无论是怎样层次的理想信念，最终都可以落实在行动中得到体现，大学生的日常行为也反映了其整体的思想素质。就校园社团活动来说，既有高层次的专家讲座，也有陶冶艺术情操的各类文化活动，更有社会流行的大众娱乐文化，如那些影视明星、歌星的粉丝，在大学生的群体中也大有人在，"超女""中国好声音"等娱乐活动在大学生中也有许多知音，还有个别学生沉迷于网络世界中一些庸俗无聊的东西等。作为思想政治理论课的教师有责任引导大学生参与积极的、高层次的校园文化活动，这对于提高大学生的身心健康是十分重要的。

总之，大学生是国家宝贵的人才资源，是民族的希望、祖国的未来。要使大学生成长为中国特色社会主义事业的合格建设者和接班人，不仅要大力提高他们的科学文化素质，更要大力提高他们的思想政治素质，形成健全人格。只有真正把这项工作做好了，才能确保党和人民的事业代代相传、长治久安。加强和改进大学生思想政治教育，是当前全社会共同关注的一个时代课题。因此，中共中央、国务院《关于进一步加强和改进大学生思想政治教育的意见》指出，"高等学校思想政治理论课是大学生思想政治教育的主渠道"，应"大力推进多媒体和网络技术的广泛应用，实现教学手段现代化"。

在新媒体时代，为了应对混杂在纷繁信息中的负面不良信息挑战，维护马克思主义意识形态的核心地位和社会的和谐稳定，巩固党的领导地位，思想政治理论课教学必须顺应时代潮流，深化教学改革，积极运用新媒体手段，大力提高教学效果，努力提高大学生的思想政治素质，服务于大学生健康成长和顺利成才。

目前思想政治教学存在的问题。目前一些高校政治理论课的美誉度偏低，处于"三不满意"状态：即领导不满意、学生不满意、教师自己也不满意。大学生的思想政治理论课程的学习效果令人担忧。多数学生觉得当前思想政治理论课的理论知识过多，内容枯燥，难以激发兴趣；思想政治类课程缺乏有效的教学方式，大多都是纯理论课，造成台上老师捧着教材照本宣科，台下学生打瞌睡、玩手机、看课外书等不良的课堂状态。

当代大学生对思想政治理论教学效果的期待。大学生们认为思想政治课教学效果应具备以下几个方面：学生基本能够掌握教学课程的知识并能够积极地参与学习，同时能够在学习中得到乐趣，而不是注重学生能在相关考试中取得较好的成绩。可见，对于学生而言，他们更希望看到的是自身能在学习中积极参与，得到乐趣的同时掌握相应的知识。好的教学效果对于学生自身兴趣的提升是有很大帮助的，因此我们不能单单从表面上的学习成绩好坏来判断教学效果的好坏。

目前的教学方式是否需要改变呢？37.3%的学生认为当前教学方式太过单一死板，非常需要改变；59.3%的学生认为教学方式需要适当改变；仅有3.3%的学生认为改变太麻烦不需要改变。看来，改变高校的思想政治课的教学方式是很有必要的。

大学生们究竟喜欢怎样的教学方式呢？调查显示：学生最喜欢的教学方式是开展课外学习及社会实践活动，其次是面对面的交流座谈，达到了42.7%；学生最不喜欢的教学方式是纯理论性的教学，达到了72.7%。因此，学生更希望的教学方式，是开展课外学习及社会实践活动。不论我们是以怎样的方式学习思想政治类课程，有78.7%的学生认为教学方式的提高关键在于改进教学手段和方法，采用生动鲜活的事例、新颖活泼的形式启发学生思考。

新媒体时代信息传播自由、获取快捷、内容不可控等特性不仅给人们获取信息带来便捷，而且作为一种有效的潜移默化的思想政治教育形式，对大学生思想政治意识、价值尺度、道德观念的形成有着重要的影响。思想政治理论课作为大学生思想政治教育工作的主要渠道，必须主动适应新媒体时代的新要求，采取新对策，唯有如此，才能增强大学生思想政治教育的实效性。

第四节 促进社会主义和谐社会的构建

思想政治教育工作是经济工作和其他一切工作的"生命线"，是中国共产党的一条宝贵的历史经验，是对思想政治教育工作战略地位的高度概括，具有科学的理论依据和丰富的实践基础。既是坚持唯物史观的应有之义，也是对唯物史观基本原理的具体运用。唯物史观认为，虽然经济决定政治，但是政治对经济具有反作用。思想政治教育工作是经济工作和其他一切工作的"生命线"的论断，反映了经济与政治的辩证关系，强调了政治对经济的反作用。唯物史观还认为，在阶级社会里，占统治地位阶级的政治,总是强烈地反映着阶级对经济运动的某种需求,并通过种种政治手段,干预整个经济运动。中国共产党的思想政治教育,就是把代表人民群众利益的理论、纲领、路线、政策等,通过一定的政治形式,灌输落实到各项工作中去,从而推动以经济建设为中心的社会主义现代化建设事业的发展。唯物史观还强调,社会存在决定社会意识,社会意识又反作用于社会存在。在诸多社会意识形态中,先进的政治观点代表着历史潮流的方向,反映着社会发展的要求,是人民群众认识世界和改造世界的强大精神武器,对社会的发展起着巨大的推动作用。党的思想政治教育的重要任务,就是要把马列主义、毛泽东思想、邓小平理论和"三个代表"重要思想这些科学的理论体系灌输到人民群众的头脑中去,激发他们建设中国特色社会主义的积极性、主动性和创造性。

思想政治教育是团结全党和各族人民实现党和国家各项任务的"中心环节",社会变革时期复杂多变的情况,决定了必须牢固树立"中心环节"意识。随着改革的深化和社会主义市场经济体制的建立,社会生活发生了复杂而深刻的变化,经济成分和经济利益多样化、社会生活方式多样化、社会组织形式多样化、就业岗位和就业方式多样化日益明显。多样化的社会生活现实,势必导致人们思想认识、价值观念和思维方式的矛盾、冲突和复杂多变。这个社会现实要求我们必须牢固确立"中心环节"意识,充分发挥思想政治教育工作的巨大作用,以共产主义理想和我国现阶段中国特色社会主义的共同理想和信念,科学的世界观、人生观、价值观去说服人、教育人,团结和凝聚全党和全国各族人民,研究新情况、解决新问题,实现不断深化改革和稳定发展的目标。任何淡化、忽视思想政治教育工作的倾向,都是错误的和有害的。

思想政治教育为改革开放和现代化事业提供强大动力与保证。思想政治教育工作为改革开放和现代化事业提供强大的动力与保证,是中国共产党历史经验的一条重要结论,是对思想政治教育工作战略地位的科学概括。江泽民同志在2000年6月28日中央思想政治工作会议上的讲话指出:"只有充分发挥思想政治工作这一政治优势,才能保证经济工作和其他工作的正确发展方向,才能保证党的路线方针政策落实到各项工作和群众中去,才能及时排除和战胜各种错误东西的干扰,才能巩固和发展全国各族人民共同奋斗的思想政治基础,从而为经济工作和其他工作提供强大的动力与保证。"这是对思想政治教育工作战略地位和功能的精辟论述和科学概括。这一论述和概括有着科学的理论依据和丰富的实践基础。从马克思主义基本理论看:第一,思想政治教育工作是社会上层建筑意识形态的核心之一。经济基础决定上层建筑意识形态，而上层建筑意识形态也对经济基础有着重要的反作用，能够制约经济基础和社会生活的发展方向，促进或阻碍经济基础和社会生活的发展。这种反作用是巨大的，有时是决定性的。上层建筑意识形态对于经济基础和社会生活的反作用原理，是思想政治教育工作"为经济工作和其他工作提供强大的动力与保证"的机制和理论依据。第二，思想政治教育工作的对象是人。人是社会生活实践的主体。人的行为方向如何，积极性的高低，对社会经济和社会生活的方向和发展具有决定性影响。而人的行为是受思想支配的，思想政治教育工作能够通过引导人的思想和激发人的积极性为社会经济和社会生活的方向和发展提供强大的"动力与保证"。回顾我国革命和建设的历史也充分说明了这一点。我们的党之所以能够由小到大，经受住无数次内外严峻环境的考验，转危为安，再展宏图；我们的军队之所以能以少胜多、以弱胜强、无坚不摧，无往不胜；我们的人民之所以能在白色恐怖下坚定不移，在经济困难时期艰苦卓绝，在国际社会主义低潮时期夺取社会主义现代化建设的伟大胜利，就是靠坚强有力的思想政治教育工作，团结和引导全党和全国人民，充分发挥其"强大动力与保证"作用的结果。

事实上，个体的创新品质从构成上，可以分为创新的智力品质和非智力品质。创新的智力品质包括创新的知识素质、创新性思维能力；创新的非智力品质包括创新心理、创新意识、创新型个性等有利于创新的因素。因此，完整意义上的创新教育是以培养学生的创新意识、创新精神、创新能力和创新人格为基本目标，通过有组织、有计划的教育活动，激发学生的创新欲望、培养学生的创新意识、挖掘学生的创新潜能，从而构建具有创新性、实践性的以学生为主体的活动形式。创新活动的以上特点决定了深刻认识和理解思想政治教育在创新教育中的地位和作用，对于更好地实施创新教育具有重大意义。

毛泽东同志曾经说过：政治是统帅，是灵魂，是一切工作的生命。这深刻阐述了政治思想工作的重要性和重要地位。从政治学和社会学的角度看，思想政治教育作为政治社会化的重要手段，其最重要的功能是政治教化功能，即教育者通过一定的途径向教育对象灌输一定的社会主流意识形态，包括政治理念、法律观念、道德准则等，使受教育者形成符合社会需要的政治素质、思想素质和道德素质，并成为该社会稳定和发展的重要依靠力量。从教育学的角度看，思想政治教育以培养人才和个人成才为其目标，它不仅为个人成才指明政治方向，提供动力保障，而且还为个人成才所需的心理、意识、情感等非智力品质的发展起到了导航和促进作用。我国学校思想政治教育的基本功能是：在马列主义、毛泽东思想、邓小平理论和"三个代表"重要思想的指引下,综合运用哲学、政治经济学、政治学、心理学、教育学、社会学、伦理学等学科的学科知识,引导学生建立正确的人生观,激发其树立远大的理想信念,增强使命感,培养学生坚强的意志品质和良好的心理素质,并指导学生构建合理的知识结构,养成良好的思维习惯,掌握科学的学习方法,从而使学生成为合格的社会主义事业的建设者和接班人。人的一切行动是思想指导的结果,科学和知识是没有国界的,但是,掌握科学和知识的人身处不同的国度,隶属不同的阶级,思想的先进程度与掌握科学知识的多少是没有必然联系的。正是这一点决定了思想政治教育在创新教育中占有核心地位。思想政治教育为创新型人才的培养指引政治方向,为创新型人才提供动力源泉,这是创新教育的根本和关键。

思想政治教育为创新教育奠定理论基础提供条件。我们的国家是中国共产党领导全国人民建立起来的社会主义国家,她始终以马克思列宁主义、毛泽东思想、邓小平理论和"三个代表"重要思想为指导思想,始终以马克思列宁主义、毛泽东思想、邓小平理论和"三个代表"重要思想为行动指南,如果偏离了马克思列宁主义、毛泽东思想、邓小平理论和"三个代表"重要思想这条主线,她就违背了我国的社会主义性质。这就决定了我们在思想政治教育中,要坚持马克思列宁主义、毛泽东思想、邓小平理论和"三个代表"重要思想的基本原理。马克思主义认为,世界不是孤立的、静止的、片面的,世界是联系的、发展的,是有规律可循的。发展是新事物的产生和旧事物的灭亡,发展是事物由低级到高级、由简单到复杂的前进性变化或不断更新的过程。教育的更新需要人们发挥主观能动性,通过对教育理论的探讨和对教育实践的分析,总结教育发展的规律,得出新的教育观念、新的教育方法、新的教育思路等。

目标的实现取决于方向的选择,在实施创新教育培养创新人才的过程中,我们首先要解决为谁培养人才、培养什么样的人才的问题。这不仅关系到人才的素质,更关系到国家、民族的命运。思想政治教育能为创新教育提供方针指导,使我国的创新教育始终能贯彻党的教育思想、教育方针,沿着社会主义办学方向不断前进。思想政治教育能为创新型人才提供理论武器,用马列主义、毛泽东思想、邓小平理论和"三个代表"重要思想武装起来的创新人才,才会在风云变幻的世界格局面前认清形势,冷静思索,克服重重困难,始终沿着正确的方向前进。

思想政治教育为人才的创新实践提供精神支持。人们的创新意识最终要转化为创新的实践,而创新的实践必定要经历曲折的过程,其中可能要碰到各种各样的困难和挫折甚至是失败。学校思想政治教育的另一个作用,就是为人才的创新实践提供精神支持,这是创新教育的一个重要环节。邓小平同志说过:"学校应该永远把坚定正确的政治方向放在第一位。学生把坚定正确的政治方向放在第一位,这并不排斥学习科学文化;相反,政治觉悟越是高,为革命学习科学文化就越自觉,越加刻苦。"如果一个人没有坚定的政治信念,没有为人民、为社会服务的愿望和决心,又怎么能产生强大的创新动力?怎么能战胜在创新实践过程中所遇到的各种困难?思想政治教育就是要通过对学生进行爱国主义、集体主义、社会主义教育,形势政策教育,世界观、人生观、价值观教育,来激发学生的爱国热情和历史责任感,增强学生面对知识经济挑战的信心和勇气,从而激发其内心强烈的为祖国创新的需求和欲望。

思想政治教育为人才的创新实践提供精神支持主要体现在三个方面:

第一,要通过思想政治教育,培养学生坚忍不拔的意志品质和不屈不挠的精神,使他们树立正确地对待成功与失败的态度。面对失败不气馁,总结经验教训;而面对成功不骄傲自满,要一心一意,锲而不舍,以科学的态度对待创新实践过程中的各种情况。第二,要通过思想政治教育,培养学生创新的胆识与勇气。中国传统文化中过多地强调规范、统一、服从,而常常反对个性、多样。受传统文化的影响,中学生中循规蹈矩、墨守成规的人大有人在。我们很难想象这样的人能够勇于创新,这就需要思想政治教育对教育对象灌输当代的价值取向,弘扬和倡导符合这个时代要求的价值观念,让"善于学习、勇于创新、敢为人先"成为学生的价值判断,这样他们才能主动地参与创新,敢于突破,取得创新的胜利。第三,要通过思想政治教育,培养学生的高尚人格。高尚人格是保障创新实践沿着服务人民、服务社会的正确道路前进的条件。如果我们的创新人才具有了创新的能力,却不具备为人民服务的愿望,这不但不会给社会带来利益,反而会对社会产生不利的影响。此外,当今时代的创新常常要求各种人才通力合作,在知识的各个领域交叉融合,同时也要求用与他人合作来消除无序竞争,更好协作。只有具有高尚人格的人,才能在社会中更好地与他人去探索和总结事物内在的规律,从而形成正确的世界观和人生观,为创新实践提供必要的方法保证。

目前,在学校教育中,出现了教育的异化,即理想中的教育与现实中的教育相对照,出现不相符合甚至被扭曲的现象。作为素质教育的核心内容——创新教育,在实施的过程中,也存在着种种异化现象。从各科教学看,创新教育的异化主要表现为两种倾向:一是打创新教育的幌子,行应试教育之实。教师囿于教材,咀嚼课文,把教参的分析和自己的理解强加给学生,抑制着学生创造性思维的发展。二是一味追求标新立异,忽略各科系统知识的传授,使创新教育架空于热闹的形式而成了无源之水。仔细分析这两种倾向，其产生的原因主要有几个方面。首先，从大环境看，传统的教学思想、现行教学评价机制在一定范围内残留，是创新教育落实的最大绊脚石；其次，从教师角度看，创新意识淡薄、创新措施乏力，是创新教育难以深入的根本原因；再次，从学生角度看，长期处于被动的、封闭的接受状态，难以适应以自主性、开放性为标志的创新教育，是创新教育流于形式的又一重要原因。而要解决这些问题，思想政治教育的作用非常重要。总之，面对市场经济的发展和知识经济的挑战，我们的创新教育要肩负起培养创新型人才的重任，就必须深刻认识和理解思想政治教育在创新教育中的核心地位和重要作用，充分利用好思想政治教育的学科优势，发挥其在学生创新能力培养方面的作用，结合其他教育形式，使学生的创新能力得到切实的提高和增强，从而完成时代赋予我们的培养现代化建设所需要的合格人才的历史使命。

合作，实现良性的创新。思想政治教育为人才的创新实践提供方法保障。我们进行创新活动的前提条件是拥有对世界正确的看法和态度，思想政治教育以马克思主义基本知识教学为主阵地，培养学生以全面的观点、一分为二的观点、发展的观点、运动的观点、联系的观点去分析问题，去看待已有的经验和知识，去透过现象抓住本质，去探索和总结事物内在的规律，从而形成正确的世界观和人生观，为创新实践提供必要的方法保证。

参考文献

[1] 陈万柏，张耀灿. 思想政治教育学原理 [M]. 石家庄：高等教育出版社，2015.

[2] 王爽. 新媒体时代大学生思想政治教育的挑战与创新 [M]. 北京：中国言实出版社，2014.

[3] 陈志勇. 新媒体时代的大学思想政治教育 [M]. 北京：中国文史出版社，2014.

[4] 季海菊. 新媒体时代高校思想政治教育的解构与重塑 [M]. 南京：东南大学出版社，2014.

参考文献

[1] 陈万柏,张耀灿.思想政治教育学原理[M].行家庄:高等教育出版社,2015.

[2] 丁娟.新媒体时代大学生思想政治教育的挑战与创新[M].北京:中国言实出版社,2014.

[3] 陈志闽.新媒体时代的大学思想政治教育[M].北京:中国文史出版社,2014.

[4] 李海超.新媒体时代高校思想政治教育的演进与重塑[M].南京:东南大学出版社,2014.